高等学校规划教材

商务智能技术

主　编　于　会
副主编　施建宇

西北工业大学出版社

西安

【内容简介】 大数据技术的发展和市场竞争的加剧,使得企业越来越依赖于从数据中寻找有用的辅助决策知识,导致企业对商务智能技术的要求不断提高,相关商务智能业务需要的人才也越来越多。本书从实用的角度出发,采用理论与实践相结合的方式,介绍商务智能的基础知识,力求培养读者使用商务智能技术解决问题的能力。本书注重基础、讲究实用性、选材得当、深入浅出,希望读者通过本书的学习可以很好地掌握商务智能的相关知识。本书的目的不在于覆盖商务智能技术的所有知识点,而是介绍商务智能的主要应用,使读者了解商务智能的基本构成,以及如何应对各行业的特色问题构建商务智能系统。

本书可作为高等学校电子商务、信息管理、计算机应用技术、软件工程和管理科学等相关专业本科生的教材,也可供从事商务智能信息化的人员阅读、参考。

图书在版编目(CIP)数据

商务智能技术 / 于会主编. — 西安:西北工业大学出版社,2022.12
ISBN 978-7-5612-8615-9

Ⅰ.①商… Ⅱ.①于… Ⅲ.①电子商务-研究 Ⅳ.①F713.36

中国国家版本馆 CIP 数据核字(2023)第 012175 号

SHANGWU ZHINENG JISHU
商 务 智 能 技 术
于会 主编

责任编辑:朱辰浩	策划编辑:杨 军
责任校对:高茸茸	装帧设计:李 飞

出版发行:西北工业大学出版社
通信地址:西安市友谊西路 127 号　　邮编:710072
电　　话:(029)88491757,88493844
网　　址:www.nwpup.com
印 刷 者:陕西金德佳印务有限公司
开　　本:787 mm×1 092 mm　　1/16
印　　张:15
字　　数:394 千字
版　　次:2022 年 12 月第 1 版　　2022 年 12 月第 1 次印刷
书　　号:ISBN 978-7-5612-8615-9
定　　价:56.00 元

如有印装问题请与出版社联系调换

前 言

大数据时代,数据已经成为企业的重要资产。如何从海量数据中挖掘出重要的商业价值并运用到企业的决策中,是当今企业需要面对的实际问题,也是企业提高竞争力的关键。面对激烈的竞争,传统的决策支持系统已难以支撑,而作为 ERP 应用之后的企业,商务智能为企业提供了这样的利器。商务智能通过将数据转换为信息,并加以提炼,形成满足企业需求的知识,由此提高企业的反应速度和决策的准确性。目前,商务智能技术在我国得到了快速的发展,企业界已经逐步认识到商务智能对提高企业竞争力的重要性,特别是电信、银行、保险、税务等信息化水平较高的行业,在完成数据集中整合后,把商务智能作为新的应用重点,带动了商务智能技术和服务水平的提高。

随着越来越多的企业对商务智能的关注,相关商务智能业务需要的技术人才也越来越多。鉴于市场需求的增长,国内大多数高校开始开设与商务智能相关的课程,以培养业务需要的人才。商务智能涉及的内容很多,既包括有关计算机的相关技术,如数据仓库和数据挖掘,也包括很多的行业应用,如市场营销、客户关系管理、风险管理、绩效管理等。很多高校的计算机学院、软件学院、商学院等都开设了与商务智能相关的课程,培养各类商务智能的技术和应用人才,以满足专业技术人才的需求。

本书是一本较为全面反映商务智能技术的教材,主要针对商务智能基本问题进行系统的介绍,为读者对商务智能的深入学习奠定基础。本书的内容包括商务智能的基本概念、商务智能系统的基本架构、数据预处理、数据仓库、在线处理分析、数据挖掘相关算法、数据可视化等核心技术,目的是让读者了解商务智能最基本的内容。为了帮助读者理解并掌握相关算法,增强实践效果,本书对相关常用算法都给出了基础性案例,帮助读者了解商务智能涉及的基本技术的知识和技能。本书旨在短短的几十个学时中,让读者了解商务智能最基本的内容,并指明商务智能的发展方向,启发读者自学,对商务智能的基本问题、核心技术和实际应用等进行系统的讨论,为读者对商务智能的深入学习奠定基础。

本书共 9 章内容,系统地讲述了商务智能的相关知识。第 1 章讲述了商务智能的基本概念、特点及工作过程等,属于综述性章节,涉及内容较多。第 2 章主要讲述了数据预处理的基本概念和方法,包括数据清洗、数据集成、数据变换、数据归约等。第 3 章讲述了数据仓库与联机分析处理,包括数据仓库的概念和构建过程,以及联机分析处理的概念和过程。第 4~7 章讲述了商务智能处理的相关技术,分别详述了商务智能中关联分析、分类、数值预测、聚类等内容,并给出了相关案例的分析,使得读者能够深入浅出地理解相关内容。第 8 章给出了商务智能可视化展示,方便读者了解商务智能决策结果的展示。第 9 章给出了当前商务智能处理中的个性化推荐技术，包括其中的常用算法和评价指标。

  本书的编写融汇了许多人的辛勤劳动。全书由于会策划和统稿。王兢参与了第 1 章的编写，王巧凤参与了第 2 章的编写，种紫菱参与了第 3 章的编写，谭天参与了第 4 章的编写，董文敏参与了第 5 章的编写，赵时雨参与了第 6 章的编写，陈炫宇参与了第 7 章的编写，李康康参与了第 8 章的编写。施建宇教授参与编写了第 9 章的内容并认真审阅了初稿，指出了其中的纰漏之处，并提出了修改建议。

  本书的编写得到了西北工业大学计算机学院王丽芳教授、史豪斌教授以及西北工业大学出版社的大力支持，书中参考了许多学者的研究成果，在此一并表示衷心感谢。

  限于笔者的学识水平，书中难免存在不足和疏漏之处，敬请读者批评指正。

编 者

2022 年 9 月

目 录

第1章 导论 1
  1.1 商务智能的基本概念和特点 2
  1.2 商务智能发展过程 4
  1.3 商务智能技术概述 7
  1.4 商务智能的工作过程及应用 13
  1.5 思考与练习 14

第2章 数据预处理 15
  2.1 数据预处理的原因和任务 15
  2.2 数据预处理的基本概念 16
  2.3 数据清理 28
  2.4 数据集成 30
  2.5 数据变换 31
  2.6 数据归约 34
  2.7 思考与练习 41

第3章 数据仓库与联机分析处理 42
  3.1 数据仓库的基本概念 42
  3.2 数据仓库系统 43
  3.3 数据仓库的设计与开发 54
  3.4 联机分析处理 61
  3.5 思考与练习 72

第4章 关联分析 73
  4.1 关联规则挖掘的基本概念 73
  4.2 关联规则发现 77
  4.3 Apriori算法 78
  4.4 FP-growth算法 82

4.5	关联规则生成方法	89
4.6	关联规则的拓展	92
4.7	关联规则的度量	101
4.8	思考与练习	104

第 5 章 分类 — 105

5.1	概述	105
5.2	决策树分类方法	107
5.3	朴素贝叶斯分类	117
5.4	KNN 分类	120
5.5	集成分类	122
5.6	多分类学习	126
5.7	分类算法的评价	128
5.8	思考与练习	133

第 6 章 数值预测与回归分析 — 136

6.1	概述	136
6.2	一元线性回归	137
6.3	多元线性回归模型	144
6.4	其他回归方法	150
6.5	思考与练习	154

第 7 章 聚类分析 — 155

7.1	概述	155
7.2	聚类分析中的数据类型	158
7.3	常用的聚类方法	162
7.4	聚类常用的评价指标	179
7.5	思考与练习	184

第 8 章 商务智能可视化 — 185

8.1	商务智能可视化的类型	186
8.2	数据可视化	187
8.3	过程可视化	195
8.4	结果可视化	202
8.5	仪表盘	209
8.6	思考与练习	212

第9章 个性化推荐系统 ········· 213

9.1 推荐系统的概念和模型 ········· 213
9.2 基于内容的推荐 ········· 216
9.3 协同过滤推荐算法 ········· 219
9.4 推荐系统性能评价 ········· 224
9.5 思考与练习 ········· 226

参考文献 ········· 228

第1章 导　　论

随着经济的全球化和信息技术的快速发展,商品、服务的种类及数量呈现出爆炸式的增长。行业内企业的规模不断扩大,业务逐渐复杂,越来越多的企业高层难以把握企业整体运作信息,进而难以实现对企业进行正确的决策。已有的调查结果显示,在企业信息化系统中,一些基本的报表系统已经基本实现,其应用的比例达到90%以上。然而,各企业的运行分析水平还停留在简单的报表阶段,无法实现及时、灵活的运营、分析和管理。这导致其后续的高层次应用如成本核算、辅助决策管理等,即便是大型企业,应用效率和服务支持水平也很低,行业内的管理决策信息支持,依然很大程度上依赖于人工统计和整理。

企业的发展和繁荣要依赖信息,硅谷的战略领袖 Geoffrey More 在其著作 *Living on the Fault Line* 中写了这样一段开场白来说明信息对于企业的重要性:"在这个新世界中,信息为王。你拥有的信息越多,你的分析能力越好,速度越快,你的投资回报将会越高。"

然而,这里所说的"信息"并不是随便什么样的资料或数据,而是从资料、数据中挖掘出来的对使用者有用的知识。目前,困扰企业决策者的不是数据贫乏,而是怎样从数据汪洋中找到有用信息。目前,虽然很多企业拥有大量的数据资源,但未能有效利用而形成数据资产,数据的核心不在于大,而在于有用,对企业没用的数据不是财富,而是成本,甚至是垃圾。

从数据产业化的发展形势来看,尽管"大数据是资产和核心竞争力"的概念已经被广为接受,但对于国内绝大多数的企业而言,如何管好数据资产和如何用好数据资产仍是亟待解决的问题。在大多数企业中,目前普遍存在的是数据过载与信息不足的矛盾现象。一方面,企业进行了信息化建设,积累了大量的数据;另一方面,经营者在做决策时却苦于不能掌握充足的信息,决策风险大。相关研究表明,企业在做战略决策时主动用到的数据只占其所拥有数据总量的7%,这种情况导致的结果是,很简单的问题却无人知道答案。事实上,决策所需的信息就蕴藏在纷繁芜杂的数据中,要想在数据海洋中获得知识,就需要采用一些技术、方法将有用信息从大量数据中提取出来,而诸如ERP、MRP、CRM等管理信息系统对此都无能为力,这种情况下,商务智能(Business Intelligence,BI)系统应运而生。

BI的目的是让企业从搜集、分析信息等耗时费力的工作中解脱出来,重点关注决策本身。它能够帮助企业整理数据、提取信息、创造知识,辅助管理者做出更好的决策。商务智能可广泛应用于众多领域,如提高销售预测的准确性和时效性、通过把顾客数据转换成有用的知识来增加顾客满意度和忠诚度、减少收集相关商务信息所需的时间以降低运营成本、处理海量数据并实时进行复杂的数据分析等。在国外,尤其是欧美地区,商务智能已成为人们关注的焦点。不仅理论界对其进行了广泛深入的研究,企业界和IT界也把它作为一个密切关注的研究方向,越来越多的企业把商务智能视为帮助其达到经营目标的有效手段。IT界已认识到商务智能的巨大潜力,许多知名厂商纷纷加入 BI 的研发行列,如 IBM 成立了商务智能方案设计研究中心,Oracle、Microsoft 等纷纷推出支持 BI 开发与应用的软件系统。在企业的需求牵引和 IT 厂商的大力推动下,商务智能在应用领域得到了迅速的发展,成功地应用于社会生活的各个方面,取得了显著的经济效益,创造了许多成功案例,在一些地区甚至已经配置到了普通用户的桌面电脑上。国内的企业也逐渐认识到商务智能发展的潜力,出现了帆软、思迈特、阿里云、永洪科技、海致网络、亿信华辰等一批发展 BI 的企业。国内厂商的 BI 产品价格相对便宜,服务及时,安全性好,产品也更加符合中国用户的习惯,在解决方案,尤其是分析模型方面更加适应中国用户需求。如今,BI 已经成为国内中小企业市场发展中不可缺少的部分,对于当今企业来说,落后一步就可能被市场淘汰,而充分利用 BI,挖掘数据的价值,为企业决策提供依据和参考,未来必然会有更大的发展空间。通过以上分析及国内外实际情况和资料都表明,商务智能的发展是一个必然的趋势,也是信息化的更高层次。

1.1 商务智能的基本概念和特点

1.1.1 商务智能的概念

商务智能的定义众说纷纭,人们对商务智能的理解也各有差异。最早提出商务智能概念的是 Gartner 市场研发公司的分析师 Howard Dresner。1996 年,他提出的商务智能描述了一系列的概念和方法,应用基于数据的分析系统辅助商业决策的制定,为企业提供迅速收集、分析数据的技术和方法,把这些数据转化为有用的信息,提高企业决策的质量。到目前为止,商务智能并没有一个明确的定义,对于商务智能,从不同的视角,不同的人有不同的解释,表 1-1 给出了不同视角下商务智能的若干解释。

表 1-1 商务智能的若干解释

视角	解释
方法论	商务智能是为提高企业决策水平的一组概念、过程和方法的集合,它通过利用来自多个数据源的数据进行管理和分析以提供信息,加上管理人员的应用经验和假设来提高对企业动态特性的准确理解,提高企业的决策能力
数据分析	商务智能是利用与各个主题相关的数据来帮助人们分析数据、提取信息、形成假设、得出结论的一个过程
信息系统	商务智能是一个信息系统,它具有为用户提供 OLAP、问题分析、趋势预测的功能
知识论	商务智能是一个知识发现的过程,它从数据中提取信息,通过知识发现,将信息转变成知识

虽然商务智能至今为止没有统一的定义,但可以综合以上观点对商务智能进行定义,即认为商务智能是企业为改善商务决策水平,进而采用有效的商务行动来增加企业的综合竞争力而利用现代信息技术收集、整理、分析及管理结构化和非结构化的企业数据,创造和积累商业

知识。从技术实现上来讲,商务智能是利用数据仓库、数据挖掘技术对用户数据进行系统地储存和管理,并通过各种数据统计分析工具对客户数据进行挖掘分析,提供各种分析结果,如潜在价值评估、服务质量评价、未来市场预测等,为用户的各种运营业务提供辅助决策信息。

商务智能运用信息技术是对企业管理和信息资源管理的一种理念的实现。首先,商务智能是一种管理理念,即对企业积累的大量数据及相关外部信息进行深入分析来得到知识,并用于企业决策支持,提高企业竞争力。其次,这种理念的实现需要借助于信息技术,包括数据仓库、联机分析处理、数据挖掘等海量数据存储和分析为主体的技术群。另外,"商务"不能狭隘地理解为商业活动,即一个企业直接面向市场的活动,如销售、采购等,而应是与企业销售直接或间接相关的一切活动,包括生产活动等。

总的来说,"商务智能"的概念包括了三个层面的含义。

(1)商务智能是由多个功能组件构成的集成式软件包,一般包括数据仓库构造和维护软件、数据挖掘软件、联机分析软件等。其功能是随时对企业存储的各种数据进行各种分析,给出报告,帮助管理者认识企业和市场的现状,做出正确的决策。

(2)商务智能是多种技术综合应用的解决方案。它提供了一种采用多项数据处理技术、应用系统以及咨询服务来考察、发现和形成可付诸实施的关于市场、客户以及经营管理的见解的方法。

(3)商务智能是一个过程。它是企业各级决策人员利用查询报表工具、联机分析处理工具、数据挖掘工具以及行业知识,从数据仓库中获取有用的信息,做出明智决策,逐步提升企业竞争力的过程。

商务智能已在银行、电信、保险等诸多行业得到了广泛的应用。商务智能一套完整的解决方案如图1-1所示,其将数据仓库、联机分析处理(On Line Analysis Processing,OLAP)和数据挖掘等技术结合起来应用于业务逻辑中,从不同的数据来源收集信息,经过抽取、转换和加载,送入定制化的数据仓库中,然后运用多样化的查询与分析工具、数据挖掘算法和联机分析处理工具对信息进行处理,将信息转变成为辅助决策的知识,最后将结果呈现给用户,以实现决策支持。

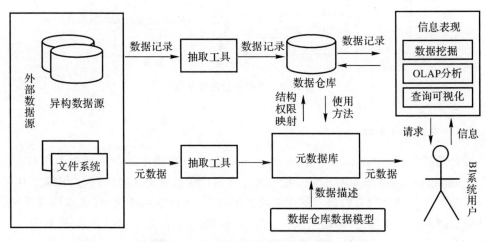

图1-1 商务智能关键概念及流程图

1.1.2 商务智能的功能和特点

商务智能是从本质上促使企业通过分析企业运营数据获得高价值的知识或信息,使企业在合适的时间采用合适的方法把合适的知识或信息交给合适的人。

1. 商务智能的四个功能

(1)商务智能具有数据获取、数据选择、数据转换与数据集成的能力,挖掘大量数据中潜在信息的能力,以及高效存储和维护大量数据的能力。

(2)商务智能具有多种各具特色的数据分析能力、查询信息和生成报表的能力。

(3)商务智能具有对比分析和趋势预测能力。

(4)商务智能具有辅助企业建模的企业优化能力。

2. 商务智能的三个特点

(1)BI 是一个具有综合性和开放性的系统。BI 的目标是增强企业运营能力,它的开放性表现在面向企业内外环境,同外界环境保持动态互连。

(2)BI 拥有强大的数据分析能力,它集成了多种各具特色的数据分析技术。

(3)BI 能够挖掘数据与信息中潜在的知识。

1.2 商务智能发展过程

商务智能的出现是一个渐进的演变过程,它经历了事务处理系统(Transaction Process System,TPS)、经理信息系统(Executive Information System,EIS)、管理信息系统(Management Information System,MIS)和决策支持系统(Decision Support System,DSS)等阶段,如图 1-2 所示。

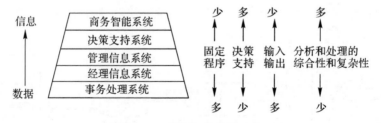

图 1-2 商务智能发展过程

1.2.1 事务处理系统

事务处理系统(Transaction Process System,TPS)又称为电子数据处理系统(Electronic Data Processing System,EDPS),它是指面向企业最底层的管理系统,对企业日常运作所产生的事务信息进行处理。TPS 的最初形式涉及范围较小,如订票系统、会计成本核算系统,其特点是处理问题的高度结构化,但功能单一,如库存物资统计系统、员工工资发放系统等。它所提供的信息是企业的实时信息,是对企业状况的直接反映。TPS 的运行直接简化了人们的日常工作,提高了作业层管理者的工作效率。在特定情况下,其甚至可以完全取代作业层的手工操作。事务处理系统的主要目的是借助计算机的运算能力将人力从大量计算和重复性工作中解脱出来。其积极意义在于,应用TPS可以提高效率,耗用时间短;缺陷在于,完全"就事论事",针对某个具体事件进行数据的输入输出,在该事件处理完毕后,关于该事件的数据便不太可能被利用。如果把事件处理过程中的数据处理看作信息的"一次利用";而事件结束后将关于该事件的数据直接或经过处理后提供给中层管理人员作为日常管理的参考,这个过程看作信息的"二次利用";将关于该事件的数据进行加工后,提交给高层决策者作为战略决策的参考,这个过程看作信息的"三次利用"。显然,从信息的"一次利用"到"三次利用",信息的价值实现程度是递增的,即"三次利用"中信息所创造的价值远大于"一次利用"中信息创造的价值,反之劣质信息造成的危害程度亦如此。事务处理系统仅仅完成了信息的"一次利用",舍弃了信息更高价值的实现。对于刚从繁重手工操作中解脱出来的人们而言,他们是体会不出来这种损失的。但是随着商业和技术的发展,事务处理系统越来越难以满足应用的需求,经理信息系统应运而生。

1.2.2 经理信息系统

经理信息系统(Executive Information System,EIS),人们通常也称其为主管信息系统,是服务于组织的高层经理的一类特殊的信息系统。经理信息系统根据预先定义的查询以报表或图表的形式向使用者提供商业活动情况的相关数据。它的服务对象是高层管理者和执行人员,通常提供的信息是一定时期内的总销售额、每种产品的销售额、销售数量等。EIS的积极意义在于,使决策者在一定程度上掌握企业的业务状况,不至于全靠"拍脑袋"决策。不足之处在于,EIS的应用面太窄,高层、中层管理人员的管理活动依然得不到有力的信息支持。另外,经理信息系统应用程序的用途和所使用的数据格式都是由软件开发人员在编程时设定的,若有新的需求,则需要从头开发新的软件,时效性差,很不灵活。

1.2.3 管理信息系统

管理信息系统(Management Information System,MIS)是一个以人为主导,利用计算机硬件、软件、网络通信设备以及其他办公设备,进行信息的收集、传输、加工、储存、更新、拓展和维护的系统。管理信息由信息的采集、信息的传递、信息的储存、信息的加工、信息的维护和信息的使用六个方面组成。完善的MIS具有以下四个标准:确定的信息需求、信息的可采集与可加工、可以通过程序为管理人员提供信息、可以对信息进行管理。MIS的出现部分地解决了EIS遇到的问题。它面向所有管理人员,可以覆盖企业所有的业务内容,能够帮助管理人员了解日常业务,并进行高效地控制、组织和计划。虽然MIS已经有了很大的进步,但是依然不能满足需求,MIS处理的都是日常事务,可以说对中层管理者的效用是最大的,但对高层决策者而言,却无法从全局的、战略的高度给予很大的支持,这也造成了决策者的不解——明明企业中有决策所需的大量数据,却得不到决策所需的信息。

1.2.4 决策支持系统

决策支持系统(Decision Support System,DSS)是管理信息系统应用概念的深化,是在管理信息系统基础上发展起来的系统。DSS是解决非结构化问题,服务于高层决策的管理信息系统,按功能可分为专用DSS、DSS工具和DSS生成器,如图1-3所示。专用DSS是为解决某一领域问题的DSS。DSS工具是指某种语言、某种操作系统、某种数据库系统。DSS生成器是通用决策支持系统。一般 DSS 包括数据库(DB)、模型库(MBMS)、方法库、知识库和会话部件。DSS 数据库不同于一般 DB,是有很高的性能要求,在原基层数据库的基础上建立起来的专用数据库。现在,一般由数据仓库(Data Warehouse,DW)来充当 DSS 数据库。数据库为决策提供数据能力或资料能力。模型库为决策提供具有分析能力的部件,模型能力的定义是转化非结构化问题的程度。会话部件,又称接口部件,它是人和决策支持系统联系的接口。

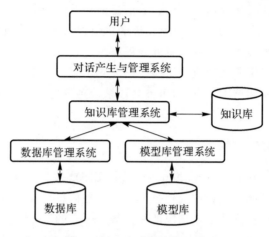

图 1-3 DSS 决策支持系统

DSS 能够为决策者提供决策信息以及商业问题的解决方案,从而减轻其从事低层次信息处理和分析的负担,使他们专注于最需要决策智慧和经验的工作。虽然经过长期探索,决策支持系统形成了以数据库、模型库和知识库"三库"为核心的理论体系结构和系统建设方法,但是总体而言,DSS 仍然处在设计方案与系统规划阶段,可实施性较差,未能迈入大规模的工业工程实践,并且对于用户提出的决策支持要求来说,DSS 一般是和建立其他系统一样进行系统分析、数据结构设计和程序设计。所建立的系统仅仅恰如其分地实现原定的决策支持要求,当用户需求变化时又必须从头设计,灵活性较差。

20 世纪 80 年代末 90 年代初,决策支持系统开始与专家系统(Expert System,ES)相结合,形成智能决策支持系统(Intelligent Decision Support System,IDSS)。智能决策支持系统充分发挥了专家系统以知识推理形式解决定性分析问题的特点,又发挥了决策支持系统以模型计算为核心的解决定量分析问题的特点,充分做到了定性分析和定量分析的有机结合,使得解决问题的能力和范围得到了一个大的发展。智能决策支持系统是决策支持系统发展的一个新阶段。20 世纪 90 年代中期出现了数据仓库(Data Warehouse,DW)、联机分析处理(On Line Analytical Processing,OLAP)和数据挖掘(Data Mining,DM)新技术,DW+OLAP+DM 逐渐形成新决策支持系统的概念。新决策支持系统的特点是从数据中获取辅助决策信息和知识,完全不同于传统决策支持系统用模型和知识辅助决策。

把数据仓库、联机分析处理、数据挖掘、模型库、数据库、知识库结合起来形成的决策支持系统,即将传统决策支持系统和新决策支持系统结合起来的决策支持系统是更高级形式的决策支持系统,称为综合决策支持系统(Synthetic Decision Support System,SDSS)。综合决策支持系统发挥了传统决策支持系统和新决策支持系统的辅助决策优势,可实现更有效的辅助决策。

1.2.5 商务智能系统

多变的市场环境、激烈的竞争、稍纵即逝的机遇等都要求企业能够深入、灵活地分析所积累的大量数据,得出高质量、有价值的信息支持决策,提升企业竞争力。许多成熟技术的出现,如硬件上的大容量存储技术、并行处理器技术,软件上的挖掘工具、数据仓库管理工具等,为智能分析准备了有利条件。在这种情况下,商务智能应运而生,它使决策者能多视角、全面地观察世界;创立更加贴近决策者思维过程的支持;代替决策者进行复杂的数据、信息处理;及时地向他们提供制定正确决策所需要的全部信息。随着海量数据处理等信息技术的日趋成熟,商务智能也有很高的可实施性。

商务智能系统的主要作用如下:

(1) 加深客户关系。通过分析顾客的各项数据,发现该顾客所属的类型,以便采取更有针对性的客户策略,例如:发现顾客的行为特征,提供个性化的产品和服务,增加客户满意度;预测顾客的消费趋势,调整生产并开展更有效的市场促销活动。企业借助 BI 进行诸如此类的分析,并采取相应措施,就能够显著提高客户满意度和忠诚度,建立良好的客户关系。

(2) 提高效率。借助商务智能,企业可以及时有效地处理海量数据,随时进行复杂的数据分析,从而使决策者建立对企业的全局观,全面、多角度掌握企业现状及其所处环境,在此基础上做出科学的决策,灵活应对环境变化。BI 帮助企业挖掘新的商业机会,分析未来发展趋势,制定合理的商业策略,调整产品结构、分销渠道、工作流程和服务方式等。这些活动都有利于提高企业的运营效率。

(3) 降低成本。商务智能系统可以从多方面来降低成本。例如,大幅度减少收集分析相关信息所需的时间,提供用户自行设计并执行特需查询的功能,从而精简企业 IT 部门,将 IT 人员从不断地完成用户的随机新需求而疲于进行新系统开发的工作状态中解脱出来,赋予他们更高附加值的任务;帮助决策者认识带来最大利润的产品,掌握关于某个客户或者产品的真正成本以及利润,从而纠正不合理的资源配置,避免资源的错位和浪费;提高决策科学性,减少直观推断和经验决策带来的风险和损失;提供对供应商和客户的全面理解,在合同谈判中争取更多有利条件,提高成功率,降低谈判成本。

(4) 充分利用企业资源增加效益。目前国内的许多企业都实现了不同程度的信息化,投入大量资金购置了硬件设施,开发了软件系统,如财务软件、MRP、ERP、CRM 等。这些投入的目的本是为了很好地利用信息,然而实际状况是,在这些系统中存储了蕴涵丰富信息的大量数据,却没有被充分开发,也没有转化为相关知识。商务智能可以通过蕴藏在企业各种应用系统中的数据,挖掘出高价值信息,为企业所用,大大提高对企业已有软硬件资源的利用率和信息化投资的回报率。

1.3 商务智能技术概述

1.3.1 商务智能技术体系结构

商务智能系统是运用数据仓库(DW)、数据挖掘(DM)与联机分析处理(OLAP)等计算机技术来分析和处理业务数据。它能从不同的数据源搜集到有用的数据,进行清洗与整理、转换、重构等操作,并存入数据仓库或数据集市,然后使用查询工具、数据挖掘工具、OLAP 工具等适当的工具来分析处理信息,使其成为决策者能使用的知识,并采用适合的方式将知识展现给决策者,为决策者提供决策信息,以制定决策方案。商务智能的基本体系结构包括 DW、OLAP 和 DM 三个部分,如图 1-4 所示。

实施商务智能,首先需要准备正确可用的数据,其次要将这些数据转换成有价值的信息,再用于指导商业实践。这个过程包括了数据抽取、分析和发掘三个主要环节,分别由数据仓库、联机分析处理和数据挖掘技术来完成。数据仓库是商务智能的基础,存储按照商务智能要求重新组织的来自业务系统的数据;联机分析处理和数据挖掘在数据仓库的基础上进行分析,提供给最终用户灵活自主的信息访问途径、丰富的数据分析与报表功能。支撑商务智能的技术还有一些,但主要是上述三项。IBM 公司给出了一个 BI 的体系结构图,如图 1-4 所示。

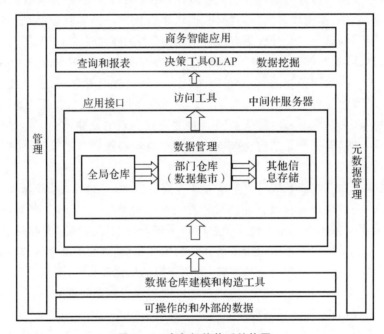

图 1-4 商务智能体系结构图

在图 1-4 中,各组成部分说明如下:

(1)可操作的和外部的数据:是商务智能系统的数据源。其中,内部信息来自企业的日常业务处理系统,如 ERP、前台交易系统等,外部信息来自 Internet、行业期刊等。

(2)数据仓库建模和构造工具:用来从数据源系统中捕捉数据,经过加工和转换后装入数据仓库。

(3)数据管理:管理终端用户感兴趣的信息。一般采用三层存储结构,即数据仓库—数据集市—特定主题的信息存储。数据仓库(全局仓库)中集成企业的所有信息;数据集市(部门仓库)存储某个部门的信息;特定主题的信息存储(其他信息存储)存储根据用户和应用需求裁剪后的信息。经数据仓库建模和构造工具处理后的数据装载进全局仓库,然后按部门从全局仓库中抽取相关数据载入部门仓库,再根据终端用户要解决的特定问题从部门仓库中抽取关于该主题的数据载入其他信息存储。

(4) 访问工具：包括应用接口和中间件服务器，使得客户工具能够访问和处理数据库和文件系统中的信息。

(5) 决策工具：包括基本的查询和报表工具以及 OLAP 和数据挖掘工具。这些工具都支持图形用户界面，有些还可以在 Web 界面上使用。

(6) 商务智能应用：是许多针对不同行业或应用领域经过裁剪的、完整的商务智能解决方案的软件包。

(7) 元数据管理：用来管理与整个商务智能系统有关的元数据，包括技术元数据和商业元数据。

(8) 管理：包括了商务智能管理的所有方面，如安全性和验证、备份和恢复、监控和调整等。

1.3.2 数据库与数据仓库

企业的数据处理主要可分为两类：一类是操作型处理，也称为联机事务处理（On Line Transaction Processing，OLTP），它是针对具体业务在数据库中的日常操作，通常对少数记录进行查询与修改。用户通常较为关心的是操作的响应时间、数据的安全性、完整性和并发支持的用户数等问题。传统的数据库系统作为数据管理的主要手段，主要用于操作型处理。

然而，面对日益复杂和竞争激烈的商业环境，企业管理人员需要的是能够辅助科学决策的知识，这是操作型信息系统无法提供的，需要从各种业务系统积累的大量数据中进行挖掘。由此产生了另一类数据处理方法——分析型处理，也称为联机分析处理（On Line Analytical Processing，OLAP），是数据仓库系统的主要应用，一般针对某些主题的历史数据进行分析，得到信息和知识用以支持管理者决策。

随着数据库的长年使用，会积累大量的日常业务数据，传统的决策支持系统（DSS）直接建立在数据库的事务处理环境上，而对分析处理的支持无法令人满意。其主要原因是受到操作型数据库系统的限制，因此数据仓库应运而生。和数据库相比，两者具有不同的特征，主要区别如下：

(1) 数据库主要用于实现企业的日常运营业务，目的是提高业务运营的效率。数据仓库的构建主要用于集成多个数据源的数据，并对这些数据进行分析和处理，以发现其中隐藏的规律、异常等知识，用以辅助决策。数据仓库的构建将数据分析处理与数据库中的事务处理分隔开来，避免了大规模的数据访问影响了事务处理的效率。

(2) 数据库中的数据需要进行频繁的查询、更新等操作，在短时间内做出有效的响应是数据库的任务目标之一，因此数据库中数据的更新操作时效性很强，事务的吞吐率指标非常重要。而数据仓库的数据量庞大，分析时通常涉及大量历史数据，有的分析甚至可能需要数小时，耗费了大量的系统资源，因此对系统响应的要求并不严格。

(3) 数据库中的数据通常只包含当前数据，数据的存储避免冗余，数据的组织是按照业务过程涉及的数据实现的，是应用驱动的。数据仓库中的数据是按照主题组织的，通常将某一主题的所有数据集成在一起，为了方便快速查找，数据仓库中的数据存在大量冗余。另外，数据仓库中的数据通常是历史数据,数据源中的数据按照一定的频率更新到数据仓库中。而数据库中的数据通常是最细节的数据,数据仓库中的数据可以依据分析任务的不同,对细节数据进行一定的汇总。

(4)数据库中的数据需要进行频繁的插入、删除、修改等更新操作,因此,除了要通过创建事务保证业务处理的正确性外,还需要复杂的并发控制机制保证事务运行的隔离性。数据仓库中的数据主要用于分析处理,除了初始的导入和成批的数据清除操作之外,数据很少需要进行更新操作,因此也不需要复杂的并发控制等事务管理功能,数据仓库中的数据质量非常关键,不正确的数据可能会直接导致错误的分析预测结果。

1.3.3 联机分析处理

数据处理通常分为联机事务处理(OLTP)与联机分析处理(OLAP)。OLTP 主要是一些基本的日常事务处理,应用于传统的操作型数据库系统中。OLAP 应用于数据仓库系统中,它支持复杂的分析操作,用于决策支持,并且可以将查询结果以直观易懂的方式表现出来。

联机分析处理的概念最早是由关系数据库之父 E. F. Codd 于 1993 年提出的。当时,联机事务处理(OLTP)已不能满足终端用户对数据库查询分析的需要,SQL 对大数据库进行的简单查询也不能满足用户分析的需求。用户的决策分析需要对关系数据库进行大量计算才能得到结果,而查询的结果并不能满足决策者提出的需求。因此,E. F. Codd 提出了多维数据库和多维分析的概念,即 OLAP。联机分析处理是一种用于分析的软件技术,它能够对多维信息进行共享、对特定问题的联机访问数据进行快速分析。OLAP 能提供多维数据分析,具有切片、切块、钻取、旋转等多种数据分析手段。它为管理决策人员提供了多种可能的数据观察形式,从而对数据进行深入观察。OLAP 技术为决策人员和高层管理人员提供决策支持,帮助他们快速、灵活地进行大量的数据查询处理和复杂的分析操作,并且能够提供直观易懂的结果表现形式,以便高层管理人员准确地掌握企业的经营状况,了解客户的需求,快速地制定正确的方案,采取有效的商业行为。

OLAP 的突出优点是分析功能较灵活、数据操作直观且能够可视化地表示分析结果等。这些优点使得用户能够轻松而高效地对大量复杂数据进行分析并迅速而准确地做出判断。联机分析处理可以对人们提出的假设进行验证,并将总结的信息结果以图形或者表格的形式展现出来。

OLAP 可使分析人员、管理人员或执行人员能够从多种角度对真实反映企业多维特性的信息进行快速、一致、交互地存取,从而获得对数据更深入的了解。它具有五个基本特征:快速性、可分析性、共享性、多维性和信息性。其基本思想是企业决策者能灵活地操作企业的数据,以多维的形式从多方面和多角度来观察企业的状态并了解企业的变化。OLAP 的目标是满足决策支持或多维环境特定的查询和报表需求。

OLAP 一般采用一种多用户的三层 C/S 结构,如图 1-5 所示。这种结构的优点在于将业务逻辑、图形用户界面及数据库管理系统严格区分开。复杂的应用逻辑不是分布于网络上的众多 PC 上,而是集中存放在 OLAP 服务器上,由服务器提供高效的数据存取,安排后台处理以及报表预处理,大大提高了处理效率。

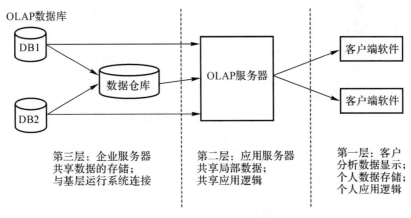

图 1-5 OLAP 的三层 C/S 逻辑结构

OLAP 提供了对数据的多维分析方法,包括切片、切块、旋转、上翻、下钻等分析动作。

(1)切片:在多维数组的某一维上选定一个维成员,得到多维数组的一个子集,然后对这个子集进行统计分析。

(2)切块:在多维数组的某一维上选定某一区间的维成员,得到多维数组的一个子集,然后对这个子集进行统计分析。

(3)旋转:改变一个报告或页面显示的维方向。例如将行和列进行交换。

(4)上翻:将较细节的数据汇总成较综合的数据,沿着维的概念分层向上攀升,是从特殊到一般的分析过程。

(5)下钻:由较综合的数据分解得到较细节的数据,沿着维的概念分层向下或引入新的维,是从一般到特殊的分析过程。

1.3.4 数据挖掘

数据挖掘(Data Mining,DM)就是从数据库或数据仓库的大量数据中挖掘或提取出潜在的、隐含的、有价值的信息,并使用概念、模式、规律和规则来表示,用以与用户或知识库进行交互,给用户提供感兴趣的知识,或当作新知识添加到知识库里。

数据挖掘不同于传统的数据分析方法,本质区别在于是否有明确假设的前提。传统数据分析方法在进行分析之前,一般都清楚地知道自己的目的,对于可能得出的结论也有一个大致的认识,或者知道结果可能落入的范围。而用数据挖掘进行分析时,分析者可能事先没有设定要解决的具体问题,对于可能出现的结果也无法估计,有些结果甚至是违背直觉的信息或知识。

数据挖掘技术按其性质可以分为三类:①分类技术:归纳分析、聚类分析;②相关分析:关联法则分析、链接分析;③时间相关分析:顺序相关分析、时间序列分析。数据准备好之后,根据挖掘的目标来选择适当的数据挖掘技术。不同的挖掘技术有不同的应用领域与适合的问题模式,在选择数据挖掘技术时,不限于只选择一项,可以考虑整合多种不同的技术,以便达到更好的挖掘效果。

数据挖掘的一般过程如图1-6所示。它不是一个单向的过程,包括很多反馈回路在内,其中每一步都有可能回到前面的一个或几个步骤重复执行。

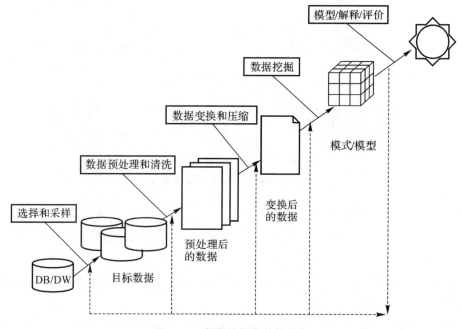

图1-6 数据挖掘的一般过程

数据挖掘过程可以分成以下几个步骤:

(1)问题定义:了解相关领域的有关情况,熟悉背景知识,弄清用户要求,定义要挖掘的目标。

(2)数据提取:根据要求从数据库中提取相关的数据。

(3)数据预处理:主要对前一阶段产生的数据进行再加工,检查数据的完整性及数据的一致性,对其中的噪声数据进行处理,对丢失的数据进行填补。

(4)知识提取:运用选定的数据挖掘的算法,从数据中提取用户所需要的知识,这些知识可以用一种特定的方式表示或使用一些常用的表示方式。

(5)评估:将发现的知识以用户能理解的方式呈现,如某种规则,再根据实际执行情况对知识发现过程中的具体处理阶段进行优化,直到满足用户要求。

数据挖掘涉及的学科领域和方法很多,有人工智能、数据统计、可视化、并行计算等。数据挖掘有以下多种分类方法。

(1)根据挖掘任务,可分为分类模型发现、聚类、关联规则发现、序列分析、偏差分析、数据可视化等。

1)分类:其旨在生成一个分类函数或分类模型,该模型能把数据库中的数据项映射到给定类别中的某一个。既可以用此模型分析已有的数据,也可以用它来预测未来的数据。

2)聚类:聚类是对记录分组,把相似的记录归类到一个聚集里。聚类和分类的区别是聚类不依赖于预先定义好的类,不需要训练集。

3)数据可视化:数据可视化严格来讲不是一个单独的数据挖掘任务,它被用来支持其他挖掘任务。可视化是采用图形、图表等易于理解的方式表达数据挖掘结果。

4)关联规则：关联规则是寻找数据库中值的相关性，主要是寻找在同一个事件中出现的不同项的相关性，比如在一次购买活动中所买不同商品的相关性。

5)序列分析：序列模式分析同样也是试图找出数据之间的联系。但它的侧重点在于分析数据之间前后因果关系，因此对数据往往要求引入时间属性。序列分析非常适合用于寻找事物的发生趋势或重复性模式。

6)离群点(outlier)分析：用来发现与正常情况不同的异常和变化，并进一步分析这种变化是否是有意的诈骗行为，还是正常的变化。如果是异常行为，则提示预防措施；如果是正常的变化，那么就需要更新数据库记录。

(2) 根据挖掘对象，可分为关系数据库、面向对象数据库、空间数据库、时态数据库、文本数据源、多媒体数据库、异质数据库以及互联网等。

(3) 根据挖掘方法，可粗略地分为机器学习方法、统计方法、神经网络方法、决策树、可视化、最近邻技术等。在机器学习中，可细分为归纳学习方法决策树、规则归纳、基于范例学习、遗传算法等。在统计方法中，可细分为回归分析、多元回归、自回归、判别分析贝叶斯判别、非参数判别等。

1.4 商务智能的工作过程及应用

从业务的观点来看，商务智能的工作过程如图1-7所示：数据集成工具从不同的数据源收集有用的原始数据，对其进行清理、转换后存入数据仓库。商务智能工具从数据仓库中提取处理所需的信息加以分析，得到辅助决策的知识，然后将这些知识呈现给用户，用以帮助其做出商业决策。商业决策中总结出的商务规则又被加入商务智能工具中，为解决同类问题提供依据。同时，这些商务规则也很可能对日常事务的处理具有指导意义。商务智能工作过程中还有一个重要的反馈环节。决策者正确执行所做出的商业决策后，将执行结果和意见反馈给数据集成和BI分析环节，以便修正其中的缺陷，完善商务智能工作过程。

商务智能作为辅助决策的有力手段，已广泛地应用于众多领域。有关BI市场的分析显示，金融、电信、保险、政府、交通和制造等行业是需求最旺盛的行业。

(1) 制造业：分析具体的客户交易数据，了解客户特征，从而在吸引客户的过程中采取更主动的行动；通过信息分析，在订货的品种和数量方面做出更快、更合理的决定；帮助采购员实时了解供应商之间的成本差异；帮助配送中心管理增加的业务量，合理安排出、入货；支持装载计划和运输路线计划的优化；实现合理的库存水平。

(2) 保险业：根据投保品种、投保人、险种等历史数据，使保险公司合理设定储备金数额，分析赔偿金的标准；分析客户的需求，根据客户的消费特征制订营销计划，提供个性化服务；进行风险分析和损益原因判断；分析承保新险种和新客户的风险。

(3) 银行和证券行业：按客户等级和类型建立信贷发放模型，提供早期预警，避免客户出现信贷危机；提供信贷情形好转或恶化时的信贷管理方法；提供更精确的组合业务评估；预测信贷政策变化造成的影响，以减少信贷损失。

(4) 电信行业：通过分析客户和产品/服务使用记录，确定高收益产品/服务和客户段，预测未来的产品/服务需求；通过分析产品/服务的历史记录、竞争和交流渠道信息形成详细完整的客户描述,以便开发个性化产品/服务和制订更有针对性的营销策略。

在商务智能领域,已有许多公司,业务涵盖范围从前台的图像工具,到后台的数据仓库。目前,Oracle、SAS、IBM、Microsoft、Sybase、Business Objects、NCR 等公司都有相关的 BI 业务。

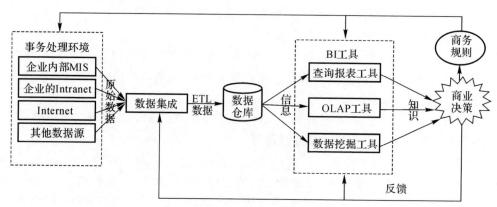

图 1-7 商务智能的工作过程

1.5 思考与练习

1. 简述什么是商务智能。
2. 简述商务智能的发展历史。
3. 商务智能系统的主要组成部分有哪些?

第 2 章 数据预处理

2.1 数据预处理的原因和任务

  商务智能处理中的数据质量非常关键,不正确的数据可能会直接导致错误的分析预测结果。从现实世界采集到的大量的各种各样的数据,由于实际生产和现实生活以及科学研究的多样性、不确定性、复杂性等,导致采集到的原始数据比较散乱,不符合商务智能处理进行知识获取所要求的规范和标准。这些原始数据主要具有以下特征:不完整性指的是数据记录中可能会出现有些数据属性的值丢失或不确定的情况,还有可能缺失必需的数据;含有噪声指的是数据具有不正确的属性值,包含错误或存在偏离期望的离群值。产生的原因很多。比如收集数据的设备可能出故障、人或计算机的错误、数据传输中也可能出现错误、也可能由命名约定或所用的数据代码不一致,以及输入字段如时间的格式不一致而导致的。实际使用的系统中,还可能存在大量的模糊信息,有些数据甚至还具有一定的随机性、杂乱性和不一致性。原始数据是从各个实际应用系统中获取的,由于各应用系统的数据缺乏统一标准的定义,数据结构也有较大的差异,所以各系统间的数据存在较大的不一致性,往往不能直接拿来使用。同时当合并来自不同的应用系统中的数据时,还普遍存在数据的重复和信息的冗余现象。

  因此,存在不完整的、含噪声的和不一致的数据是现实世界大型数据库或数据仓库的共同特点。一些比较成熟的算法对其处理的数据集合一般都有一定的要求,比如数据完整性好、数据的冗余性少、属性之间的相关性小。然而,实际系统中的数据一般都不能直接满足商务智能处理的要求。因此需要对原始数据进行预处理。数据预处理的目的是提供干净、简洁、准确的数据,以使商务智能处理过程更有效、更容易,提高挖掘效率和准确性。

  数据预处理是解决上面所提到的数据问题的可靠方法,如图 2-1 所示。一般包括以下 4 类主要的数据预处理任务。

  (1) 数据清理(data cleaning):对数据集中存在的缺失和噪声进行处理,目的是删除重复信息、纠正存在的错误,并提供数据一致性。数据清洗处理通常包括填补遗漏的数据值、平滑有噪声数据、识别或去除异常值,以及解决不一致问题。

  (2) 数据集成(data integration):数据集成是将来自多个数据源的数据合并到一起,形成一致的数据存储格式,如将不同数据库中的数据集成到一个数据仓库中存储。有时还需要进行数据清理以便消除可能存在的数据冗余。

  (3) 数据变换(data transformation):将数据转换成适合于挖掘的形式,如将属性数据按比例缩放,使之落入一个比较小的特定区间。这一点对那些基于距离的挖掘算法尤为重要。包括平滑处理、聚集处理、数据泛化处理、规格化、属性构造等。

(4)数据归约(data attribution):在不影响挖掘结果的前提下,通过数值聚集、删除冗余特性的办法压缩数据,提高挖掘模式的质量,降低时间复杂度。

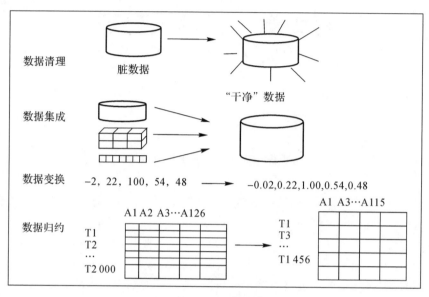

图 2-1 数据预处理

需要强调的是,以上所提及的方法并不是相互独立的,而是相互关联的。例如,冗余数据的删除既是一种数据清理形式,也是一种数据归约。完成数据集成之后往往还需要再次进行数据清理工作。

2.2 数据预处理的基本概念

高质量的决策来自高质量的数据,因而数据预处理是整个商务智能处理过程中的一个重要步骤。从数据中提取有用的信息或发现知识是商务智能系统的根本目的,但前提是数据必须具有正确性(correctness)、一致性(consistency)、完整性(completeness)和可靠性(reliability)。但现实世界中的数据大部分是不完整、不一致的脏数据,例如数据输入错误、不同来源的数据采用不同的表示方法、数据间的不一致等,导致现有的数据中存在这样或那样的脏数据(即存在数据质量问题),主要表现为拼写问题、打印错误、不合法值、空值、不一致值、简写、同一实体的多种表示(重复)、不遵循应用完整等。这样的数据被定义为脏数据,无法直接进行商务智能处理,或处理的结果差强人意。为了得到高质量的处理结果,在进行商务智能计算之前,必须对原始数据做一定的分析和处理,它是整个商务智能过程中很重要的一个步骤。这种从原始数据到挖掘数据之间,对数据进行的操作叫作数据预处理。图 2-2 展示了数据预处理的主要步骤。

数据预处理有多种方法:数据清理、数据集成、数据变换、数据归约等。这些数据处理技术在商务智能处理之前使用,大大提高了数据挖掘模式的质量,降低了实际挖掘所需要的时间。但到目前为止,数据预处理还没有很好的自动化和工程化的方法,通常会耗费很多时间和精力,且需要加入人为经验的干预。在数据处理的过程中也会遇到很多的问题,比如特征值过多导致的维度灾难,静态模型不够灵活,数据中包含的一些特征偏见等,需要不断探索合适的方法来解决这些问题。在数据挖掘过程中,人们对数据预处理的投入远远不如对挖掘算法的研究,然而数据预处理工作却能起到事半功倍的效果。因为现实世界的数据往往是不完整的、有噪声的和不一致的,数据预处理能帮助改善数据质量,进而帮助提高商务智能处理进程的有效性和准确性。

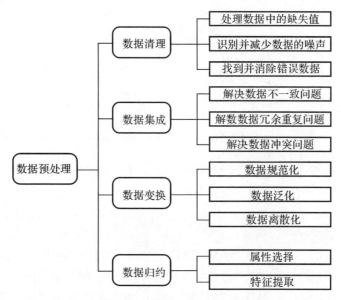

图 2-2 数据预处理的主要步骤

2.2.1 数据

数据(data)是事实或观察的结果,是对客观事物的逻辑归纳,是用于表示客观事物的未经加工的原始素材。数据可以是连续的值,如声音、图像;也可以是离散的,如符号、文字。数据需要经过解释才能完全表达其内容,数据和关于数据的解释是密不可分的。例如,93 是一个数据,可以是一个同学某门课的成绩,也可以是某个人的体重,还可以是某个班级学生的人数。数据的解释是指对数据含义的说明,数据的含义称为数据的语义,数据与其语义是密不可分的。在表现形式上,数据不仅指狭义上的数字,还可以是具有一定意义的文字、字母、数字符号的组合、图形、图像、视频、音频等,也是客观事物的属性、数量、位置及其相互关系的抽象表示。例如,"0,1,2,…""阴、雨、下降、气温""学生的档案记录、货物的运输情况"等都是数据。在计算机科学中,数据是所有能输入计算机并可以被计算机程序处理的符号的介质的总称,是用于输入电子计算机进行处理,具有一定意义的数字、字母、符号和模拟量等的通称。计算机存储和处理的对象十分广泛,表示这些对象的数据也随之变得越来越复杂。

数据按性质可分为:①定位的,如各种坐标数据;②定性的,如表示事物属性的数据(居民地、河流、道路等);③定量的,反映事物数量特征的数据,如长度、面积、体积等几何量或质量、速度等物理量;④定时的,反映事物时间特性的数据,如年、月、日、时、分、秒等。数据按表现形式可分为:①数字数据,如各种统计或测量数据;②模拟数据,由连续函数组成,又分为图形数据(如点、线、面)、符号数据、文字数据和图像数据等。数据按数字化方式可分为矢量数据、网格数据等。数据的表示取决于系统应用的目标、功能、结构和数据处理、管理与分析的需求。

2.2.2 数据集

数据集(data set)是数据对象的集合,一个数据对象代表一个实体。数据对象又称样本、实例、数据点或对象。属性(attribute)是数据的一个字段,表示数据对象的一个特征。一个简单的数据集见表2-1。

表 2-1 数据集

ID	姓 名	性 别	年 龄	身 高
1	张三	男	21	170
2	李四	女	23	160
3	王五	女	20	165

其中每一个人的个人信息就是一个数据对象,也被称为记录、点、向量、模式、事件、案例、样本、观测或实体。一个数据对象可以抽象成特征空间中的一个点,如二维数据可使用平面坐标中的一个点来表示。如果该数据有4个属性,则可以将其表示为一个四维的向量,表2-1中第一个数据对象就是{张三,男,21,170}。

数据对象所拥有的一些基本特性叫作属性,如表2-1中的"姓名""年龄"等,属性也被称为变量、特性、字段、特征或维。不同对象的属性值可能不同,同一对象的属性值也可能随时间的变化而变化,如某类疾病的属性由"阳"转"阴"。属性可以是"男"这种描述,也可以是由"170"这种数字进行描述。

理解属性本身的类型和性质非常重要。同样是数字的属性,ID和身高这两个属性就有很大不同,通过身高可以做统计分析、求均值、线性拟合等,但对ID这类仅用来区分不同数据对象的属性做这些分析就没有意义。

属性向量(或特征向量)是用来描述一个给定对象的一组属性。在表2-1中,数据的属性向量可使用{ID,姓名,性别,年龄,身高}来进行表示。属性有不同类型:标称属性(nominal attribute)、二元属性(binary attribute)、序数属性(ordinal attribute)、数值属性(numerical attribute)、离散属性与连续属性。

1. 标称属性(nominal attribute)

标称属性的值是一些符号或实物的名称,每个值代表某种类别、编码或状态,因此标称属性又被看作是分类型的属性(categorical),如表2-1中的性别属性,其取值为"男"或"女"。这些值是定性的,而不是定量的,且不具有排序的意义。如性别的取值使用"0"和"1"表示,则0和1之间并不具备序数关系。

因为标称属性值并不具有排序的意义,并且不是定量的,所以,如果需要对标称属性进行补全,寻找标称属性的均值(平均值)或中位数(中值)没有意义,而使用该属性最常出现的值,这个值称为众数(mode),更有意义。

2. 二元属性(binary attribute)

二元属性是标称属性的一种,只有两个类别或状态:0或1,其中0常用来表示不出现,1

表示出现。如果将 0 和 1 对应于 false 和 true,二元属性则为布尔属性。对称二元属性:如果两种状态具有同等价值,并且携带相同权重,如采用 0 和 1 分别表示男性或女性,这两种属性值同样重要,因此称为对称二元属性。非对称的二元属性:两种状态的结果不是同等重要,如某些疾病的检验结果呈"阳性",则"阳性"属性值比"阴性"属性值更重要一些。通常,用 1 对最重要的结果(通常是稀有的)进行编码(如"阳性"),而另一个用 0 进行编码。

3. 序数属性(ordinal attribute)

序数属性指的是在其可能的取值之间可以排序,但相继值之间的差并没有具体的含义。例如,学生的成绩属性可以分为优、良、中、差四个等级;某快餐店的饮料杯有大、中、小三个可能值。然而,具体"大"和"中"的差值没有具体的含义。序数属性一般用于记录不能客观度量的主观质量评估。因此,序数属性常用于等级评定调查。如某销售部门客户服务质量的评估:0 表示很不满意、1 表示不太满意、2 表示中性、3 表示满意、4 表示非常满意。

应该注意的是,标称、二元和序数属性都是定性的,只描述样本的特征,而不给出实际大小或数量。下面介绍提供样本定量度量的数值属性。

4. 数值属性(numerical attribute)

数值属性是可度量的量,用整数或实数值表示,有区间标度和比率标度两种类型。

(1)区间标度(interval-scaled)属性。区间标度属性可使用相等的单位尺度进行度量,区间属性的值可以排序,允许比较和定量评估值之间的差。例如,身高属性是区间标度的。假设有一个班学生的身高统计值,将每一个人视为一个样本,将这些学生身高值排序,可以量化不同值之间的差。

(2)比率标度(ratio-scaled)属性。比率标度属性是具有固有零点的数值属性,即如果度量是比率标度的,则可以说一个值是另一个值的倍数(或比率)。此外,这些值是有序的,因此可以计算值之间的差,也可以计算均值、中位数和众数。

区间标度和比率标度唯一的区别就是比率变量拥有一个绝对的零值。对于区间属性,值之间的差是有意义的,但比值没有意义。而对于比率属性,差和比率都是有意义的。例如,对于日期来讲,不能说 2014 年是 1007 年的两倍,因此日期是区间属性而不是比率属性,即差有意义,但是比值却没有意义。而对于货币来说,张三有 200 元,李四有 100 元,可以说张三比李四多 100 元,也可以说张三的钱是李四的两倍,因此货币量就是比率属性。

5. 离散属性与连续属性

前面介绍的四种属性类型之间不是互斥的,还可以用许多其他方法来组织属性类型,如属性也可分为离散的或连续的属性。离散属性具有有限或无限个可数的值,可以用或不用整数表示。如学生成绩属性,优、良、中、差;二元属性取 1 和 0 以及年龄属性取 0 到 110。如果一个属性可能取值的值的集合是无限的,但可以建立一个与自然数的一一对应关系,则其也是离散属性。如果一个属性不是离散的,则它是连续的。另外请注意,在有些文献中,术语"数值属性"和"连续属性"表示的是同一种属性,"连续属性"也常被称为"数值属性"。

2.2.3 数据的描述性统计

对于成功的数据处理,把握数据的全貌至关重要。描述性统计用于总结数据,描述了现有数据的基本特征。描述性统计能够使用聚合数字、数据表或图表以一种有意义的方式理解与解释或展现数据。实质上,描述性统计把数字与符号转化为有意义的表示,供人理解与使用。描述性统计可以用来识别数据的性质,识别噪声或离群点。

1. 中心趋势度量:均值、中位数和众数

中心趋势度量是用来估计或描述给定变量中心位置的数学方法。中心趋势度量数据分布的中部或中心位置。给定一个属性,它的值大部分落在何处?中心趋势度量包括均值、中位数、众数和中列数。

(1)均值。均值是表示一组数据集中趋势的量数,是指在一组数据中所有数据之和再除以这组数据的个数。

(2)中位数。中位数(median)是统计学中的专有名词,代表一个样本、种群或概率分布中的一个数值,其可将数值集合划分为相等的上、下两部分。

对于有限的数集,可以通过把所有观察值进行高低排序后找出正中间的一个作为中位数。如果观察值是偶数,通常取最中间的两个数值的平均数作为中位数。

(3)众数。众数(mode)是统计学名词,是统计分布上具有明显集中趋势点的数值,代表数据的一般水平,是一组数据中出现次数最多的数值,有时众数在一组数中有好几个。

(4)中列数。中列数(midrange)也可以用来评估数值数据的中心趋势。中列数是数据集的最大和最小值的平均值。中列数使用函数 max( )和 min( )计算。

2. 离散趋势度量:极差、四分位数、方差、标准差和四分位数极差

离散趋势度量是用来估计或描述一个给定变量的变化程度。它们是给定数据集的数字散布的表示。离散趋势的度量包括极差、分位数、四分位数、百分位数和四分位数极差。它对于识别离群点是有用的,方差和标准差也可以指出数据分布的散布。

(1)极差。设$\{x_1, x_2, \cdots, x_m\}$是某数值属性 X 上的观测的集合。该集合的极差是最大值$[\max(X)]$与最小值$[\min(X)]$的差值。

(2)分位数。2-分位数是1个数据点,它把数据分布划分成两半。2-分位数对应于中位数。4-分位数是3个数据点,它们把数据分布划分成4个相等的部分,使得每部分表示数据分布的1/4。通常称它们为四分位数(quartile)。中位数、四分位数和百分位数是使用最广泛的分位数。

(3)四分位数与四分位数极差。四分位数给出分布的中心、散布和形状的某种指示。四分位数是将一组数据由小到大(或由大到小)排序后,用3个点将全部数据分为4等份,与这3个点位置上相对应的数值称为四分位数,分别记为:①Q_1(第一四分位数),说明数据中有25%的数据≤②Q_1;Q_2(第二四分位数,即中位数),说明数据中有50%的数据≤Q_2;③Q_3(第三四分位数),说明数据中有75%的数据≤Q_3。其中,Q_3到Q_1之间的距离的差的一半又称为分半四分位差,记为$(Q_3-Q_1)/2$。

第1个和第3个四分位数之间的距离是散布的一种简单度量,它给出了数据的中间一半所覆盖的范围。该距离称为四分位数极差(IQR),定义为 IQR=Q_3-Q_1。四分位数极差反映了中间50%数据的离散程度,其数值越小,说明中间的数据越集中;其数值越大,说明中间的数据越分散。四分位数极差不受极值的影响。此外,由于中位数处于数据的中间位置,所以四分位数极差的大小在一定程度上也说明了中位数对一组数据的代表程度。四分位数极差主要用于测度顺序数据的离散程度。对于数值型数据也可以计算四分位数极差,但不适合分类

数据。

3. 五数概括、箱线图与离群点

(1)五数概括。因为Q_1、中位数和Q_3不包含数据的端点(如尾)的信息,分布形状的完整概括可以通过最高和最低数据值得到,这称为五数概括(five-number summary)。分布的五数概括是由中位数(Q_2)、四分位数Q_1、Q_3、最小和最大观测值组成的。

盒图(boxplot)是一种流行的分布的直观表示。盒图(见图2-3)是在1977年由美国的统计学家约翰·图基(John Tukey)发明的。它由五个数值点组成:最小值(min)、下四分位数(Q_1)、中位数(median)、上四分位数(Q_3)、最大值(max)。也可以往盒图里面加入平均值(mean)。下四分位数、中位数、上四分位数组成一个"带有隔间的盒子"。上四分位数到最大值之间建立一条延伸线,这个延伸线称为"胡须(whisker)"。

盒图直观地体现了五数概括:盒的端点一般在四分位数上,使得盒的长度是四分位数极差IQR。中位数用盒内的线标记。盒外的两条线(称作胡须)延伸到最小(Minimum)和最大(Maximum)观测值。

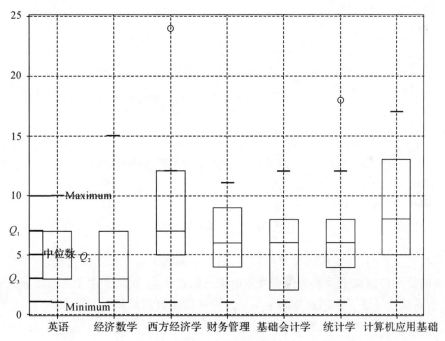

图2-3 盒图

(2)箱线图。箱图(或称为箱线图)是给定数据集的几个描述性统计的图形说明,一般以垂直的形式表示。箱线图经常用来以一种简单易懂的图形来说明给定数据集的中心和离散趋势(即样本数据分布)。图2-4展示了一组有相同y轴的并排的箱线图。单一图表可以用一个或多个箱线图进行可视化比较。在这种情况下,y轴是常用的幅度度量(变量数值),而x轴用来显示不同的类/子集,例如不同的时间维度(如2019年和2020年的医疗费用的描述性统计)或者不同类别(如营销花费与总销售额的描述性统计)。

箱线图展示了中心趋势(中位数或平均数)和离散趋势(中间一半的数据密度,绘制为第一个四分位数与第三个四分位数间的箱子)、最小极差和最大极差。

箱线图作图步骤如下：
1) 绘制一个长方形，上、下限分别为上四分位数 Q_1 和下四分位数 Q_3；
2) 在中位数位置上绘制一条线；
3) 利用四分位数距离 $IQR = Q_3 - Q_1$，设定界限在 Q_1 左侧 1.5 倍 IQR 处，和 Q_3 右侧 1.5 倍 IQR 处，在界限以外的数据被认为是异常值；
4) 从箱体一直画到界限内的最大值和最小值的直线为触须线。

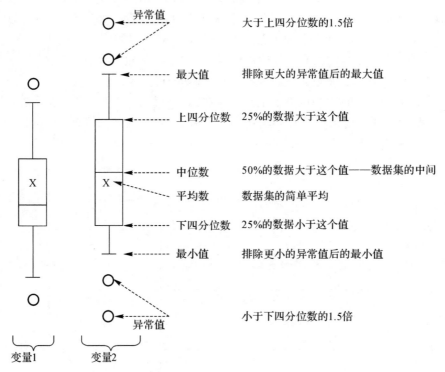

图 2-4 箱线图

(3) 离群点。离群点（或称为异常值）是数据集中偏离大部分数据的数据，由于偏离其他数据太多，所以使人怀疑这些数据的偏离并非由随机因素产生，而是产生于完全不同的机制。离群点是由于系统受外部干扰而造成的。主要原因可能是数据来源于不同的类、自然变异、数据测量和随机误差等。离群点检验就是通过多种检测方法找出其行为不同于预期对象的数据点的过程。

4. 方差和标准差

方差与标准差都是数据散布度量，它们指出数据分布的散布程度。低标准差意味数据观测趋向于非常靠近均值，而高标准差意味着数据散布在一个较大的值域中。

数值属性 X 的 N 个观测值 $x_1, x_2, \cdots, x_N$ 的方差（variance）为

$$\sigma^2 = \frac{1}{N} \sum_{i=1}^{N} (x_i - \bar{x})^2 = \left(\frac{1}{N} \sum_{i=1}^{n} x_i^2 \right)^2 - \bar{x}^2 \tag{2-1}$$

式中：$\bar{x}$ 是观测的均值，由式(2-1)定义。观测值的标准差（standard deviation）σ 是方差 σ^2 的二次方根。

作为发散性的度量,标准差 σ 的性质如下:

(1)σ 度量关于均值的发散,仅当选择均值作为中心度量时使用;

(2)仅当不存在发散,即所有的观测值都具有相同值时,$\sigma=0$,否则,$\sigma>0$。

一个样本一般不会远离均值且超过标准差的数倍,标准差可以很好地表明数据集的发散程度。

5.数据的相似性和相异性度量

假设有 n 个对象,被 p 个属性刻画,对象 $x_1=(x_{11}, x_{12},\cdots, x_{1p})$,$x_2=(x_{21},x_{22},\cdots, x_{2p})$ 等,其中 x_{ij} 是对象 x_i 的第 j 个属性的值,这些对象可以是关系数据库的元组,也称数据样本或特征向量。其中,每行对应于一个对象,则可写成如下矩阵形式:

$$\begin{bmatrix} x_{11} & \cdots & x_{1f} & \cdots & x_{1p} \\ \vdots & & \vdots & & \vdots \\ x_{i1} & \cdots & x_{if} & \cdots & x_{ip} \\ \vdots & & \vdots & & \vdots \\ x_{n1} & \cdots & x_{nf} & \cdots & x_{np} \end{bmatrix}$$

上述数据矩阵的形式称为数据矩阵或对象-属性结构,这种数据结构使用 $n\times p$(n 个对象 $\times$ p 个属性)的矩阵来存放 n 个数据对象。

数据矩阵也可用于存放 n 个对象两两之间的邻近度,通常用一个 $n\times n$ 矩阵表示,其中 $d(i,j)$ 是对象 i 和 j 之间的相异性或"差别"的度量,这种矩阵称为相异性矩阵或对象-对象结构。

相似性度量可以表示成相异性度量的函数。例如,对于标称数据 $\text{sim}(i,j)=1-d(i,j)$,其中 $\text{sim}(i,j)$ 是对象 i 和 j 之间的相似性。

数据矩阵也被称为二模矩阵,因为数据矩阵由两种实体或事物组成,即行(对象)和列(属性)。相异性矩阵也被称为单模矩阵,因为相异性矩阵只包含一类实体。

许多聚类算法和最近邻算法都在相异性矩阵上运行。在使用这些算法之前,可以把数据矩阵转化成相异性矩阵。

(1)标称属性的邻近性度量。设一个标称属性的状态数目是 M,这些状态可以用字母、符号或者一组整数(如 $1,2,\cdots,M$)表示。注意这些整数只是用于数据处理,并不代表任何特定的顺序。两个对象的标称属性的相异性可以通过不匹配率来计算:$d(i,j)=(n-m)/n$,其中 m 是两个标称属性匹配的数目,而 n 是刻画对象的属性总数。而相似性可以用下式计算:$\text{sim}(i,j)=1-d(i,j)=m/n$。

例 2-1 标称属性的邻近性度量。对于表 2-2 中 Test-1 属性,其为标称属性。根据计算公式:$d(i,j)=(n-m)/n$,令 $n=1$(主要目的是使相异矩阵的值在 $[0,1]$ 之间),定义相同时 $m=1$,不同时 $m=0$,则表 2-2 中 Test-1 属性的相异矩阵为

$$\begin{bmatrix} 0 & & & \\ 1 & 0 & & \\ 1 & 1 & 0 & \\ 0 & 1 & 1 & 0 \end{bmatrix}$$

表2-2　包含混合属性的样本数据

对象表示符	Test-1(标称)	Test-2(序数)	Test-3(数值)
1	A	excellent	45
2	B	fair	22
3	C	good	64
4	A	excellent	28

(2) 二元属性的邻近性度量。两个二元属性之间的相异性可由给定的二元数据计算相异性矩阵。如果所有的二元都具有相同的权重,则可得到一个两行两列的列联表(见表2-3),其中q是对象i和j都取1的属性数,属性的总数是p。

表2-3　列联表

		对象j		
		1	0	sum
对象i	1	q	r	$q+r$
	0	s	t	$s+t$
	sum	$q+s$	$r+t$	p

基于对称二元属性的相异性称作对称的二元相异性。如果对象i和j都用对称的二元属性刻画,则i和j的相异性为$d(i,j)=(r+s)/(q+r+s+t)$。

对于非对称的二元属性,两个状态不是同等重要的。给定两个非对称的二元属性,两个都取值1的情况(正匹配)被认为比两个都取值0的情况(负匹配)更有意义。因此,这样的二元属性经常被认为是"一元的"(只有一种状态)。基于这种属性的相异性被称为非对称的二元相异性,其中负匹配数t被认为是不重要的,因此在计算时可以被忽略。相异性可通过$d(i,j)=(r+s)/(q+r+s)$进行计算。

(3) 数值属性的相异性:闵可夫斯基距离。数值属性的相异性可通过计算闵可夫斯基距离得到。在某些情况下,在计算距离之前数据应该规范化。这涉及数据变换,使之落入较小的公共值域,如[-1, 1]或[0.0, 1.0]。规范化数据试图给所有属性相同的权重。

最常用的距离度量是欧几里得距离。令$i=(x_{i1}, x_{i2}, \cdots, x_{in})$和$j=(x_{j1}, x_{j2}, \cdots, x_{jn})$是两个被$n$个数值属性描述的对象。对象$i$和$j$之间的欧几里得距离定义为

$$d(i,j)=\sqrt{(x_{i1}-x_{j1})^2+(x_{i2}-x_{j2})^2+\cdots+(x_{in}-x_{jn})^2} \quad (2-2)$$

另一个著名的度量方法是曼哈顿距离。其定义如下:

$$d(i,j)=|x_{i1}-x_{j1}|+|x_{i2}-x_{j2}|+\cdots+|x_{in}-x_{jn}| \quad (2-3)$$

欧几里得距离和曼哈顿距离都满足如下数学性质:

1) 非负性:$d(i,j) \geqslant 0$:距离是一个非负的数值。
2) 同一性:$d(i,j)=0$:对象到自身的距离为0。
3) 三角不等式:$d(i,j) \leqslant d(i,k)+d(k,j)$:从对象$i$到对象$j$的直接距离不会大于途经

任何其他对象 k 的距离。

满足这些条件的测度称作度量(metric)。注意非负性被其他三个性质所蕴含。

闵可夫斯基距离是欧几里得距离和曼哈顿距离的推广,定义如下:

$$d(i,j) = \sqrt[p]{(x_{i1}-x_{j1})^p + (x_{i2}-x_{j2})^p + \cdots + (x_{ip}-x_{jp})^p} \qquad (2-4)$$

这种距离又称 L_p 范数,当 $p=1$ 时,它表示曼哈顿距离(即 L_1 范数);当 $p=2$ 时,它表示欧几里得距离(即 L_2 范数);当 $p \to \infty$ 时,就是切比雪夫距离。根据变参数的不同,闵可夫斯基距离可以表示不同类的距离。

如果对每个变量根据其重要性赋予一个权重 w_i,则加权的欧几里得距离可以用下式计算:

$$d(i,j) = \sqrt{w_1|x_{i1}-x_{j1}|^2 + w_2|x_{i2}-x_{j2}|^2 + \cdots + w_p|x_{in}-x_{jn}|^2} \qquad (2-5)$$

加权也可以用于其他距离的度量。

闵可夫斯基距离,包括曼哈顿距离、欧几里得距离和切比雪夫距离都存在明显的缺点。例如:二维样本(身高,体重),其中身高范围是 150~190,体重范围是 50~60。如果有三个样本:$a(180,50)$,$b(190,50)$,$c(180,60)$。那么 a 与 b 之间的闵可夫斯基距离(无论是曼哈顿距离、欧几里得距离或切比雪夫距离)等于 a 与 c 之间的闵可夫斯基距离,但是身高的 10 cm 真的等价于体重的 10 kg 吗?因此用闵可夫斯基距离来衡量这些样本间的相似度就有问题。简单说来,闵可夫斯基距离的缺点主要有两个:① 将各个分量的量纲(scale)(即"单位")当作相同的看待了;② 没有考虑各个分量的分布(期望、方差等)可能是不同的。

(4) 序数属性的邻近性度量。令序数属性可能的状态数为 M,这些有序的状态定义了一个排序 $1,2,\cdots,M_f$。当计算对象序数属性之间的相异性时,序数属性的处理与数值属性的处理非常类似。假设 f 是用于描述 n 个对象的一组序数的属性之一,关于 f 的相异性计算涉及如下步骤:

1)第 i 个对象的 f 值为 x_{if},属性 f 有 M_f 个有序的状态,表示排位 $1,2,\cdots,M_f$。用对应的排位 $r_{if} \in \{1,2,\cdots,M_f\}$ 取代 x_{if}。

2)由于每个序数属性都可以有不同的状态数,所以通常需要将每个属性的值域映射到 $[0.0,1.0]$ 上,以便每个属性都有相同的权重。可以通过用 z_{if} 代替第 i 个对象的 x_{if} 来实现数据规范化,其中

$$z_{if} = \frac{r_{if}-1}{M_f-1} \qquad (2-6)$$

3)相异性可以用上面介绍的任意一种数值属性的距离度量计算,使用 z_{if} 作为第 i 个对象的 f 值。

例 2-2 序数型属性间的相异性。假定表 2-2 中的样本数据,Test-2 有三个状态,分别是 fair、good 和 excellent,即 $M_f=3$。第一步,如果把 Test-2 的每个值替换为它的排位,则 4 个对象将分别被赋值为 3、1、2、3。第二步,通过将排位 1 映射为 0.0,排位 2 映射为 0.5,排位 3 映射为 1.0 来实现对排位的规格化。第三步,可以使用比如欧几里得距离得到如下的相异性矩阵:

$$\begin{bmatrix} 0 & & & \\ 1.0 & 0 & & \\ 0.5 & 0.5 & 0 & \\ 0 & 1.0 & 0.5 & 0 \end{bmatrix}$$

因此,对象 1 与对象 2 最不相似,对象 2 与对象 4 也不相似[即 $d(2,1)=1.0, d(4,2)=1.0$]。这符合直观,因为对象 1 和对象 4 都是 excellent。对象 2 是 fair,在 Test-2 的值域的另一端。序数属性的相似性值可以由相异性得到:$sim(i,j)=1-d(i,j)$。

(5) 混合类型属性的相异性。对于混合属性类型的对象之间的相异性的计算,可以将所有属性类型放在一起处理,只做一次分析。要将不同的属性组合在单个相异性矩阵中,需要把所有有意义的属性转换到共同的标准区间[0.0, 1.0]上。假设数据集包含 p 个混合类型的属性,对象 i 和 j 之间的相异性 $d(i,j)$ 定义为

$$d(i,j)=\frac{\sum_{f=1}^{p}\delta_{ij}^{(f)}d_{ij}^{(f)}}{\sum_{f=1}^{p}\delta_{ij}^{(f)}} \qquad(2-7)$$

式中:如果 x_{if} 或 x_{jf} 缺失(即对象 i 或对象 j 没有属性 f 的度量值),或者 $x_{if}=x_{jf}=0$,并且 f 是非对称的二元属性,指示符 $\delta_{ij}^{(f)}=0$;否则,指示符 $\delta_{ij}^{(f)}=1$。属性 f 对 i 和 j 之间相异性的贡献 $d_{ij}^{(f)}$ 根据它的类型计算:

1) f 是数值的:$d_{ij}^{(f)}=\dfrac{|x_{if}-x_{jf}|}{\max_h x_{hf}-\min_h x_{hf}}$,其中 h 遍取属性 f 的所有非缺失对象。

2) f 是标称或二元的:如果 $x_{if}=x_{jf}$,则 $d_{ij}^{(f)}=0$;否则 $d_{ij}^{(f)}=1$。

3) f 是序数的:计算排位 r_{if} 和 $z_{if}=\dfrac{r_{if}-1}{M_f-1}$,并将 z_{if} 作为数值属性对待。

上面的步骤与前面所讲到的各种单一属性类型的处理相同。唯一的不同是对于数值属性的处理,其中规格化使得变量值映射到了区间[0.0, 1.0]。这样,即使描述对象的属性具有不同类型,对象之间的相异性也能够进行计算。

例 2-3 混合类型属性间的相异性。考虑所有属性,计算表 2-2 中对象的相异性矩阵。由于表 2-2 中的样本具有不同的属性类型。在例 2-1 和例 2-2 中,分别计算了标称属性和序数型属性的相异性矩阵。处理 Test-1(标称)和 Test-2(序数)的过程与上文所给出的处理混合类型属性的过程是相同的。因此,在计算式(2-7)时,可以使用由 Test-1 和 Test-2 所得到的相异性矩阵。然而,首先需要对第 3 个属性 Test-3(数值)计算相异性矩阵,即计算 $d_{ij}^{(3)}$。根据数值属性的规则,令 $\max_h(x_h)=64, \min_h(x_h)=22$。二者之差用来规范化相异性矩阵的值。则 Test-3 的相异性矩阵为

$$\begin{bmatrix} 0 & & & \\ 0.55 & 0 & & \\ 0.45 & 1.0 & 0 & \\ 0.40 & 0.14 & 0.86 & 0 \end{bmatrix}$$

利用式(2-7)和三个属性的相异性矩阵,对于每个属性 f,指示符 $\delta_{ij}^{(f)}=1$。可以得到

$$d(3,1)=\frac{1(1)+1(0.5)+1(0.45)}{3}=0.65$$

由三个混合类型的属性所描述的数据得到的结果相异性矩阵如下:

$$\begin{bmatrix} 0 & & & \\ 0.85 & 0 & & \\ 0.65 & 0.83 & 0 & \\ 0.13 & 0.71 & 0.79 & 0 \end{bmatrix}$$

由表 2-2，基于对象 1 和对象 4 在属性 Test-1 和 Test-2 上的值，可以直观地猜测出它们两个最相似。相异性矩阵的值也说明了这一点，因为 $d(4,1)$ 是任何两个不同对象的最小值。

(6) 余弦相似性。文档一般采用属性进行表示，这些属性数量是数以千计的，每个文档中记录一个特定词（如关键词）或短语的频度。这样，每个文档都被一个所谓的词频向量(term-frequency vector) 表示。余弦相似性是一种度量，它可以用来比较文档，或针对给定的查询词向量对文档进行排序。令 x 和 y 是两个待比较的向量，使用余弦度量作为相似性函数，则有

$$\text{sim}(x, y) = \frac{x \cdot y}{\|x\| \|y\|} \tag{2-8}$$

式中：$\|x\|$ 是向量 $x = (x_1, x_2, \cdots, x_p)$ 的欧几里得范数，定义为 $\sqrt{x_1^2 + x_2^2 + \cdots + x_p^2}$。从概念上讲，它就是向量的长度。类似地，$\|y\|$ 是向量 y 的欧几里得范数。该度量计算向量 x 和向量 y 之间夹角的余弦。余弦值为 0 意味着两个向量呈 90°（正交），没有匹配。余弦值越接近于 1，夹角越小，向量之间的匹配越大。余弦相似性度量称作非度量测度(nonmetric measure)。

例 2-4 在表 2-4 中，可以看到文档 1 包含词 Team 的 5 个实例，而 Hockey 出现 3 次。正如计数值 0 所示，Coach 在整个文档中未出现。这种数据可能是高度非对称的。

表 2-4 文档向量或词频向量文档

文档	Team	Coach	Hockey	Baseball	Soccer	Penalty	Score	Win	Loss	Season
文档 1	5	0	3	0	2	0	0	2	0	0
文档 2	3	0	2	0	1	1	0	1	0	1
文档 3	0	7	0	2	1	0	0	3	0	0
文档 4	0	1	0	0	1	2	2	0	3	0

例 2-5 两个词频向量的余弦相似性。假设 x 和 y 是表 2-4 的前两个词频向量。即 $x = (5, 0, 3, 0, 2, 0, 0, 2, 0, 0)$ 和 $y = (3, 0, 2, 0, 1, 1, 0, 1, 0, 1)$。$x$ 和 y 的相似性如何？使用余弦相似性公式计算这两个向量之间的相似度，得到

$$x \cdot y = 5 \times 3 + 0 \times 0 + 3 \times 2 + 0 \times 0 + 2 \times 1 + 0 \times 1 + 0 \times 0 + 2 \times 1 + 0 \times 0 + 0 \times 1 = 25$$

$$\|x\| = \sqrt{5^2 + 0^2 + 3^2 + 0^2 + 2^2 + 0^2 + 0^2 + 2^2 + 0^2 + 0^2} = 6.48$$

$$\|y\| = \sqrt{3^2 + 0^2 + 2^2 + 0^2 + 1^2 + 1^2 + 0^2 + 1^2 + 0^2 + 1^2} = 4.12$$

$$\text{sim}(x, y) = 0.94$$

当属性是二值属性时，余弦相似性函数可以用共享特征或属性解释。假设 $x_i = 1$，则对象 x 具有第 i 个属性。于是，xy 是 x 和 y 共同具有的属性数，而 xy 是 x 具有的属性数与 y 具有的属性数的几何均值。于是，$\text{sim}(x, y)$ 是公共属性相对拥有的一种度量。对于这种情况，余弦度量的一个简单的变种如下：

$$\text{sim}(x, y) = \frac{x \cdot y}{x \cdot x + y \cdot y - x \cdot y} \tag{2-9}$$

这是 x 和 y 所共有的属性个数与 x 或 y 所具有的属性个数之间的比率。这个函数被称为 Tanimoto 系数或 Tanimoto 距离，它经常用在信息检索和生物学分类中。

2.3 数 据 清 理

数据清理的目的是要填充缺失的值,光滑噪声并识别离群点,纠正数据中的不一致。数据清理主要有以下几类:缺失值的处理、脏数据的处理和消除噪声数据。

2.3.1 缺失值的处理

缺失值是指本该有但却没有的数据。一个对象遗漏一个或多个属性值并不少见,缺失值并不意味着数据有错误。缺失值产生的原因主要分为机械原因和人为原因:机械原因是由于设备采集、传输等导致的数据收集或保存的失败造成的数据缺失,比如数据存储的失败,存储器损坏,机械故障导致某段时间数据未能收集;而人为原因是由于人的主观失误、历史局限或有意隐瞒造成的数据缺失。比如,在市场调查中被访人拒绝透露相关问题的答案,或者回答的问题是无效的,数据录入人员的失误漏录了数据等。

缺失数据的类型主要分为三类,分别是随机丢失、完全随机丢失和非随机丢失。随机丢失意味着数据丢失的概率与丢失的数据本身无关,仅与部分已观测到的数据有关;完全随机丢失是指数据的缺失是完全随机的,不依赖于任何不完全变量或完全变量,不影响样本的无偏性;非随机丢失是指数据的缺失与不完全变量自身的取值有关。

对于缺失值的处理,总体上来说分为删除缺失值和插补缺失值。

(1) 删除含有缺失值的数据。如果在数据集中,只有几条数据的某几列中存在缺失值,因为其占有的比例较小,可以直接把这几条数据删除。一般来说,对于高维数据,可以通过删除缺失率较高的特征,以减少噪声特征对模型的干扰。

(2) 插补可能的缺失值。使用可能性最大的值来插补缺失值,比全部删除不完全样本所产生的信息丢失要少。比如,银行房屋贷款信用风险评估中的客户数据,其中的一些属性可能没有记录值,如客户的家庭月总收入。填充丢失的值,可以使用下面的方法:

1) 人工填写缺失值。此方法很费时,特别是当数据集很大、缺少很多值时,该方法可能不具有实际的可操作性。

2) 使用一个全局常量填充缺失值。将缺失的属性值使用同一个常数,如 $-\infty$ 或 "unknown" 进行替换。但这种方法因为大量地采用同一个属性值,所以可能会误导挖掘程序出现偏差甚至产生错误的结论。

3) 用属性的均值填充缺失值。例如,已知某银行的贷款客户的平均家庭月总收入为 9 000 元,则使用该值替换客户收入中的缺失值。

4) 用同类样本的属性均值填充缺失值。例如,将银行客户按信用度分类,就可以使用具有相同信用度的贷款客户的家庭月总收入替换家庭月总收入中的缺失值。

5) 使用最可能的值填充缺失值。可以使用回归、贝叶斯形式化的推理工具或决策树归纳确定。例如,利用数据集中其他客户顾客的属性,构造一棵决策树来预测家庭月总收入的缺失值。

6) 用最邻近方法填充缺失值。

方法 2)~5) 使数据偏置,填入的值可能不正确。然而,方法 6) 是流行的策略,与其他方法相比,它使用已有数据的大部分信息来预测缺失值。在估计家庭月总收入的缺失值时,通过考虑其他属性的值,有更大的机会保持家庭月总收入和其他属性之间的联系。

2.3.2 脏数据的处理

脏数据或噪声数据是指看起来正确但实际上并不正确的属性值。脏数据可分为以下几类。

(1) 数据缺失:缺一些记录,或者一条记录里缺一些值(空值),或者两者都缺。原因可能有很多种,系统导致的或人为导致的可能性都存在。如果有空值,为了不影响分析的准确性,要么不将空值纳入分析范围,要么进行补值。前者会减少分析的样本量,后者需要根据分析的计算逻辑,选择用平均数、零或者等比例随机数等来填补。如果是缺一些记录,若业务系统中还有这些记录,则通过系统再次导入;若业务系统也没有这些记录,只能手工补录或者放弃。

(2) 数据重复:相同的记录出现多条,这种情况相对好处理,去掉重复记录即可。但是可能会出现数据不完全重复,比如两条会员记录,其余值都一样,就是住址不一样,有时间属性的可以以新值为准,没有时间属性的就只能人工判断进行处理。

(3) 数据错误:数据没有严格按照规范记录。比如异常值,价格区间是100以内,但实际存在价格为200的记录;比如格式错误,日期格式录成了字符串;比如数据不统一,有的记录叫北京,有的叫BJ,有的叫beijing。对于异常值,可以通过区间限定来发现并排除;对于格式错误,需要从系统级别找原因;对于数据不统一,系统无能为力,因为它并不是真正的"错误",系统并不知道BJ和beijing是同一事物,只能人工干预,做一张清洗规则表,给出匹配关系,第一列是原始值,第二列是清洗值,用规则表去关联原始表,用清洗值做分析,再好一些的通过近似值算法自动发现可能不统一的数据。

(4) 数据不可用:数据正确,但不可用。比如地址写成"北京海淀中关村",想分析"区"级别的区域时还要把"海淀"拆出来才能用。这种情况最好从源头解决,即数据治理。事后补救只能通过关键词匹配,且不一定能全部解决。

2.3.3 消除噪声数据

噪声数据的出现可能有多种原因,由于噪声数据的存在使得数据不在规定的数据域内,从而会影响后面的挖掘效果和结果。常用的消除噪声数据的方法是分箱方法。

分箱方法通过参考周围实例的值来平滑需要处理的数据值。需要处理的数据被分布到一些箱中,不同的分箱技术对这些值进行不同的平滑。现有的分箱方法有等深分箱法和等宽分箱法。

(1) 等深分箱法。等深分箱法是将每个取值映射到一个区间,每个区间内包含的取值个数大致相同。比如,现在有一个待分箱的数组[1, 6, 10, 10, 22, 30, 35, 45, 46],需要分成三组,那么,每组元素的个数为 9/3=3,分组后的结果为[1, 6, 10],[10, 22, 30],[35, 45, 46]。等深分箱可按如下方式计算:给定属性 X,元素总数量为 len,若区间个数为 n,则每组元素的个数为 $num = len/n$。

(2) 等宽分箱法。等宽分箱法是每个箱的区间范围设定为一个常量,称为箱子的宽度。分到每个组中的变量的宽度是相等的,且区间的个数由用户指定。给定属性 X 的最小和最大取值分别为 x_{min} 和 x_{max},若区间个数为 n,则每个区间的宽度为 width $= (x_{max} - x_{min})/n$,区间分别为[min, min+width),[min+width, min+2width),…,[min+(n-1)width, min+n×

width]。例如:有一个待分箱的数组[1,6,10,10,22,30,35,45,46],需要分成三组,那么宽度 =(46-1)/3=15,分组后的范围为[1,16),[16,31),[31,46],分组后的结果为[1,6,10,10],[22,30],[35,45,46]。等宽分箱法可能会造成实例分布非常不均匀,有些区间包含很多实例,而有的却一个也没有。

在将数据划分到不同的箱子之后,可以运用以下三种策略对每个箱子中的数据进行平滑处理,用以消除噪声数据。

(1) 平均值平滑:箱中的每一个值被箱中数值的平均值替换。

(2) 中值平滑:箱中的每一个值被箱中数值的中值替换。

(3) 边界平滑:箱中的最大值和最小值称为箱子的边界,箱中的每一个值被最近的边界值替换。

2.4 数据集成

数据集成是一个数据整合的过程。通过综合各数据源,将拥有不同结构、不同属性的数据整合归纳在一起,就是数据集成。由于不同的数据源定义属性时命名规则不同,存入的数据格式、取值方式、单位都可能不同,所以即便两个值代表的业务意义相同,也不代表存在数据库中的值就是相同的。因此需要数据入库前进行集成,去除冗余,保证数据质量。数据集成的本质是整合数据源,因此多个数据源中字段的语义差异、结构差异、字段间的关联关系以及数据的冗余重复,都是数据集成面临的问题,主要包括以下三种。

(1) 数据不一致问题。数据不一致的一个原因是它们所指的是不同的对象。不同表中可能使用不同名称来指示同一属性或者使用同一名称来指示不同的属性,比如在整合数据源的过程中,两个数据源中都有字段记录税前的工资,但一个数据源中字段名称为"Payment",另一个数据源中字段名称为"Salary";又比如:在两个数据源中都有一个字段名字叫"Payment",但其中一个数据源中记录的是税前的工资,另一个数据源中是税后的工资;数据不一致的另一种表现形式是数据值冲突,例如,同样是存储员工工资的 Payment 数值型字段,一个数据源中单位是人民币,而另一个数据源是美元。

(2) 数据冗余重复问题。如果一个属性能由其他属性"导出",则该属性是冗余的;对于字段的冗余性,可以通过检测字段的相关性来检查数据是否冗余,一般有两种方法,对于分类型数据,采用卡方检测;对于数值型数据,间接利用相关系数、协方差进行检测。

检查数据记录的重复一般需要通过表的主键设定。因为主键能够确定唯一的记录,其有可能是一个字段,也有可能是几个字段的组合。设计表时,一般会设定主键。但在实际情况中并没有设计主键。这种情况下,最好能够对表进行优化,过滤重复数据。

(3) 数据冲突问题。数据冲突是指两个数据源,同样的数据,但是取值记录的不一样。造成这种情况的原因,除了有人工误入,还有可能是因为货币计量的方法不同、汇率不同、税收水平不同、评分体系不同等。

数据语义的异构和结构对数据集成提出了巨大挑战。仔细集成多个数据源的数据能够帮助降低和避免结果数据集中的冗余和不一致,从而提高其后挖掘过程的准确率和速度。

2.5 数据变换

数据变换是将数据转换成适合特定挖掘目的的形式。数据被变换或统一,会使得挖掘过程更有效,挖掘的模式更容易理解,数据变换一般包括如下内容。

(1) 数据规范化:将数值数据按比例缩放,使之落入一个小的特定空间。如$-1.0 \sim 1.0$或者$0.0 \sim 1.0$。数据规范化有时也被称为数据标准化。

(2) 数据泛化:使用概念分层,用高层概念替换低层或"原始"数据。例如,对年龄,可以通过高层概念"儿童、少年、青年、中年和老年"实现泛化;对百分制的考试成绩用高层概念"优、良、中、及格、不及格"实现泛化。

(3) 数据离散化:数值属性离散化利用少数分类值标记替换连续属性的数值,从而减少和简化原来的数据。

2.5.1 数据规范化

数据的规范化是指通过将属性数据按比例缩放,使之落入一个小的特定区间,如$[0,1]$。数据规范化的作用主要有两个:① 去掉量纲,使得指标之间具有可比性;② 将数据限制到一定区间,使得运算更为便捷。归一化就是典型的数据规范化方法,常见的数据规范化方法如下。

(1) 最大-最小标准化(Min-Max scaling)。最大最小标准化方法主要用于将数据缩放到$[0,1]$的范围,避免数据的分布太广泛。计算公式如下:

$$X_{\text{norm}} = \frac{X - \min(X)}{\max(X) - \min(X)} \quad (2-10)$$

在不涉及距离度量、协方差计算、数据不符合正太分布的时候,使用该方法比较好。

(2) Z-score 均值标准化(Z-score standardization)。Z-score 均值标准化方法将原始数据集归一化为正态分布。计算公式如下:

$$X_{\text{z-score}} = \frac{X - \bar{X}}{\sigma_X} \quad (2-11)$$

式中:$\bar{X}$和σ_X分别为属性X的平均值和标准差,$\bar{X} = \frac{\sum X}{n}$,$\sigma_X = \sqrt{\frac{\Sigma(X-\bar{X})^2}{n-1}}$(其中,$X$为属性值,$n$为数据集包含的总记录数)。当属性$X$的最大和最小值未知,或孤立点左右了最大-最小值规范化时,该方法是有用的。

(3) 对数变换。在实际工程中,经常会有类似点击次数/浏览次数的特征,这类特征是长尾分布的,可以将其用对数函数进行压缩,对数变换能够缩小数据的绝对范围。特别的,在特征相除时,可以用对数压缩之后的特征相减得到。对数规范化的常见形式是$X_{\log} = \log(X)$。

(4) 小数定标。小数定标主要是对单位的换算和进制的转换,使得数据得到一定的简化与压缩。通过移动属性f的小数点位置进行规范化。小数点的移动位数依赖于f的最大绝对值。f的值v被规划化为v',表示为

$$v' = \frac{v}{10^j}, \text{其中}j\text{是使}\max(|v'|) < 1\text{的最小整数} \quad (2-12)$$

需要注意的是,规范化将原来的数据改变很多,因此有必要保留规范化参数,以便将来的

数据可以用一致的方式进行规范化。

例如：给定原始数据 200、300、400、600、1 000，最大-最小标准化后结果为 0、0.125、0.25、0.5、1；Z-score 均值标准化后的结果为 -1.06、-0.7、-0.35、0.35、1.78；对于小数定标标准化，取 $j=4$，用 10 000 作为定标，结果为 0.02、0.03、0.04、0.06、0.1。

2.5.2 数据泛化

数据泛化是指把较低层次的概念层（如年龄的数值范围）用较高层次的概念（如青年、中年和老年）替换来汇总数据，或者通过减少维度在一个设计较少维度的概念空间内汇总数据。图 2-5 即为一个食物的概念层次图。

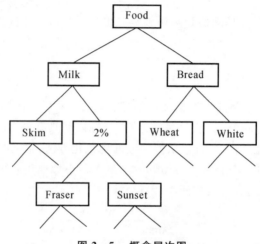

图 2-5 概念层次图

对于数值属性，概念分层可以根据数据的分布自动地构造，如用分箱或离散化、直方图分析、聚类分析和自然划分分段等技术生成数据概念分层。

对于分类属性，有时可能具有很多个不同值。减少大量分类值的一个方法是使用代码属性而不是代码本身。这时领域知识通常会有帮助，如果领域知识不能提供有用的指导，或者这样的方法会导致很差的性能，则需要使用更为经验性的方法，应当分组结果能提高分类准确性或达到某种其他数据挖掘目标时，才将值聚集到一起。

在数据泛化的过程中，需要进行泛化控制。如果属性的泛化太高，会导致过分泛化，产生无用信息；如果泛化太低，会导致信息太少，对以后的数据处理产生影响。

2.5.3 数据离散化

数据离散化是指将连续的数据进行分段，使其变为若干离散化的区间。分段的原则有基于等距离、等频率或优化的方法。连续属性的离散化就是连续属性的值域上，将值域划分为若干个离散的符号或者整数，值代表落在每个子空间中的属性值。数据离散化的原因主要有以下几点。

（1）算法需要：比如决策树、朴素贝叶斯等算法，都是基于离散型的数据展开的。如果要使用该类算法，必须使用离散型的数据进行。有效的离散化能减小算法的时间和空间开销，提高系统对样本的分类聚类能力和抗噪声能力。

(2) 离散化的特征相对于连续型特征更易理解,更接近知识层面的表达。比如工资收入,月薪 2 000 和月薪 20 000,从连续型特征来看高、低薪的差异还要通过数值层面才能理解,但将其转换为离散型数据(低薪、高薪),则可以更加直观地表达出我们心中所想的高薪和低薪。

(3) 可以有效地克服数据中隐藏的缺陷,使模型结果更加稳定。

等距离、等频率进行分箱的方法,在 2.3.3 节已经介绍,下面介绍基于熵的离散化方法,主要用于决策树的构建中。

熵(entropy)是最常用的离散化度量之一。它由 Claude Shannon 在信息论和信息增益概念的开创性工作中首次引进。"信息熵"是度量样本集合纯度最常用的一种指标,因此可以用于衡量一个区间的优劣,映射到一个区间的对象的类别纯度越高,此离散化的结果越好。

假定当前样本集合 D 中第 k 类样本所占的比例为 $p_k(k=1,2,\cdots,|y|)$,则 D 的信息熵定义为

$$\text{Ent}(D) = -\sum_{k=1}^{|y|} p_k \log_2 p_k \quad (2-13)$$

$\text{Ent}(D)$ 的值越小,则 D 的纯度越高;反之,则 D 的纯度越低。

例 2-6 对于图 2-6 中所示的二元目标变量,计算单个节点的熵和总熵。

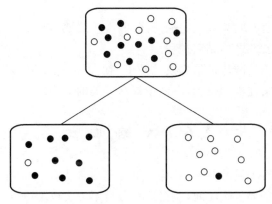

图 2-6 信息熵

(1) 划分前。对于划分前单个节点的熵,计算如下:

$$\text{Ent}(D) = -1 \times [p(\text{dark}) \log_2 p(\text{dark}) + p(\text{light}) \log_2 p(\text{light})]$$

在这个例子中,暗点(dark)和亮点(light)都是 10 个,各占一半,即 $p(\text{dark}) = p(\text{light}) = 0.5$,将其代入上述公式中得 $\text{Ent}(D) = -1 \times [0.5\log_2 p(0.5) + p(0.5)\log_2 p(0.5)] = 1$。

(2) 划分后。划分成两个节点,其中一个节点有 1 个暗点和 9 个亮点,而另一个节点有 9 个暗点和 1 个亮点。显然,它们具有相同的熵,都为 $-1 \times (0.1\log_2 0.1 + 0.9\log_2 0.9) = 0.47$。

为计算划分后的总和,用每个节点的熵乘以到达该节点的记录的比例,并把它们求和得到平均值。本例中,每个新节点包含了一半记录,因此划分后总熵为 $0.5 \times 0.47 + 0.5 \times 0.47 = 0.47$。

假定离散属性 a 有 V 个可能的取值 $\{a^1, a^2, \cdots, a^V\}$,若使用 a 来对样本集 D 进行划分,则会产生 V 个分支结点,其中第 v 个分支结点包含了 D 中所有在属性 a 上取值为 a^v 的样本,记为 D^v,可根据式(2-13)计算出 D 的信息熵,再考虑不同的分支结点所包含的样本数不同,给分支结点赋予权重 $|D^v|/|D|$,即样本数越多的分支结点的影响越大,于是可计算出用属性 a

对样本集 D 进行划分所获得的"信息增益"(information gain),记为 Gain(D,v),计算方法如下:

$$\text{Gain}(D,v) = \text{Ent}(D) - \sum_{v=1}^{V} \frac{|D^v|}{|D|} \text{Ent}(D^v) \qquad (2-14)$$

一般而言,信息增益越大,则意味着使用属性 a 来进行划分所获得的"纯度提升"越大。在例 2-6 中,节点划分前的信息熵为 1,划分后的信息熵为 0.47,那么信息增益为 $1-0.47=0.53$。

因此选择区间的分割方法时可以以信息增益作为选择标准,选择值最大的分割方法实现一次分割,接着可以对每个区间进一步进行分割,直至达到需要的区间个数为止,或者信息增益小于某个阈值为止。

基于熵的离散化是一种监督的、自顶向下的分裂技术,具体案例请见第 5 章 5.2.2 节,此处不再详细说明。设 D 由属性集和类标号属性定义的数据元组组成。类标号属性提供每个元组的类信息。基于熵的离散化基本步骤如下:

(1) 定义区间的熵;
(2) 把每个值看成分割点,将数据分为两部分,在多种可能的分法中寻找一种产生最小熵的分法;
(3) 在分成的两个区间中,找较大的熵的区间,继续步骤(1);
(4) 当满足用户指定个数时,结束过程。

基于熵的离散化可以消减数据集规模。基于熵的离散化使用类信息,这使得它更有可能将区间边界(分裂点)定义在准确位置,有助于提高分类的准确性。

2.6　数　据　归　约

数据集一般都会含有大量的属性,并且实例也非常庞大。如果在海量数据上进行复杂的商务智能分析和挖掘将需要很长时间,使得这种分析不现实或不可行。数据归约技术,可以得到数据集的归约表示,它比原始数据小得多,但接近于保持原数据的完整性。这样,在归约后的数据集上将产生相同或几乎相同的分析结果,使得挖掘效率更高。

描述对象的属性不一定完全反映对象潜在的规律或模式,对其属性进行重新组合,获得一组能反映事物本质的、少量的、新的属性的过程称为特征提取(feature extraction)。从属性集合中选择那些重要的、与分析任务相关的子集的过程称为特征选择(feature selection)。

2.6.1　特征选择

特征选择方法可以减少数据集中的冗余和不相关属性。研究表明,冗余和不相关属性会降低分类的精度或聚类的质量。有些冗余和不相关属性可以依据领域知识直接去掉,然而要得到最佳的属性子集,则需要使用系统的方法。这种方法是把所有可能的属性子集全部用来试验数据挖掘算法,然后得到最佳的属性子集。然而,若数据集有 n 个属性,那么其所有属性子集为 2^n,遍历组合的方法费时费力,在实际中用处不大。

特征选择的目标是寻找最优的特征子集。特征选择能够剔除不相干或者冗余的特征,从而可以减少特征个数,提高模型精确度,减少运行时间。另外,选择出真正相关的特征简化模型,可以帮助理解数据产生的过程。

特征选择方法有很多,总结它们的共同特点,其大致过程可以分为以下 4 步。

(1)生成子集:搜索特征子集,为评价函数提供特征子集。

(2)评价函数:评价特征子集的好坏。

(3)停止准则:与评价函数相关,一般是阈值,评价函数达到一定标准后就可停止搜索。

(4)验证过程:在验证数据集上验证选出来的特征子集的有效性。

不同的特征选择方法在第(1)步和第(2)步中所采用的具体方法不同。第(1)步,选择属性子集的方法有多种。如果要得到一个最优的属性子集,则需要检查所有可能的属性组合,这通常是不可行的,m 个属性的不同子集的个数是 2^m-1 个,是指数级的。因此,一般采用一定的启发式方法,只检验部分可能性比较大的子集,这样可以快速完成属性的选择,但也有可能发现的不是最优的。常用的方法包括逐步增加法(stepwise forward selectin)、逐步递减法(stepwise backward elimination)、随机选择。逐步增加法从所有属性中选择一个最优的属性开始,每次增加一个属性,直至达到目标要求。逐步递减法则从所有属性作为一个候选集合开始,每次去掉一个最差的属性,直至达到要求。

在第(2)步中,通常采用三种不同的方法。一种称为过滤(filter)方法,利用距离、信息熵以及相关度检验等方法使特征与类别间的相关性最大,特征间的相关性最小;一种称为封装(wrapper)方法,通过目标函数(AUC/MSE)来决定是否加入一个自变量,利用分类模型来衡量属性子集的效果,通常效率很低;最后一种称为嵌入(embedded)法,先用 filter 方法初步去掉无关或噪声特征,再用 wrapper 方法进一步优化,选择分类准确率最高的特征子集。

下面介绍一种特征选择算法中效果比较好的卡方检验。卡方检验最基本的思想就是通过观察实际值与理论值之间的偏差来确定假设的正确与否。卡方检验首先假设两个变量是相互独立的("原假设"),然后观察实际值与理论值的偏差程度,如果偏差足够小,就认为误差是很自然的样本误差,是测量手段不够精确导致的或者偶然发生的,两者确实相互独立,此时就接受原假设;如果偏差大到一定程度,使得这样的误差不太可能是偶然产生或者测量不精确所致,就认为两者实际上是相关的,即否定原假设,而接受备择假设。卡方检验描述如下:

设总体 X 服从分布:$H_0:P(X=a_i)=p_i(i=1,2,\cdots,k)$。

其中 $a_i,p_i(i=1,2,\cdots,k)$ 都是已知的,且 $a_i,a_{i+1},\cdots,a_k$ 两两不同,$p_i>0(i=1,2,\cdots,k)$。假设总体 X 的数量 n 足够大,按大数定理,若以 v_i 记录样本 $X_1,X_2,\cdots,X_n$ 中出现的 a_i 的个数,应有 $v_i/n \approx p_i$,即 $v_i \approx np_i$,np_i 称为 a_i 这个"类"的理论值,v_i 称为其经验值或观察值,见表 2-5。

表 2-5 卡方检验

类 别	a_1	a_2	$\cdots$	a_i	$\cdots$	a_k
理论值	np_1	np_2	$\cdots$	np_i	$\cdots$	np_k
经验值	v_1	v_2	$\cdots$	v_i	$\cdots$	v_k

表 2-5 中后两行包含的理论值和经验值的差异越小,则意味着假设 H_0 成立,即接受假设 H_0;反之,则拒绝假设 H_0。理论值和经验值之间的差异可采用下式进行计算:

$$Z=\sum (\text{理论值}-\text{经验值})^2/\text{理论值}=\sum_{i=1}^{k}(np_i-v_i)^2/(np_i) \qquad (2-15)$$

定理：如果原假设 H_0 成立，则在样本数量 $n \to \infty$ 时，Z 的分布趋向于自由度为 $k-1$ 的 χ^2 分布，即 χ^2_{k-1}。

根据这个定理可以对 H_0 做假设检验，显然，当 $Z > C$ 时否定 H_0，在 $Z \leqslant C$ 时接受 H_0，C 的选取根据给定的水平 α 得到，即 $C = \chi^2_{k-1}(\alpha)$。

例如，在文本分类问题的特征选择阶段，主要关心一个词 t（一个随机变量）与一个类别 c（另一个随机变量）之间是否相互独立？如果独立，就可以说词 t 对类别 c 完全没有表征作用，即根本无法根据 t 出现与否来判断一篇文档是否属于 c 这个分类。通过下面这个例子来理解。

比如现在有 N 篇文档，其中有 M 篇是关于体育的，现在想考察一个词"篮球"与类别"体育"之间的相关性，用表 2-6 进行描述。

表 2-6 （案例来源：http://www.blogjava.net/zhenandaci/archive/2008/08/31/225966.html）

特征选择	属于"体育"	不属于"体育"	总　　计
包含"篮球"	$A=34$	$B=10$	$A+B=44$
不包含"篮球"	$C=19$	$D=24$	$C+D=43$
总数	$A+C=53$	$B+D=34$	$N=A+B+C+D=87$

以包含"篮球"且属于"体育"类别的文档数为例。设原假设为"篮球"和"体育"类文章无关联性，如果原假设成立，那么在所有的文章中，"篮球"这个词理论上应该以等概率出现，而不管文章是不是体育类的。从观察结果中可得，"篮球"出现的概率为 $(A+B)/N = (34+10)/87 = 0.5057$（因为 $A+B$ 是包含"篮球"的文章数，除以总文档数就是"篮球"出现的概率，注意这里统计的是"篮球"在一篇文章中出现即可，而不管出现了几次）。表 2-6 中属于体育类的文章总数为 $A+C=53$，在总的文档中，应该有 $(A+C)(A+B)/N = 26.8$ 篇包括"篮球"这个词（数量乘以概率）。其余计算同理，可得表 2-7 中的理论值四格表。

表 2-7　理论值四格表

组　别	属于"体育"	不属于"体育"
包含"篮球"	$(A+C)(A+B)/N=26.8$	$(A+B)(B+D)/N=17.2$
不包含"篮球"	$(A+C)(C+D)/N=26.2$	$(C+D)(B+D)/N=16.8$

表 2-7 称为理论值四格表，如果两个分类变量真的是独立无关的，那么四格表的实际值与理论值的差值应该非常小（有差值的原因是因为抽样误差）。那么如何衡量实际值与理论值得差值呢？

使用卡方检验的公式，其中 A 为实际值，也就是表 2-6 中的 4 个数据。T 为理论值，也就是理论值四格表 2-7 中的 4 个数据。使用下式进行 χ^2 的计算：

$$\text{CHI}(x,y) = \chi^2(x,y) = \sum \frac{(A-T)^2}{T} \tag{2-16}$$

χ^2 值用于衡量实际值与理论值的差异程度,包含了以下两个信息:实际值与理论值偏差的绝对大小(由于二次方的存在,差异被放大了)、差异值与理论值的相对大小。上述场景中 CHI=10.10。式(2-16)还可以进一步化简为

$$\mathrm{CHI}(x,y)=\chi^2(t,c)=\frac{N(AD-BC)(AD-BC)^2}{(A+C)(A+B)(B+D)(C+D)} \quad (2-17)$$

在通过上述的公式计算得到 CHI 的值以后,该如何判断原假设是否成立呢?可以通过查询卡方分布的临界值表(见图 2-7)来查看原假设是否成立。

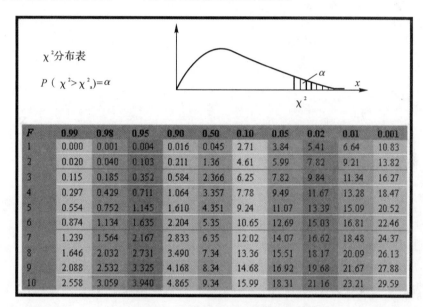

图 2-7 卡方分布的临界值

自由度 $F=(行数-1)\times(列数-1)=1$,对于四格表,$F=1$。由于自由度 $F=1$,所以只需要看分布表的第一行。可以看到,随着 CHI 的增大,原假设成立的概率就越小。因为 10.10>6.64,所以原假设成立的概率小于 1%。反之,也就是说,原假设不成立(即两个分类变量不是独立无关)的概率大于 99%。

CHI 值越大,说明两个变量越不可能是独立无关的,也就是说 χ^2 越大,两个变量的相关性也就越高。对于特征变量 $x_1,x_2,\cdots,x_n$ 以及分类变量 y。只需要计算 $\mathrm{CHI}(x_1,y)$,$\mathrm{CHI}(x_2,y),\cdots,\mathrm{CHI}(x_n,y)$,并按照 CHI 的值从大到小将特征排序,然后选择阈值,大于阈值的特征留下,小于阈值的特征删除,这样就筛选出一组特征子集。因为只需要比较 CHI 值的相对大小,所以上述的分布表也可以不使用。

2.6.2 特征提取

特征提取就是根据当前的一组特征集创建新的特征子集,特征提取的基本方法有主成分分析(PCA)、线性判别分析法(LDA)、多维尺度分析法(MDS)和卷积神经网络(CNN)。下面主要介绍 PCA。

(1)PCA 算法。PCA(Principal Component Analysis),即主成分分析方法,是一种使用最

广泛的数据降维算法。在数据压缩消除冗余和数据噪声消除等领域都有广泛的应用。PCA顾名思义,就是找出数据里最主要的方面,用数据里最主要的方面来代替原始数据。具体的,假如数据集是n维的,共有m个数据$(x_1,x_2,\cdots,x_m)$,如果想将这m个数据的维度从n维降到n'维,并且期望这m个n'维的数据集尽可能地代表原始的n维数据集。那么如何让这n'维的数据尽可能表示原来的数据,并且损失尽可能小呢?

先看一下最简单的$n=2,n'=1$的情况,即将数据从二维降到一维。数据如图2-8所示。

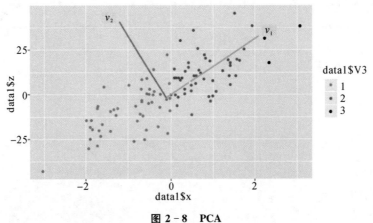

图2-8 PCA

我们希望找到某一个维度方向,它可以代表这两个维度的数据。图2-8中列出了向量方向v_1和v_2,那么哪个向量可以更好地代表原始数据集呢?从直观上可以看出,v_1应该比v_2要好一些,因为大部分的数据在v_1方向上,使用v_1来替代原始数据集,损失会比v_2要小。

v_1为什么比v_2好?可以有两种解释,第一种解释是样本点到这个直线的距离足够近,第二种解释是样本点在这个直线上的投影能尽可能地分开。

假如把n'从1维推广到任意维,期望降维的标准为:样本点到这个超平面的距离足够近,或者说样本点在这个超平面上的投影能尽可能地分开。

基于上面的两种标准,可以得到PCA的两种等价推导。

(2)PCA的推导:基于最小投影距离。

首先看第一种解释的推导,即样本点到这个超平面的距离足够近。

假设m个n维数据$(x_1,x_2,\cdots,x_m)$都已经进行了中心化,即$\sum x_i=0$。经过投影变换后得到的新坐标系为$\{w_1,w_2,\cdots,w_n\}$,其中w_i是标准正交基向量,$\|w_i\|_2=1$,$w_i^T w_j=0(i\neq j)$。

如果将数据从n维降到n'维,即丢弃新坐标系中的部分坐标,则样本点x_i在低维坐标系中的投影是$z_i=(z_{i1},z_{i2},\cdots,z_{in'})$,其中$z_{ij}=w_j^T x_i$是$x_i$的在低维坐标系下第$j$维的坐标。若基于$z_i$来重构$x_i$,则会得到$\hat{x}_i=\sum_{j=1}^{n'}z_{ij}w_j=Wz_i$。其中,$W$为标准正交基组成的矩阵。现在考虑整个样本集,希望所有的样本到这个超平面的距离足够近,即最小化下式:

$$\sum_{i=1}^{m}\|\hat{x}_i-x_i\|_2^2 \tag{2-18}$$

整理式(2-18),可得

$$\sum_{i=1}^{m}\|\widehat{\boldsymbol{x}}_i-\boldsymbol{x}_i\|_2^2 = \sum_{i=1}^{m}\|\boldsymbol{W}\boldsymbol{z}_i-\boldsymbol{x}_i\|_2^2 = \sum_{i=1}^{m}(\boldsymbol{W}\boldsymbol{z}_i)^{\mathrm{T}}(\boldsymbol{W}\boldsymbol{z}_i) -$$

$$2\sum_{i=1}^{m}(\boldsymbol{W}\boldsymbol{z}_i)^{\mathrm{T}}\boldsymbol{x}_i + \sum_{i=1}^{m}\boldsymbol{x}_i^{\mathrm{T}}\boldsymbol{x}_i =$$

$$\sum_{i=1}^{m}\boldsymbol{z}_i^{\mathrm{T}}\boldsymbol{z}_i - 2\sum_{i=1}^{m}\boldsymbol{z}_i^{\mathrm{T}}\boldsymbol{z}_i + \sum_{i=1}^{m}\boldsymbol{x}_i^{\mathrm{T}}\boldsymbol{x}_i =$$

$$-\sum_{i=1}^{m}\boldsymbol{z}_i^{\mathrm{T}}\boldsymbol{z}_i + \sum_{i=1}^{m}\boldsymbol{x}_i^{\mathrm{T}}\boldsymbol{x}_i = -\mathrm{tr}\Big[\boldsymbol{W}^{\mathrm{T}}\Big(\sum_{i=1}^{m}\boldsymbol{x}_i\boldsymbol{x}_i^{\mathrm{T}}\Big)\boldsymbol{W}\Big] +$$

$$\sum_{i=1}^{m}\boldsymbol{x}_i^{\mathrm{T}}\boldsymbol{x}_i = -\mathrm{tr}(\boldsymbol{W}^{\mathrm{T}}\boldsymbol{X}\boldsymbol{X}^{\mathrm{T}}\boldsymbol{W}) + \sum_{i=1}^{m}\boldsymbol{x}_i^{\mathrm{T}}\boldsymbol{x}_i \quad (2-19)$$

注意到$\sum_{i=1}^{m}\boldsymbol{x}_i\boldsymbol{x}_i^{\mathrm{T}}$是数据集的协方差矩阵，$\boldsymbol{W}$的每一个向量$\boldsymbol{w}_j$是标准正交基，而$\sum_{i=1}^{m}\boldsymbol{x}_i^{\mathrm{T}}\boldsymbol{x}_i$是一个常量。最小化式(2-19)等价于：

$$\underset{\boldsymbol{W}}{\mathrm{argmin}}\,-\mathrm{tr}(\boldsymbol{W}^{\mathrm{T}}\boldsymbol{X}\boldsymbol{X}^{\mathrm{T}}\boldsymbol{W})\,\mathrm{s.t.}\,\boldsymbol{W}^{\mathrm{T}}\boldsymbol{W}=\boldsymbol{I} \quad (2-20)$$

直接观察可以发现最小值对应的$\boldsymbol{W}$由协方差矩阵$\boldsymbol{X}\boldsymbol{X}^{\mathrm{T}}$最大的$n'$个特征值对应的特征向量组成。利用拉格朗日函数，可得

$$J(\boldsymbol{W}) = -\mathrm{tr}[\boldsymbol{W}^{\mathrm{T}}\boldsymbol{X}\boldsymbol{X}^{\mathrm{T}}\boldsymbol{W} + \lambda(\boldsymbol{W}^{\mathrm{T}}\boldsymbol{W}-\boldsymbol{I})] \quad (2-21)$$

对$\boldsymbol{W}$求导有$-\boldsymbol{X}\boldsymbol{X}^{\mathrm{T}}\boldsymbol{W}+\lambda\boldsymbol{W}=0$，整理后可得

$$\boldsymbol{X}\boldsymbol{X}^{\mathrm{T}}\boldsymbol{W}=\lambda\boldsymbol{W} \quad (2-22)$$

这样可以更清楚地看出，$\boldsymbol{W}$为$\boldsymbol{X}\boldsymbol{X}^{\mathrm{T}}$的$n'$个特征向量组成的矩阵，而$\boldsymbol{\lambda}$为$\boldsymbol{X}\boldsymbol{X}^{\mathrm{T}}$的若干特征值组成的矩阵，特征值在主对角线上，其余位置为0。当将数据集从n维降到n'维时，需要找到最大的n'个特征值对应的特征向量。这n'个特征向量组成的矩阵$\boldsymbol{W}$即为需要的矩阵。对于原始数据集，只需要用$\boldsymbol{z}_i=\boldsymbol{W}^{\mathrm{T}}\boldsymbol{x}_i$，就可以把原始数据集降维到最小投影距离的$n'$维数据集。

(3) PCA的推导：基于最大投影方差。

基于最大投影方差的推导：假设m个n维数据$(\boldsymbol{x}_1,\boldsymbol{x}_2,\cdots,\boldsymbol{x}_m)$都已经进行了中心化，即$\sum\boldsymbol{x}_i=0$。经过投影变换后得到的新坐标系为$\{\boldsymbol{w}_1,\boldsymbol{w}_2,\cdots,\boldsymbol{w}_n\}$，其中$\boldsymbol{w}_i$是标准正交基向量，$\|\boldsymbol{w}_i\|_2=1$，$\boldsymbol{w}_i^{\mathrm{T}}\boldsymbol{w}_j=0(i\neq j)$。

如果将数据从n维降到n'维，即丢弃新坐标系中的部分坐标，则样本点$\boldsymbol{x}_i$在低维坐标系中的投影是$\boldsymbol{z}_i=(z_{i1},z_{i2},\cdots,z_{in'})$，其中$z_{ij}=\boldsymbol{w}_j^{\mathrm{T}}\boldsymbol{x}_i$是$\boldsymbol{x}_i$的在低维坐标系下第$j$维的坐标。

对于任意一个样本$\boldsymbol{x}_i$，在新的坐标系中的投影为$\boldsymbol{W}^{\mathrm{T}}\boldsymbol{x}_i$，在新坐标系中的投影方差为$\boldsymbol{x}_i^{\mathrm{T}}\boldsymbol{W}\boldsymbol{W}^{\mathrm{T}}\boldsymbol{x}_i$，要使所有的样本的投影方差和最大，也就是最大化$\sum_{i=1}^{m}\boldsymbol{W}^{\mathrm{T}}\boldsymbol{x}_i\boldsymbol{x}_i^{\mathrm{T}}\boldsymbol{W}$的迹，即

$$\underset{\boldsymbol{W}}{\mathrm{argmax}}\,\mathrm{tr}(\boldsymbol{W}^{\mathrm{T}}\boldsymbol{X}\boldsymbol{X}^{\mathrm{T}}\boldsymbol{W})\,\mathrm{s.t.}\,\boldsymbol{W}^{\mathrm{T}}\boldsymbol{W}=\boldsymbol{I} \quad (2-23)$$

观察PCA推导中基于最小投影距离的优化目标，可以发现完全一样，只是一个是加负号的最小化，一个是最大化。利用拉格朗日函数，可得

$$J(\boldsymbol{W}) = \mathrm{tr}[\boldsymbol{W}^{\mathrm{T}}\boldsymbol{X}\boldsymbol{X}^{\mathrm{T}}\boldsymbol{W} + \lambda(\boldsymbol{W}^{\mathrm{T}}\boldsymbol{W}-\boldsymbol{I})] \quad (2-24)$$

对$\boldsymbol{W}$求导有$\boldsymbol{X}\boldsymbol{X}^{\mathrm{T}}\boldsymbol{W}+\lambda\boldsymbol{W}=0$，整理后有$\boldsymbol{X}\boldsymbol{X}^{\mathrm{T}}\boldsymbol{W}=-\lambda\boldsymbol{W}$。同理可以看出，$\boldsymbol{W}$为$\boldsymbol{X}\boldsymbol{X}^{\mathrm{T}}$的$n'$

个特征向量组成的矩阵,而$-\lambda$为XX^T的若干特征值组成的矩阵,特征值在主对角线上,其余位置为0。当将数据集从n维降到n'维时,需要找到最大的n'个特征值对应的特征向量。这n'个特征向量组成的矩阵W即为需要的矩阵。对于原始数据集,只需要用$z_i=W^T x_i$,就可以把原始数据集降维到最小投影距离的n'维数据集。

于是,只需对协方差矩阵XX^T进行特征值分解,将求得的特征值排序:$\lambda_1 \geqslant \lambda_2 \geqslant \cdots \geqslant \lambda_n$,再取前$n'$个特征值对应的特征向量构成$W=(w_1, w_2, \cdots, w_{n'})$,即可得到主成分分析的解。

(4)PCA算法流程。主成分分析通过对原有变量(属性和特征)进行线性变换,提取反映事物本质的新变量,同时去除冗余、降低噪声,达到降维的目的。PCA的主要思想是将n维特征映射到$k(k<n)$维上,这k维是全新的正交特征,也被称为主成分,是在原有n维特征的基础上重新构造出来的k维特征。PCA的工作就是从原始的空间中顺序地寻找组相互正交的坐标轴,新的坐标轴的选择与数据本身是密切相关的。其中,第一个新坐标轴是原始数据中方差最大的方向,第二个新坐标轴是与第一个坐标轴正交的平面中使得方差最大的,第三个轴是与第1,2个轴正交的平面中方差最大的。依次类推,可以得到n个这样的坐标轴。通过这种方式获得的新的坐标轴,可以发现,大部分方差都包含在前面k个坐标轴中,后面的坐标轴所含的方差几乎为0。于是,可以忽略余下的坐标轴,只保留前面k个含有绝大部分方差的坐标轴。事实上,这相当于只保留包含绝大部分方差的维度特征,而忽略包含方差几乎为0的特征维度,实现对数据特征的降维处理。具体的PCA算法流程见算法2-1。

算法2-1　PCA算法

输入:n维样本集$D=(x_1, x_2, \cdots, x_m)$,要降维到的维数$k$。

输出:降维后的样本集D'。

(1)对所有的样本进行中心化:$x_i = x_i - \frac{1}{m}\sum_{j=1}^{m} x_j$;

(2)计算样本的协方差矩阵XX^T;

(3)对矩阵XX^T进行特征值分解;

(4)取出最大的k个特征值对应的特征向量$(w_1, w_2, \cdots, w_k)$,将所有的特征向量标准化后,组成特征向量矩阵W;

(5)对样本集中的每一个样本x_i,转化为新的样本$z_i = W^T x_i$;

(6)得到输出样本集$D'=(z_1, z_2, \cdots, z_m)$。

降维后低维空间的维数k通常是由用户事先指定,或通过在k值不同的低维空间中对k近邻分类器(或其他开销较小的学习器)进行交叉验证来选择较好的k值。对PCA,还可从重构的角度设置一个重构阈值,比如$t=95\%$,然后选取使下式成立的最小k值:

$$\frac{\sum_{i=1}^{k}\lambda_i}{\sum_{i=1}^{n}\lambda_i} \geqslant t \tag{2-25}$$

PCA仅需要保留W与样本的均值向量即可通过简单的向量减法和矩阵向量乘法将新样本投影至低维空间中。PCA的各主成分之间正交,可以消除原始数据成分间的相互影响,计算方法简单,易于在计算机上实现。

例 2-7 PCA 计算实例。下面举一个简单的例子来说明 PCA 的具体过程。假设数据集有 10 个二维数据 (2.5, 2.4), (0.5, 0.7), (2.2, 2.9), (1.9, 2.2), (3.1, 3.0), (2.3, 2.7), (2, 1.6), (1, 1.1), (1.5, 1.6), (1.1, 0.9),使用 PCA 方法降到 1 维特征。

(1) 首先对样本中心化,样本的均值为 (1.81, 1.91),所有的样本减去这个均值向量之后,中心化后的数据集为 (0.69, 0.49), (−1.31, −1.21), (0.39, 0.99), (0.09, 0.29), (1.29, 1.09), (0.49, 0.79), (0.19, −0.31), (−0.81, −0.81), (−0.31, −0.31), (−0.71, −1.01)。

(2) 计算样本的协方差矩阵,由于是二维数据,则协方差矩阵为

$$\boldsymbol{XX}^{\mathrm{T}} = \begin{bmatrix} \mathrm{cov}(x_1, x_1) & \mathrm{cov}(x_1, x_2) \\ \mathrm{cov}(x_2, x_1) & \mathrm{cov}(x_2, x_2) \end{bmatrix} \tag{2-26}$$

求出的协方差矩阵为

$$\boldsymbol{XX}^{\mathrm{T}} = \begin{bmatrix} 0.616\,555\,556 & 0.615\,444\,444 \\ 0.615\,444\,444 & 0.716\,555\,556 \end{bmatrix}$$

求出的特征值为 (0.049 083 398 9, 1.284 027 71),对应的特征向量分别为 $(0.735\,178\,656, 0.677\,873\,399)^{\mathrm{T}}$,$(-0.677\,873\,399, -0.735\,178\,656)^{\mathrm{T}}$,由于最大的 $k=1$ 个特征值为 1.284 027 71,对于 $k=1$ 个特征向量为 $(-0.677\,873\,399, -0.735\,178\,656)^{\mathrm{T}}$,而实际的 $\boldsymbol{W} = (-0.677\,873\,399, -0.735\,178\,656)^{\mathrm{T}}$。

(3) 对所有的数据集进行投影 $z_i = \boldsymbol{W}^{\mathrm{T}} \boldsymbol{x}_i$ 之后,得到 PCA 降维后的 10 个一维数据集为 (−0.827 970 186, 1.777 580 33, −0.992 197 494, 0.274 210 416, −1.675 801 42, −0.912 949 103, 0.099 109 437 5, 1.144 572 16, 0.438 046 137, 1.223 820 56)。

2.7 思考与练习

1. 在数据挖掘之前为什么要对原始数据进行预处理?
2. 简述数据清理的基本内容。
3. 简述数据预处理的方法和内容。
4. 简述数据空缺值的处理方法。
5. 数据约简的方法有哪些?
6. 什么是数据规范化?规范化的常用方法有哪些?写出对应的变换公式。
7. 计算数据对象 $X = (3, 5, 2, 7)$ 和 $Y = (6, 8, 2, 3)$ 之间的欧几里得距离、曼哈顿距离以及闵可夫斯基距离,其中闵可夫斯基距离中 p 值取为 3。

第 3 章　数据仓库与联机分析处理

3.1　数据仓库的基本概念

3.1.1　数据仓库的定义与特点

从本质上讲,设计数据仓库的初衷是为操作型系统过渡到决策支持系统提供一种工具或整合企业范围内的数据集成环境,并尝试解决数据流相关的各种问题。其中包括如何从传统的操作型处理系统中提取与决策主题相关的数据,如何经过转换把分散的、不一致的业务数据转换成集成的、便于分析的数据等。数据仓库最早由美国计算机科学家 William H. Inmon 于 1991 年提出,他也因此被称为"数据仓库之父"。他对数据仓库的定义是:"数据仓库是一个面向主题的(subject-oriented)、集成的(integrated)、随时间变化的(time varying)、稳定的(non-volatile)、用于支持组织决策的数据集合"。该定义的数据仓库具有以下四个方面的特点:

(1)面向主题的数据。在操作型数据库中,各个业务系统可能是相互分离的,而数据仓库是面向主题的。在逻辑意义上,每一个商业主题都对应于企业决策包含的所有分析对象。

操作型数据库对数据的划分并不适用于决策分析。而基于主题组织的数据则不同,它们被划分为各自独立的领域,每个领域有各自的逻辑内涵,可以在抽象层次上对数据进行完整、一致和准确的描述。

(2)集成的数据。为了提供关于一个主题完整的信息,数据仓库通常需要从不同的操作型数据库中提取相关数据,然后综合在一起。但是,集成并不是一个简单的数据装载过程。这些操作型系统可能是异构的或基于不同模型的数据库实现的系统。这些系统之间往往存在格式不一致、数据冗余等情况,在数据集成时需要解决。

(3)随时间变化的数据。操作型数据系统中的数据通常存储的是当前的数据或少量的历史数据,因为如果保存大量的历史数据,会影响系统的查询性能。然而数据仓库中的数据是用来分析的,以便发现其中隐含的模式、异常现象等知识,因此需要分析当前以及过去一段时间的历史数据才能发现其中的规律或趋势。为此,数据仓库中的数据通常都有一个时间维度。操作型数据库中的数据可以按照一定的周期转移到数据仓库中保存。

(4)稳定的数据。由于数据仓库中的数据是用来分析的,而不是用来完成业务处理的,所以数据仓库中的数据不像操作型数据库中的数据一样被频繁更新。数据仓库中的数据几乎不被更新,超过一定的时间后部分数据会从数据仓库中整体删除。由于数据仓库中的数据通常只是被读取,所以不需要复杂的事务处理。

3.1.2 数据集市

在早期开发数据仓库的时候,一般是先建立一个全局的数据仓库,然后在此基础上创建各种应用,即采用"自顶向下"的方法。但在开发过程中会面临诸如开发周期长、投资大、各个部门希望定制数据等问题,为此提出了数据集市的概念。

1. 数据集市

数据集市(data mart)是一种部门级的数据仓库,它包含的数据量相对较少,是面向一个部门的需求而建立的。它可以提供更快速的数据访问,也便于控制系统的访问权限。企业级的数据仓库可以从创建数据集市开始,最终数据仓库是多个数据集市的综合。

2. 数据集市与数据仓库的关系

数据集市不等于数据仓库,多个数据集市简单合并起来并不能成为数据仓库,主要是出于以下几点原因。

(1)各数据集市之间对详细数据和历史数据的存储存在大量冗余。
(2)同一个问题在不同的数据集市的查询结果可能不一致,甚至相互矛盾。
(3)各数据集市之间以及与源数据库系统之间难以管理。

3. 数据集市的特性

数据集市具有以下特性:
(1)规模较小;
(2)特定的应用;
(3)面向部门;
(4)由业务部门定义、设计和开发;
(5)由业务部门管理和维护;
(6)快速实现;
(7)购买较便宜;
(8)投资快速回收;
(9)工具集的紧密集成;
(10)更详细的、预先存在的数据仓库的摘要子集;
(11)可升级到完整的数据仓库。

3.2 数据仓库系统

3.2.1 数据仓库的组织结构

1. 数据仓库的结构

数据仓库是在原有关系型数据库的基础上发展形成的,但不同于数据库系统的组织结构形式,它从原有的业务数据库中获得的基本数据和综合数据被分成一些不同的层次(levels)。一般数据仓库的结构组成如图3-1所示,包括当前基本数据、历史基本数据、轻度综合数据、高度综合数据、元数据。

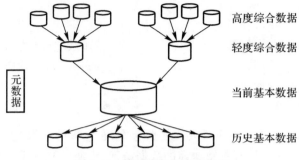

图 3-1 数据仓库的结构组成

当前基本数据是最近时期的业务数据,数据量大,是数据仓库用户最感兴趣的部分。当前基本数据随时间的推移,由数据仓库的时间控制机制转为历史基本数据,一般被转存于介质中。轻度综合数据是从当前基本数据中提取出来的,设计这层数据结构时会遇到"综合处理数据的时间段选取、综合数据包含哪些数据属性(attributes)和内容(contents)"等问题。最高一层是高度综合数据,这一层的数据十分精练,是一种准决策的数据。

整个数据仓库的结构是由元数据来组织的,它不包含任何业务数据库中的实际数据信息。元数据在数据仓库中扮演了重要的角色,主要包括以下几个方面:①定位数据仓库的目录作用;②数据从业务环境向数据仓库环境传送时数据的目录内容;③指导从当前基本数据到轻度综合数据、轻度综合数据到高度综合数据的综合算法的选择。元数据至少包括以下一些信息:数据结构、用于综合的算法、从业务环境到数据仓库的规划。元数据的概念和作用将在 3.2.3 节进行具体的描述。

数据仓库的物理设计包括以下内容。

(1)粒度划分。粒度是指数据仓库中数据单元的详细程度和级别。数据越详细,粒度越小,级别就越低;数据综合度越高,粒度越大,级别就越高。如区域粒度:国家、地区、城市。

(2)数据分割。数据分割是指把逻辑统一的数据分割成较小的、可以独立管理的物理单元(类)进行存储,以便重构、重组和恢复。数据分割使数据仓库的开发人员和用户具有更大的灵活性,对于应用级的分割通常是按日期、业务、机构和地址等进行的。

2. 数据仓库系统结构

数据仓库系统由数据仓库(Data Warehouse,DW)、仓库管理和分析工具三部分组成,其结构形式如图 3-2 所示。

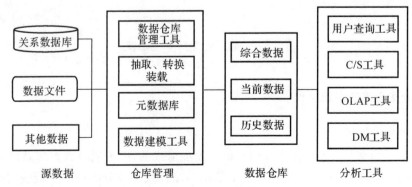

图 3-2 数据仓库系统结构图

数据仓库的数据来源于多个源数据,源数据包括企业内部数据、市场调查报告以及各种文档之类的外部数据。

(1)数据仓库管理系统(Data Warehouse Management System,DWMS)。在确定数据仓库信息需求之后,首先进行数据建模,确定从源数据到数据仓库的数据抽取、清理和转换过程,划分维数以及确定数据仓库的物理存储结构。元数据是数据仓库的核心,它用于存储数据模型,定义数据结构、转换规划、仓库结构和控制信息等。数据仓库的管理包括对数据的安全、归档、备份、维护以及恢复等工作,这些工作需通过数据仓库管理系统(DWMS)来完成。

数据仓库管理系统由以下几部分组成。

1)定义部件。定义部件用于定义和建立数据仓库系统。它包括以下几部分内容:

A. 设计和定义数据仓库的数据库;

B. 定义数据来源;

C. 确定从源数据向数据仓库复制数据时的清理和增强规则。

2)数据获取部件。数据获取部件把数据从源数据中提取出来,依定义部件的规则,抽取、转化和装载数据进入数据仓库。

3)管理部件。管理部件用于管理数据仓库的工作,包括以下几个部分内容:

A. 数据仓库中数据的管理;

B. 将仓库数据取出给决策支持系统用户;

C. 对仓库数据的安全、归纳、备份、恢复等处理工作。

4)目录部件(元数据)。数据仓库的目录数据是元数据,由以下三部分组成。

A. 技术目录:由定义部件生成,是关于数据源、目标、清理规则、变换规则以及数据源和仓库之间的映像信息。

B. 业务目录:由仓库管理员生成,是关于仓库数据的来源及当前值、预定义的查询和报表细节、合法性要求等。

C. 信息引导器:使用户容易地访问仓库数据,包括查询和引导功能,利用固定查询或建立新的查询,生成暂时的或永久的仓库数据集合的能力等。该部件是数据仓库使用的关键因素。

5)DBMS(数据库管理系统)部件。数据仓库的存储形式仍为关系型数据库,因此需要利用DBMS(数据库管理系统)。由于数据仓库含大量的数据,所以要求DBMS产品提供高速和高效的性能。

(2)数据仓库分析工具类。由于数据仓库的数据量大,所以必须有一套功能很强的分析工具集来实现从数据仓库中提供辅助决策的信息,以完成决策支持系统的各种要求。分析工具集包括以下两类工具。

1)查询工具。数据仓库的查询不是指对记录级数据的查询,而是指对分析要求的查询。一般包含以下两种工具。

A. 可视化工具:以图形化方式展示数据,可以帮助了解数据的结构、关系以及动态性。

B. 多维分析(OLAP)工具:通过对信息的多种可能的观察形式进行快速、一致和交互性的存取,方便用户对数据进行深入的分析和观察。多维数据的每一维代表对数据的一个特定的观察视角,如时间、地域、业务等。

2)挖掘工具。从大量数据中挖掘具有规律性的知识,需要利用数据挖掘(DM)工具。

3. 数据仓库的运行结构

数据仓库应用是一个典型的客户/服务器(C/S)结构形式。数据仓库采用服务器结构,客户端所做的工作有客户交互、格式化查询、结果显示和报表生成等。服务器端完成各种辅助决策的 SQL 查询、复杂的计算和各类综合功能等。现在,常用的一种形式是三层 C/S 结构形式,即在客户与数据仓库服务器之间增加一个多维数据分析(OLAP)服务器,如图 3-3 所示。

图 3-3 数据仓库应用的三层 C/S 结构

OLAP 服务器将加强和规范决策支持的服务工作,集中和简化原客户端和数据仓库服务器的部分工作,降低系统数据传输量。这种结构形式将使工作效率更高。

3.2.2 数据仓库存储的数据模型

数据仓库不同于数据库。数据仓库存储的数据模型是数据的多维视图,它将直接影响到前端工具、数据库的设计和 OLAP 的查询引擎。而数据仓库中存储的是多维数据模型(dimensional data model),是为了满足用户从多角度、多层次进行数据查询和分析的需要而建立起来的基于事实和维度的数据库模型,其基本的应用是为了实现 OLAP(Online Analytical Processing)。它由事实表(fact table)和维度表(dimension table)两种类型的表构成,如图 3-4 所示。

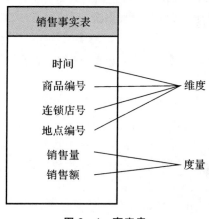

图 3-4 事实表

1. 事实表

事实表是用来记录具体事件的,包含了每个事件的具体要素以及具体发生的事情。每个数据仓库都包含一个或者多个事实数据表,事实表是对分析主题的度量,它包含了与各维度表相关联的外键,并通过连接方式与维度表关联。

事实表中的每行数据代表一个业务事件(下单、支付、退款、评价等)。"事实"这个术语表示的是业务事件的度量值(可统计次数、个数、金额等),例如,订单事件中的下单金额。

维度属性:考察度量的一个视角、方位。如时间、商品编号、连锁店号和地点编号。

粒度:维度属性综合起来限定了度量的取值粒度。

图 3-4 中的事实表中包括 2 个度量:销售量和销售额,有 4 个维度属性(时间、商品编号、

连锁店号和地点编号)。其中维度属性综合起来代表了独立的取值粒度。如果时间编号对应的是一次交易的时间,则该事实表中度量的粒度是针对发生在某地理位置的某个连锁店内一个商品在一次交易中的销售记录。

可加性度量:度量通常是数值型属性,便于进行汇总计算。度量最好具有可加性(additive)。具有可加性的度量针对事实表中的任一维度都可以做加和,例如,表3-1中的销售量是可加性度量。

表3-1 商品销售表

时间	商品编号	连锁店号	地点编号	销售量
2021-1-1	101	1号店	地点1	2
2021-1-1	102	1号店	地点1	10
2021-1-1	101	3号店	地点3	1
2021-1-1	101	1号店	地点1	5
2021-1-2	102	2号店	地点2	5

半可加性:有些度量具有半可加性,即对于部分维度具有可加性,对于另外一些维度不具有可加性。例如表3-2中所示的"账户余额"。去掉账户,得到每个支行每个特定日期的账户余额总数是有意义的,但是如果去掉日期维度,得到按账户和支行计算的账户余额是无意义的。

表3-2 账户事实表

日期	账号	支行号	账户余额/元
2021-2-28	10001	支行1	2 000
2021-3-31	10001	支行1	1 000
2021-2-28	10002	支行1	10 000
2021-3-31	10002	支行1	5 000
2021-2-28	10003	支行2	1 000
2021-3-31	10003	支行2	5 000

有些度量不具有可加性,即对于事实表中的任意一个维度都不能加和汇总。例如表3-3中所示的度量"利润率"。无论是哪个维度对利润率加和都是无意义的。因此不具有可加性。

表3-3 事实表

时间	商品编号	商店号	利润率/(%)
2021-1-1	101	1号店	10
2021-1-1	102	1号店	20
2021-1-1	101	3号店	12
2021-1-2	102	2号店	15

2. 维度表

维度表一般是对事实的描述信息。在事实表中的维度通常只用一个属性表示,其详细信息在对应的维度表中。例如,对应图3-4所示的事实表,商品的维度对应的维度表如图3-5所示。其中维度属性用于唯一地标识表中的每一个元组。在此例中,每个商品都有一个唯一的编号。该属性是事实表中的外键。

图3-5 商品维度表

每一张维度表对应现实世界中的一个对象或者概念,如用户、商品、日期、地区等。维度表中每个属性都是对事实表中相应维度的描述信息,通常为定性属性,这些属性使得度量的含义更容易理解,用于表达查询条件、分组条件以及制作报表。因此,每个维度表中的属性通常很多,几十个甚至上百个都比较常见。维度表中的属性名通常不要缩写,而是采用便于最终用户理解的名字。如果属性取值中包含多个隐含的含义,例如,如果商品编号隐含商品的类别,则将隐含的信息抽取,单独作为属性。维度表允许有一定程度的冗余存在,换来的是查询效率的提高以及查询表达更加容易。

通过数据仓库可以根据不同的数据需求建立起各类多维数据模型,并组成数据集市开放给不同的用户群体使用。在多维数据模型中,一部分数据是数据测量值,如销售量、投资额和收入等。而这些数据测量值是依赖于一组"维"的,这些维提供了测量值的上下文关系。例如,销售量与城市、商品名称及销售时间有关,这些相关的维决定了这个销售测量值。因此,多维数据视图就是在这些由层次的维构成的多维空间,存放着数据测量值。图3-6所示的小格内存储的数据,就可以假设为商品的销售量。

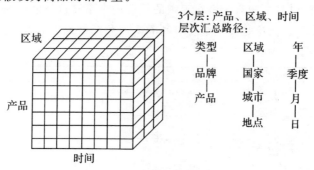

图3-6 数据仓库的数据存储示意图

多维数据模型的另一个特点是对一个或多个维做集合运算,例如,对总销售量按城市进行计算和排序,这些运算还可以包括对于同样维所限定的测量值的比较(如销售与预算)。一般来说,时间维是一个有特殊意义的维,它对决策中的趋势分析很重要。

对于逻辑上的多维数据模型,可以使用不同的存储机制和表示模式来实现多维数据模型。目前,使用的多维数据模型主要有星型模型、雪花模型、星网模型等。

1. 星型模型

大多数的数据仓库都采用星型模型。星型模型由事实表(大表)以及多个维度表(小表)组成。事实表中存放大量关于企业的事实数据,这些数据通常都很大,而且非规范化程度很高,例如,多个时期的数据可能会出现在同一个表中。维度表中存放描述性数据,维度表是围绕事实表建立的较小的表。图 3-7 为一个星型模型实例。

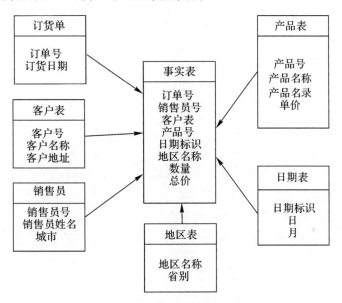

图 3-7 星型模型

事实表有大量的行(记录),然而维度表相对来说有较少的行(记录)。星型模型存取数据速度快,主要在于针对各个维做了大量的预处理,如按照维进行预先的统计、分类和排序等,例如:按照汽车的型号颜色和代理商进行预先的销售量统计,作报表时速度会很快。

星型模型与完全规范化的关系设计相比较,存在以下一些显著的差异。

(1) 星型模型以潜在的存储空间代价,使用了大量的非规范化来优化速度。规范的关系设计使数据的冗余保持在最少,并减少了当数据改变时系统必须执行的动作。

(2) 星型模型限制了事实表上的数量属性个数,然而规范的关系设计能够存储多个与事务相关的数据。

星型模型也有以下缺点。

(1) 当业务问题发生变化,原来的维不能满足要求时,就需要增加新的维。由于事实表的主键由所有的维表的主键组成,所以这种维的变化带来的数据变化将是非常复杂、非常耗时的。

(2) 星型模型的数据冗余量很大,不适用于大数据量的情况。

2.雪花模型

雪花模型是对星型模型的扩展。雪花模型对星型模型的维度表进一步层次化,原来的各维表可能被扩展为小的事实表,形成一些局部的"层次"区域。它的优点是最大限度地减少数据存储量,以及把较小的维表联合在一起来改善查询性能。

雪花模型增加了用户必须处理的表的数量,增加了某些查询的复杂性。但这种方式可以使系统更进一步专业化和实用化,同时降低了系统的通用程度。前端工具将用户的需求转换为雪花模型的物理模式,完成对数据的查询。

在上面的星型模型数据中,对"地区表""日期表"进行扩展,形成雪花模型数据,如图3-8所示。使用数据仓库工具完成一些简单的二维或三维查询,既满足了用户对复杂的数据仓库的查询需要,又能够完成一些简单的查询功能而不用访问过多的数据。

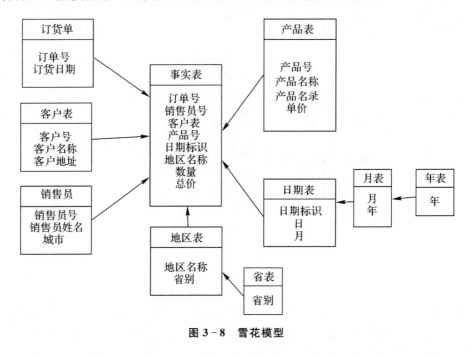

图3-8 雪花模型

3.2.3 元数据

1.元数据的概念

数据仓库中的元数据(meta data)是关于数据仓库中数据的数据。它的作用类似于数据库管理系统的数据字典,用于保存逻辑数据结构、文件、地址和索引等信息。从广义上讲,在数据仓库中,元数据是描述数据仓库内数据的结构和建立方法的数据。元数据是数据仓库管理系统的重要组成部分,元数据管理器是企业级数据仓库中的关键组件,贯穿于数据仓库构建的整个过程,直接影响着数据仓库的构建、使用和维护。表3-4是元数据的一个例子,它定义了数据仓库中的一个表。

表 3-4 元数据的例子

Table	
逻辑名	顾客
定义	购买商品的个人或组织
物理存储	DH.table(数据库表)
表编辑程序名	VALCSTMR(程序表)

在数据仓库系统中,元数据可以帮助数据仓库管理员和数据仓库的开发人员非常方便地找到他们所关心的数据。元数据是描述数据仓库内数据的结构和建立方法的数据,可将其按用途的不同分为两类:技术元数据(technical metadata)和业务元数据(business metadata)。

技术元数据是存储关于数据仓库系统技术细节的数据,是用于开发和管理数据仓库使用的数据,它主要包括以下信息:

(1)数据仓库结构的描述,包括仓库模式、视图、维、层次结构和导出数据的定义,以及数据集市的位置和内容;

(2)业务系统、数据仓库和数据集市的体系结构和模式;

(3)汇总用的算法,包括度量和维定义算法、数据粒度、主题领域、聚集、汇总、预定义的查询与报告;

(4)由操作环境到数据仓库环境的映射,包括源数据和它们的内容、数据分割、数据提取、清理、转换规则和数据刷新规则、安全(用户授权和存取控制)。

业务元数据从业务角度描述了数据仓库中的数据,它提供了介于使用者和实际系统之间的语义层,使得不懂计算机技术的业务人员也能够"读懂"数据仓库中的数据。业务元数据主要包括以下信息:①使用者的业务术语所表达的数据模型、对象名和属性名;②访问数据的原则和数据的来源;③系统所提供的分析方法以及公式和报表的信息。具体包括以下内容。

(1)企业概念模型:这是业务元数据所应提供的重要的信息,它表示企业数据模型的高层信息、整个企业的业务概念和相互关系。以这个企业模型为基础,不懂数据库技术和 SQL 语句的业务人员对数据仓库中的数据也能做到心中有数。

(2)多维数据模型:这是企业概念模型的重要组成部分,它告诉业务分析人员在数据集市当中有哪些维、维的类别、数据立方体以及数据集市中的聚合规则。这里的数据立方体表示某主题领域业务事实表和维表的多维组织形式。

(3)业务概念模型和物理数据之间的依赖:以上提到的业务元数据只是表示出了数据的业务视图,这些业务视图与实际的数据仓库或数据库、多维数据库中的表、字段、维、层次等之间的对应关系也应该在元数据知识库中有所体现。

2. 元数据的作用

(1)元数据是进行数据集成所必需的。数据仓库最大的特点就是它的集成性。这一特点不仅体现在它所包含的数据上,还体现在实施数据仓库项目的过程当中。一方面,从各个数据源中抽取的数据要按照一定的模式存入数据仓库中,这些数据源与数据仓库中数据的对应关系及转换规则都要存储在元数据知识库中;另一方面,在数据仓库项目实施过程中,直接建立数据仓库往往费时、费力,因此在实践当中,人们可能会按照统一的数据模型,首先建设数据集市,然后在各个数据集市的基础上再建设数据仓库。不过,当数据集市数量增多时很容易形成"蜘蛛网"现象,而元数据管理是解决"蜘蛛网"的关键。如果在建立数据集市的过程中,注意了元数据管理,在集成到数据仓库中时就会比较顺利;相反,如果在建设数据集市的过程中忽视了元数据管理,那么最后的集成过程就很困难,甚至难以实现。

(2)元数据定义的语义层可以帮助最终用户理解数据仓库中的数据。最终用户不可能像数据仓库系统管理员或开发人员那样熟悉数据库技术,因此迫切需要有一个"翻译",能够使他们清晰地理解数据仓库中数据的含意。元数据可以实现业务模型与数据模型之间的映射,因而可以把数据以用户需要的方式"翻译"出来,从而帮助最终用户理解和使用数据。

(3)元数据是保证数据质量的关键。数据仓库或数据集市建立好以后,使用者在使用的时候,常常会产生对数据的怀疑。这些怀疑往往是由于底层的数据对于用户来说是不"透明"的,使用者很自然地对结果产生怀疑。而借助元数据管理系统,最终的使用者对各个数据的来龙去脉以及数据抽取和转换的规则都会很方便地得到,这样他们自然会对数据具有信心;当然也可便捷地发现数据所存在的质量问题。甚至国外有学者还在元数据模型的基础上引入质量维,从更高的角度上来解决这一问题。

(4)元数据是保证系统质量的关键。随着信息技术的发展和企业职能的变化,企业的需求也在不断地改变。如何构造一个随着需求改变而平滑变化的软件系统,是软件工程领域中的一个重要问题。传统的信息系统往往是通过文档来适应需求变化,但是仅仅依靠文档还是远远不够的。成功的元数据管理系统可以把整个业务的工作流、数据流和信息流有效地管理起来,使得系统不依赖特定的开发人员,从而提高系统的可扩展性。

3. 元数据的标准化

关于元数据的一般标准,从内容上大致可分为两类。一是元数据建模,是对将来元数据的组织进行规范定义,使得在元数据建模的标准制定之后产生的元数据都以一致的方式组织,从而保证元数据管理的一致性和简单性。二是元数据交互,是对已有的元数据组织方式以及相互间的交互格式加以规范定义,从而实现不同系统元数据的交互。目前,主要有以下组织定义了元数据相关的规范。

(1)对象管理组织 OMG(Object Management Group)。OMG 在 1995 年采用了 MOF(Meta Object Facility),并将之不断完善。1997 年,OMG 采用了 UML(Unified Modeling Language)。2000 年,OMG 又采用了 CWM(Common Warehouse Metamodel)。这三个标准——MOF、UML 和 CWM 形成了 OMG 建模和元数据管理、交换结构的基础,推动了元数据标准化的快速发展。

(2)元数据联合会 MDC(Meta Data Coalition)。MDC 建于 1995 年,目的是提供标准化的元数据交互。MDC 于 1996 年开发了 MDIS(Meta Data Interchange Specification)并完成了 MDC-OIM 的技术评审,MDC-OIM 基于微软的开放信息模型(Open Information Model,OIM),是一个独立于技术的、以厂商为核心的信息模型。OIM 是微软的元数据管理产品 Microsoft Repository 的一部分,由微软和其他 20 多家公司共同开发,作为微软开放过程的一部分,经过了 300 多个公司的评审。

为了推动元数据标准化的发展,MDC 和 OMG 在元数据标准的制定上协同工作。1999 年 4 月,MDC 成为 OMG 的成员,而 OMG 也同时成为 MDC 的成员。MDC 中使用了 OMG

的 UML,而 MDC-OIM 中的数据仓库部分被用来作为 OMG 的公共仓库元数据交互(Common Warehouse Metadata Interchange,CWMI)的设计参考。在两个组织的技术力量的合作努力下,元数据标准将逐步一致化。公共仓库元模型(CWM)是为数据仓库和业务分析环境之间方便地交换元数据而制定的一个标准,已经成为模型驱动体系结构(MDA)新策略方向中的核心组成部分。

4. OMG 组织的 CWM 模型

CWM 为数据仓库和商业智能(BI)工具之间共享元数据,制定了一整套关于语法和语义的规范。它主要包含以下四个方面的规范。

(1) CWM 元模型(metamodel):描述数据仓库系统的模型。

(2) CWM XML:CWM 元模型的 XML 表示。

(3) CWM DTD:DW/BI 共享元数据的交换格式。

(4) CWM IDL:DW/BI 共享元数据的应用程序访问接口(API)。

5. CWM 的特点

对所有的数据仓库功能元数据定义了详细的元模型和交换方式,包括技术元数据(如 Software Deployment,Transformation,Warehouse Process 等)和业务元数据(如 OLAP,Business Information 等);定义了一个通用且强大的 Transformation 包,可以表示任何数据源和数据目标之间的转换规则。此外,还为多种常用的数据源/目标(如 Relational,Record,Multi-dimensional,XML 等)和工具相关的数据源(如 IMS,DMSII,COBOL Data,Essbase 和 Express 等)。

定义了元模型和交换方式:对所有的数据仓库运行元素定义了元模型和交换方式,包括调度、状态报告和历史记录等;对所有的分析型数据以及主要的分析型数据模型定义了元模型和交换方式,如多维型;对操作型数据以及主要的操作型数据模型定义了元模型,如关系型和面向对象型。

6. CWM 的应用

CWM 主要面向以下几类用户。

(1)数据仓库平台和工具提供商:CWM 为他们提供了一个组件可插卸的通用系统框架。因为这是一种全球通用的元数据交换协议,所以他们可以很方便地在各种异质平台上发布自己的产品。

(2)数据仓库服务提供者:可重用、可编辑、可扩展的 CWM 元数据大大提高了他们的工作效率。因为 CWM 与产品无关,所以可以避免大量的重复设计工作。

(3)数据仓库管理员:数据仓库管理员有时需要对现有工具进行整合,而 CWM XML 无疑为他们提供了一种最方便的整合方式。另外,管理员经常需要对资源进行增减、分区或者重新分配,CWM 提供了这方面的元数据以帮助他们完成这些工作,并对改变造成的影响做出评估。

(4)终端用户:CWM 为查询和展示工具定义了元模型,以便更方便快捷地为终端用户展示他们所需的信息。

(5)信息技术管理者:CWM 为系统管理和报表工具定义了元模型,使得用户能够更轻松地对系统和信息进行管理。

7. 元数据管理系统的设计原则

数据仓库环境下的元数据管理系统的建设是十分困难的,在实际项目实施中,这个环节又是非常重要的。当前情况下,在元数据管理系统的建立过程中应尽量参考 CWM 这个标准,这样使系统的可扩展性增强。也可以采用 OIM 中的元模型(CWM 对 OIM 是兼容的)以及支持它的元数据管理工具进行元数据管理系统的建设,而且元数据所包含的范围很广。另外,在建立元数据管理系统的时候,绝对不能盲目追求大而全,要坚持目标驱动的原则,在实施的时候要采取增量式、渐进式的建设原则。一般具体的建设步骤如下:

(1)如果是在建设数据仓库系统的初期,那么首先要确定系统的边界范围,系统范围确定的原则是首先保障重点,不求大,只求精。

(2)系统边界确定以后,把现有系统的元数据整理出来,加入语义层的对应,然后存到一个数据库中,这个数据库可以采用专用的元数据知识库,也可以采用一般的关系型数据库。

(3)确定元数据管理的范围。比如,只想通过元数据来管理数据仓库中数据的转换过程,以及有关数据的抽取路线,以使数据仓库开发和使用人员明白仓库中数据的整个历史过程。

(4)确定元数据管理的工具,采用一定工具可以完成相应的工作。当前相关工具有微软的 Repositry,它带有相应的编程接口,可以借助于它来完成元模型出入库的功能;与之相似的还有 Platinum 的 OEE;另外还有 Sybase 的 Wcc,它可以通过 MDC 以前的一个老标准 MDIS 来集成抽取工具与转换工具,在一个窗口中就可以表示数据抽取与转换,并且可以把语义层以 MDIS 的格式导出到一个前端工具当中(比如 Cognos 的 Improptu)。

总之,建立元数据管理系统一定要坚持关注标准,又不被标准所束缚的原则,建立符合自身目标的元数据管理系统。

3.3 数据仓库的设计与开发

3.3.1 数据仓库设计

数据仓库对于一个企业或者组织来说是一项巨大的工程,一个需要长期开发的数据仓库项目的困难在于公司战略可能会在数据仓库开发期间发生改变。显然,数据仓库可以为企业带来巨大的收益,但是也存在大量的未知因素和风险,在数据仓库开发阶段选择适当的方法减少这些风险和未知因素是非常重要的。数据仓库是建立决策支持系统(DSS)的基础。因此建设数据仓库就成了建设企业的信息决策支持环境的中心问题。

1."数据驱动"的系统设计方法

创建数据仓库的工作是在原有的数据库基础上进行的。不论是在数据库系统中,还是在数据仓库环境中,一个企业的数据是固定的,但数据的处理则是不同的,对同一数据的处理,在数据库系统中是面向应用需求的,在数据仓库中是面向分析需求的。而且,创建数据仓库的工作是在原有的数据库基础上进行的,即从面向应用需求环境中的数据出发转换为数据仓库的面向分析需求环境中的数据,并逐步提高决策支持效果。这种数据仓库的设计方法称为"数据驱动"的系统设计方法。概括地说,"数据驱动"设计方法是以数据为基础,进行从面向应用到面向分析需求的转变,并逐步提高决策效果的方法。数据仓库的设计包括:①概念模型设计;

②逻辑模型设计;③物理模型设计。

2. 概念模型设计

概念模型是从客观世界到计算机世界的一个中间层次。人们将客观世界抽象为信息世界,再将信息世界转化为计算机世界,信息世界中的这一信息结构,即概念模型。

概念模型最常用的表示方法是实体-关系法(E-R法),这种方法用E-R图作为它的描述工具。E-R图描述的是实体以及实体之间的联系,用长方形表示实体,在数据仓库中就表示主题,在框内写上主题名,椭圆形表示主题的属性,并用无向边把主题与其属性连接起来;用菱形表示主题之间的联系,菱形框内写上联系的名字。用无向边把菱形分别与有关的主题连接,在无向边旁标上联系的类型。若主题之间的联系也具有属性,则把属性和菱形也用无向边连接上。

由于E-R图具有良好的可操作性,形式简单,易于理解,便于与用户交流,对客观世界的描述能力也较强,因而在数据库设计方面更得到了广泛的应用。因为目前的数据仓库一般是建立在关系数据库的基础之上的,与数据库的概念模型相一致,采用E-R图作为数据仓库的概念模型仍然是较为适合的。

概念模型设计是在原有的数据库的基础上建立了一个较为稳固的概念模型。因为数据仓库是对原有数据库系统中的数据进行集成和重组而形成的数据集合,所以数据仓库的概念模型设计,首先要对原有数据库系统加以分析理解,看在原有的数据库系统中"有什么""是怎样组织的"和"是如何分布的"等,然后再来考虑应当如何建立数据仓库系统的概念模型。一方面,通过原有的数据库的设计文档以及在数据字典中的数据库关系模式,可以对企业现有的数据库中的内容有一个完整而清晰的认识;另一方面,数据仓库的概念模型是面向企业全局建立的,它为集成来自各个面向应用的数据库的数据提供了统一的概念视图。

概念模型的设计是在较高的抽象层次上的设计,因此建立概念模型时不用考虑具体技术条件的限制。进行概念模型设计所要完成的工作是:①界定系统边界;②确定主要的主题域及其内容。

(1)界定系统边界。数据仓库是面向决策分析的数据库,因而无法在数据仓库设计的最初就得到详细而明确的需求,但是一些基本方向性的需求在设计人员的面前是较为明确的,例如:

1)要做的决策类型有哪些?

2)决策者感兴趣的是什么问题?

3)这些问题需要什么样的信息?

4)要得到这些信息需要包含原有数据库系统中哪些部分的数据?

这样,就可以划定一个当前大致的系统边界,集中精力进行最需要部分的开发。因而,从某种意义上讲,界定系统边界的工作也可以看作是数据仓库系统设计的需求分析,因为它将决策者数据分析的需求用系统边界的定义形式反映出来。

(2)确定主要的主题域。在这一步中,首先要确定系统所包含的主题域,然后对每个主题域的内容进行较为明确的描述,描述的内容包括以下几项:

1)主题域的公共码键;

2)主题域之间的联系;

3)充分代表主题的属性值。

3.逻辑模型设计

目前的数据仓库是建立在关系数据库的基础之上。因此,在数据仓库的逻辑设计中采用了关系模型。无论是主题还是主题之间的联系,都用关系来表示。数据仓库的逻辑模型描述了数据仓库的主题以及主题之间的逻辑实现。

逻辑模型设计进行的工作主要有以下几项:

(1)分析主题域,确定当前要装载的主题;

(2)确定粒度层次划分;

(3)确定数据分割策略;

(4)关系模式定义;

(5)定义记录系统。

逻辑模型设计的成果是,对每个当前要装载的主题的逻辑实现进行定义,并将相关内容记录在数据仓库的元数据中,具体包括以下内容:

(1)适当的粒度划分;

(2)合理的数据分割策略;

(3)适当的表划分;

(4)定义合适的数据来源等。

在概念模型设计中,首先需要确定几个基本的主题域,但是,数据仓库的设计方法是一个逐步求精的过程,在进行设计时,一般是一次一个主题或一次若干个主题的逐步完成。因此,必须对概念模型设计步骤中确定的几个基本主题域进行分析,并选择首先要实施的主题域进行实现。

(1)分析主题域。选择第一个主题域所要考虑的是:它要足够大,以便使得该主题能建设成一个可应用的系统;它还要足够小,以便于开发和较快地实施。如果所选择的主题域很大并且很复杂,可以针对它的一个有意义的子集来进行先行的开发。在每一次的反馈过程中,都要进行主题域的分析。如关于商场数据仓库设计的例子,确定它的3个基本主题域为"商品""供应商"和"顾客"。可以认为"商品"主题是一个商场的最基本的业务对象,如商品采购、商品库存、商品销售等是商场的基本业务,又是进行决策分析的最主要的领域,因而较之另两个主题来说,"商品"主题具有更重要的意义与作用。而且,仅通过"商品"主题,商场经营者就可以对整个商场的经营状况有较全面的了解,先实施"商品"主题可以尽快地满足商场经营者建立数据仓库的初始要求,因此,可以先选定"商品"主题来实施。

(2)粒度层次划分。所谓粒度是指数据仓库中数据单元的详细程度和级别。数据越详细,粒度越小,级别就越低;数据综合度越高,粒度越大,级别就越高。在传统的操作型系统中,对数据的处理和操作都是在详细数据级别上的,即最低级的粒度。但是在数据仓库环境中主要是分析型处理,粒度的划分将直接影响数据仓库中的数据量以及所适合的查询类型。一般需要将数据划分为详细数据、轻度综合、高度综合三级或更多级粒度。不同粒度级别的数据用于不同类型的分析处理。粒度的划分是数据仓库设计工作的一项重要内容,粒度划分是否适当是影响数据仓库性能的一个重要方面。

(3)确定数据分割策略。数据分割是数据仓库设计的另一项重要内容,是提高数据仓库性能的一项重要技术。数据的分割是指把逻辑上是统一整体的数据分割成较小的、可以独立管理的物理单元(称为分片)进行存储,以便于重构、重组和恢复,以提高创建索引和顺序扫描的效率。数据的分割使数据仓库的开发人员和用户具有更大的灵活性。

在实际系统设计中,通常采用的分割形式是按时间对数据进行分割,即将在同一时段内的数据组织在一起,并在物理上也紧凑地存放在一起,如将商场的销售数据按季节进行分割,这样分割的理由是商场的经理们经常关心的问题是某商品在某个季节的销售情况,如果数据已经是按照季节分割存储好的,就可以大大减小数据检索的范围,从而达到减小物理 I/O 次数、提高系统性能的目的。

设计数据分割最重要的就是选择适当的数据分割标准,一般包括以下几方面因素:数据量、数据分析处理的实际情况、简单易行性以及粒度划分策略等。

(4) 关系模式定义。数据仓库的每个主题都是由多个表来实现的,这些表之间依靠主题的公共码键联系在一起,形成一个完整的主题。在概念模型设计时,已经确定了数据仓库的基本主题,并对每个主题的公共码键、基本内容等做了描述。在这一步里,将要对选定的当前实施的主题进行模式划分,形成多个表,并确定各个表之间的关系模式。

(5) 定义记录系统。数据仓库中的数据来源于多个已经存在的操作型系统及外部系统。一方面,各个系统的数据都是面向应用的,不能完整地描述企业中的主题域;另一方面,多个数据源的数据存在着许多不一致。因此,要从数据仓库的概念模型出发,结合主题的多个表的关系模式,确定现有系统的哪些数据能较好地适应数据仓库的需要。这就要求选择最完整、最及时、最准确、最接近外部实体源的数据作为记录系统,同时这些数据所在的表的关系模式最接近于构成主题的多个表的关系模式。记录系统的定义要记入数据仓库的元数据。

4. 物理模型设计

数据仓库物理模型的设计是在逻辑模型的基础之上的。物理模型的设计所做的工作是确定数据的存储结构,确定索引策略,确定数据存放位置,确定存储分配。

(1) 确定数据的存储结构。一个数据库管理系统往往都提供多种存储结构供设计人员选用,不同的存储结构有不同的实现方式,各有各的适用范围和优缺点,设计人员在选择合适的存储结构时应该权衡 3 个方面的主要因素:存取时间、存储空间利用率和维护代价。

(2) 确定索引策略。数据仓库的数据量很大,因而需要对数据的存取路径进行仔细的设计和选择。由于数据仓库的数据都是不常更新的,可以设计多种多样的索引结构来提高数据存取效率。在数据仓库中,设计人员可以考虑对各个数据存储建立专用的、复杂的索引,以获得最高的存取效率,因为在数据仓库中的数据是不常更新的,也就是说每个数据存储是稳定的,虽然建立专用的、复杂的索引有一定的代价,但一旦建立就几乎不需再维护索引。

(3) 确定数据存放位置。数据仓库中,同一个主题的数据并不要求存放在相同的介质上。在物理设计时,常常要按数据的重要程度、使用频率以及对响应时间的要求进行分类,并将不同类的数据分别存储在不同的存储设备中。重要程度高、经常存取并对响应时间要求高的数据可存放在高速存储设备上,如硬盘;存取频率低或对存取响应时间要求低的数据则可以放在低速存储设备上,如磁盘或磁带。

数据存放位置的确定还要考虑到的一些其他方法,如:决定是否进行合并表;是否对一些经常性的应用建立数据序列;对常用的、不常修改的表或属性是否允许冗余存储。如果采用了这些技术,都要记入元数据。

(4) 确定存储分配。许多数据库管理系统提供了一些存储分配的参数供设计者进行物理优化处理,如块的尺寸、缓冲区的大小和个数等等,它们都要在物理设计时确定。

3.3.2 多维表设计

1. 主题与多维表

数据仓库的概念模型设计中需要确定决策主题,先建立主题的 E-R 图,再建立主题数据的关系表模式。在逻辑模型的设计中要分析主题域,将主题数据的关系模式转换为多维表的模式,在物理模型的设计中,确定主题数据的存储结构。

数据仓库的主题数据的关系表模式与多维表模式有一定的差距。多维表是由事实表和维度表组成的,多维表中的事实表是反映主题的某个主要的业务事实,而不一定是主题本身。例如,"商品"主题有多个业务,如商品采购、商品库存和商品销售等。若重点研究商品的销售业务,则应该将"销售业务"作为"商品"主题多维表的事实表,而"商品"的固有信息和有关信息作为维度表。

2. 多维表设计步骤

(1) 确定决策分析需求。数据仓库是面向决策分析的,决策需求是建立多维数据模型的依据。如分析销售额趋势,对比商品销售量,促销手段对销售的影响等。

(2) 从需求中识别出事实。在决策主题确定的情况下,选择或设计反映决策主题业务的表,如在"商品"主题中,以"销售业务"作为事实表。

(3) 确定维。确定影响事实的各种因素,对销售业务的维包括商店、地区、部门、城市、时间、产品等,如图 3-9 所示。

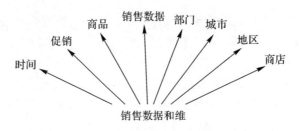

图 3-9 销售业务的多维数据

(4) 确定数据概括水平。存在于数据仓库中的数据是以汇总的形式或者概括的形式存在的。数据仓库中对数据不同粒度的集成和综合,形成了多层次、多种知识的数据结构。例如,对于时间维,可以从"年""月"或者"日"等不同水平进行概括。

(5) 设计事实表和维度表。设计事实表和维度表的具体属性。在事实表中应该记录哪些属性是由维度表的数量决定的。一般来说,与事实表相关的维度表的数量应该适中,太少的维度表会影响查询的质量,用户得不到需要的数据,太多的维度表又会影响查询的速度。

(6) 按使用的 DBMS 和分析用户工具,证实设计方案的有效性。根据系统使用的 DBMS,确定事实表和维度表的具体实现。由于不同的 DBMS 对数据存储有不同的要求,所以设计方案是否有效还要放在 DBMS 中进行检验。

(7) 随着需求变化修改设计方案。随着应用需求的变化,整个数据仓库的数据模式也可能会发生变化。因此在设计之初,充分考虑数据模型的可修改性可以节省系统维护的代价。

3. 多维表设计实例

下面通过一个例子说明从业务数据的 E-R 图变换成一个多维表。

(1) 业务数据的 E-R 图。图 3-10 为一组业务数据的 E-R 图。

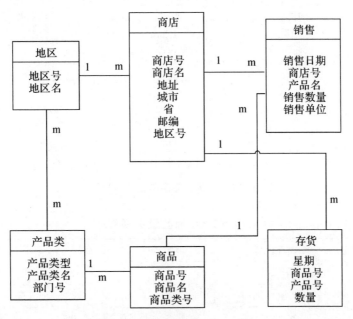

图 3-10　实体关系 E-R 图

(2) E-R 图向多维表转换。假如关心销售事实这个主题,则需要建立销售事实的主题多维表模型。首先需要确定该问题的维数。在销售事实的多维表模型中,我们关心的是在何时何处销售了哪些商品,因此该主题的维数中应该包含商品维、地区维和时间维。进一步细分,商品维应包括部门、商品大类和商品,地区维包括地区和商店,忽略存货,而只注意销售事实。在 E-R 图中没有出现的时间维,在多维模型中进行增加,如图 3-11 所示。

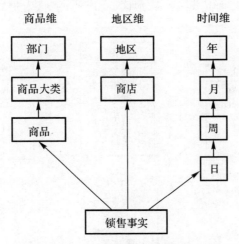

图 3-11　E-R 图向多维模型的转换

在多维模型中,实体与维之间建立映射关系,属于一个以上的实体就成为事实,然后用维关键字将它转换为星型模型,如图 3-12 所示。其中地区维综合了"地区"和"商店"两个实体,它们有一个层次的差别。将"商店"定为 1 级,"地区"定为 2 级,该维的关系表见表 3-5。

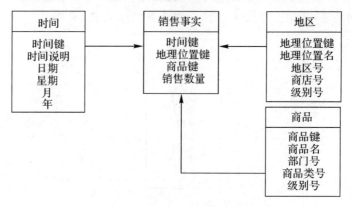

图 3-12 用维关键字制定的星型模型

表 3-5 地区维关系表

地理位置键	地理位置名	地区号	商店号	级别号
100	华东地区	1	2011	2
105	中西部	2	2220	2
110	中南地区	3	2005	2
115	沈阳	1	2204	1
120	西安	2	2349	1
125	长春	1	2542	1
130	广州	3	2211	1

在各维中,没有对部门、商品类、商品、地区、商店的说明,增加这些字段的说明,并修改该星型模型,如图 3-13 所示。

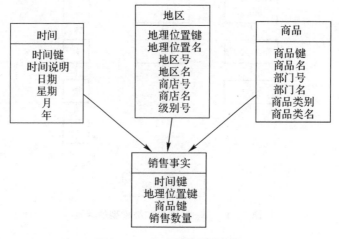

图 3-13 修改后的星型模型

3.4 联机分析处理

联机分析处理(On Line Analytical Processing,OLAP)最早由关系数据库之父 E. F. Codd 于 1993 年提出。当时,Codd 认为随着企业数据量的急剧增加,联机事务处理(On Line Transaction Processing,OLTP)已经不能满足终端用户对数据库查询分析的需要,SQL 对大数据库进行的简单查询及报告已不能满足用户分析的需求,决策分析需要对关系数据库进行大量的计算才能得到结果,而且查询的结果并不能满足决策者所提出的问题。因此 Codd 提出了多维数据库和多维分析的概念,即 OLAP 的概念。在数据仓库系统中,联机分析处理是重要的数据分析工具。OLAP 的基本思想是企业的决策者应能灵活地操纵企业的数据,从多方面和多角度以多维的形式来观察企业的状态和了解企业的变化。

3.4.1 OLAP 概念

随着 IT 技术的发展,人们利用计算机技术生产和搜集数据的能力大幅度提高,大量的数据库被用于商业管理、政府办公、科学研究和工程开发等。于是,人们面临着一种新的挑战:如何在过量的信息中发现有用的知识或者规律,从而提高信息利用率。而 OLAP 是解决这类问题的最有力工具之一。

OLAP 被专门设计用于支持复杂的分析操作,侧重为分析人员和高层管理人员提供决策支持,可以按照分析人员的要求,快速、灵活地进行大数据量的复杂查询处理,并且以一种直观易懂的形式将查询结果提供给决策制定人,以便他们准确掌握企业的经营状况,了解市场需求,制定正确方案,增加效益。

在决策活动中,决策人员需要的数据往往不是单一指标或单一的值,他们希望能够从多个角度观察某个指标或者某个值,或者找出这些指标之间的关系。比如,决策者可能想知道"东北地区和西南地区今年一季度和去年一季度在销售总额上的对比情况,并且销售额按 10 万~50 万、50 万~100 万以及 100 万以上分组"。上面的问题是比较有代表性的,决策所需数据总是与一些统计指标,如销售总额、观察角度(如销售区域、时间)和不同级别的统计有关,这种观察数据的角度称为维。可以说决策数据是多维数据,多维数据分析是决策分析的主要内容。但传统的关系数据库系统及其查询工具对于管理和应用这样复杂的数据显得力不从心。

OLAP 是在 OLTP 的基础上发展起来的,OLTP 是以数据库为基础的,面对的是操作人员和低层管理人员,对基本数据进行查询和增、删、改等处理。而 OLAP 是以数据仓库为基础的数据分析处理。它有两个特点:一是在线性(on line),体现为对用户请求的快速响应和交互式操作,它的实现是由客户/服务器这种体系结构来完成的;二是多维分析(multi-dimension analysis),也是 OLAP 的核心所在。

OLAP 超越了一般查询和报表的功能,它是建立在一般事务操作之上的另外一种逻辑步骤,因此,它的决策支持能力更强。在多维数据环境中,OLAP 为终端用户提供了复杂的数据分析功能。通过 OLAP,高层管理人员能够通过浏览、分析数据去发现数据的变化趋势、特征以及一些潜在的信息,从而更好地帮助他们了解商业活动的变化。目前,比较普遍接受的 OLAP 的定义有两种。

1. OLAP 理事会给出的定义

OLAP 是一种软件技术,它使分析人员能够迅速、一致、交互地从各个方面观察信息,以达到深入理解数据的目的。这些信息是从原始数据转换过来的,按照用户的理解,反映了企业真实的各方面情况。

企业的用户对企业的观点是多维的。如对销售来说,不仅可从生产这方面看,还与地点、时间等有关,这就是要求 OLAP 模型是多维的原因。这种多维用户视图可使得分析者通过一种更为直观的角度进行模型的设计和分析。

OLAP 的大部分策略都是将关系型的或普通的数据进行多维数据存储,以便于进行分析,从而达到联机分析处理的目的。这种多维数据库,也被看作超立方体,沿着各个维的方向存储数据,它允许用户沿事物的轴线方便地分析数据。

2. OLAP 简单定义

随着人们对 OLAP 理解的不断深入,有些学者提出了更为简要的定义,即联机分析处理是共享多维信息的快速分析(fast analysis of shared multidimensional information)。它体现了以下 4 个特征。

(1)快速性(fast):用户对 OLAP 的快速反应能力有很高的要求。系统应能在 5 s 内对用户的大部分分析要求做出反应,如果终端用户在 30 s 内没有得到系统的响应,则会失去分析主线索,影响分析的质量。

(2)可分析性(analysis):OLAP 系统应能处理与应用有关的任何逻辑分析和统计分析。尽管系统需要一些事先的编程,但并不意味着系统事先已对所有的应用都定义好了。

(3)多维性(multidimensional):多维性是 OLAP 的关键属性。系统必须提供对数据分析的多维视图和分析,包括对层次维和多重层次维的完全支持。

(4)信息性(information):不论数据量有多大,也不管数据存储在何处,OLAP 系统应能及时获得信息,并且管理大容量的信息。

用于实现 OLAP 的技术主要包括客户/服务器体系结构、时间序列分析、面向对象、并行处理、数据存储优化以及多线索技术等。

3.4.2 OLAP 的准则

1993 年,E. F. Codd 与其同事在 Arbor 软件公司发表的白皮书《Providing OLAP to User Analysts:an IT Mandate》中提出了多维数据库和在线分析处理(OLAP)的概念,同时也提出了在线分析处理 OLAP 的准则。Codd 提出的 OLAP 十二条准则如下。

1. 多维概念视图

从用户分析员的角度来看,用户通常以多维角度来看待企业,企业决策分析的目的不同,决定了分析和衡量企业的数据总是从不同的角度来进行的,因此企业数据空间本身就是多维的,OLAP 的概念模型也应是多维的。用户可以简单、直接地操作这些多维数据模型。例如,用户可以对多维数据模型进行切片、切块,改变坐标或旋转数据。

2. 透明性

透明性准则包括两层含义:首先,OLAP 在体系结构中的位置对用户是透明的。OLAP 应处于一个真正的开放系统结构中,它可使分析工具嵌入用户所需的任何位置,而不会对宿主工具的使用产生副作用。同时必须保证 OLAP 的嵌入不会引入和增加任何复杂性。其次，OLAP 的数据源对用户也是透明的。用户只需使用熟悉的查询工具进行查询，而不必关心输入 OLAP 工具的数据是来自于同质还是异质的数据源。

3. 存取能力

OLAP 系统不仅能进行开放的存取，而且还提供高效的存取策略。OLAP 用户分析员不仅能在公共概念视图的基础上对关系数据库中的数据进行分析，而且在公共分析模型的基础上还可以对关系数据库、非关系数据库和外部存储的数据进行分析。要实现这些功能，就要求 OLAP 能将自己的概念视图映射到异质的数据存储上，并可访问数据，还能进行所需的转换，以便给出单一的、连贯的、一致的用户视图。另外，物理数据来源于何种系统，这对用户来说也是透明的，进行处理的是 OLAP 工具而不是用户分析员，只有 OLAP 工具才需要了解它。这是提供 OLAP 工具透明性准则的基础之一。OLAP 系统应使系统只存取与指定分析有关的数据，避免多余的数据存取。

4. 一致稳定的报表性能

当数据维数和数据的综合层次增加时，提供给最终分析员的报表能力和响应速度不应该有明显的降低，即报表操作不应随维数的增加而削弱。即便是当用户数据模型改变时，关键数据的计算方法也无须更改。也就是说，OLAP 系统的数据模型对企业的数据模型应该具有"鲁棒"性。

5. 客户/服务器体系结构

OLAP 是建立在客户/服务器体系结构上的。OLAP 工具的服务器构件应有足够的智能，以便各种客户只须做较少的工作，使用最少的集成程序就能与其组合起来。这要求它的多维数据库服务器能够被不同的应用和工具所访问，服务器端应以最小的代价完成同多种服务器之间的挂接任务，智能化服务器必须具有在不同逻辑的和物理的数据库间映射并组合数据的能力，还应具有构造通用的、概念化的、逻辑的和物理的模式，从而保证透明性和建立统一的公共概念模式、逻辑模式和物理模式。客户端负责应用逻辑及用户界面。

6. 维的等同性

每一数据维在其结构和操作功能上必须等价。可能存在适用于所有维的逻辑结构，提供给某一维的任何功能也应可以提供给其他维，即系统可以将附加的操作能力应用于所选维，同时保证该操作能力也可以应用于任意的其他维，即要求在维上的操作是公共的。该准则实际上是对维的基本结构和维上的操作的要求。

7. 动态稀疏矩阵处理

OLAP 服务器的物理结构应完全适用于特定的分析模式，创建和加载此种模式是为了提供优化的稀疏矩阵处理。当存在稀疏矩阵时，OLAP 服务器应能推知数据是如何分布的，以及怎样存储才更有效。该准则包括两层含义：第一，对任意给定的稀疏矩阵，存在一个最优的物理视图，该视图能提供最大的存储效率和矩阵处理能力。稀疏度是数据分布的一个特征，不适应数据集合的数据分布，将会影响系统快速、高效的操作。第二，OLAP 工具的基本物理数据单元可配置给可能出现的维的子集。同时，还能提供动态可变的访问方法且包含多种存取机制，如直接计算地址、B 树索引、哈希算法或这些技术的组合。访问速度不会因数据维的多少、数据集的大小而变化。

如果分析要求较为单一和固定,那么确实有可能针对它建立起一个最优的、静态的、具有固定维数的物理模式。但实际上,需求的特点就是具有不确定性,因此建立静态模式是不现实的,OLAP必须使模型的物理模式充分适应指定的维数,尤其是适合特定模型的数据分布。

8.多用户支持

OLAP工具应提供并发访问、数据完整性及安全性等功能。当多个用户要在相同的分析模式上并行工作,或是在同一企业数据上建立不同的分析模型时,都需要这些功能的支持。

实际上,OLAP工具必须支持多用户也是为了更加适合数据分析工作的特点。鼓励以工作组的形式来使用OLAP工具,这样多个用户可以交换各自的想法和分析结果。

9.非限定的跨维操作

在多维数据分析中,所有维的生成和处理都是平等的。OLAP上应能处理维间的相关计算。如果计算时需要按语言定义各种规则,此种语言应允许计算和数据操作能跨越任意数目的数据维,且不需要限制数据单元间的任何关系,也不必考虑每一单元所包含的通用数据属性的数目。

10.直接数据操作

OLAP操作应直观易懂。如果要重定向联系路径或在维或行间进行细剖操作,都应该通过直接操作分析模型单元来完成,而不需要使用菜单,也不需要跨越用户界面进行多次操作,即综合路径重定位向上综合、向下钻取和其他操作都可以通过直观、方便的点、拉操作完成。在分析模型中定义的维应包含用户分析所用的所有信息,从而可以进行任意继承操作。

11.灵活的报表

使用OLAP服务器及其工具,用户可以按任何想要的方式来操作、分析、综合和查看数据,这些方式包括创建逻辑组或将行、列及单元按需要依次排放。报表机制也应提供此种灵活性,报表必须能从各种可能的方面显示出从数据模型中综合出的数据和信息,充分反映数据分析模型的多维特征,并可按用户需要的方式来显示它。

12.不受限制的维和聚类级别

OLAP服务器应能在一通用分析模型中协调至少十五个维。每一通用维应能允许有任意个用户定义的聚集,而且用户分析员可以在任意给定的综合路径上建立任意多个聚集层次。

3.4.3 OLAP中常用的基本概念

OLAP是针对特定问题的联机数据进行访问和分析。通过对信息的很多种可能的观察形式进行快速、稳定一致和交互性的存取,允许管理决策人员对数据进行深入观察。为了对OLAP技术有更深入地了解,这里主要介绍在OLAP中常用的一些基本概念。

1.变量

变量是数据的实际意义,即描述数据是"什么"。一般情况下,变量总是一个数值度量指标,例如:"人数""单价""销售量"等都是变量。

2.维

维是人们观察数据的特定角度。例如,企业常常关心产品销售数据随着时间推移而产生的变化情况,这是从时间的角度来观察产品的销售,因此时间是一个维(时间维)。企业也时常关心自己的产品在不同地区的销售分布情况,这是从地理分布的角度来观察产品的销售,因此地理分布也是一个维(地理维)。其他还有如产品维、顾客维等。

3. 维的层次

人们观察数据的某个特定角度(即某个维)还可以存在细节程度不同的多个描述方面,这多个描述方面被称为维的层次。一个维往往具有多个层次,例如,描述时间维时,可以从日期、月份、季度、年等不同层次来进行描述,那么日期、月份、季度、年等就是时间维的层次;同样,城市、地区、国家等构成了地理维的层次。

4. 维成员

维的一个取值称为该维的一个维成员。如果一个维是多层次的,那么该维的维成员是由各个不同维层次的取值组合而成的。例如,考虑时间维具有日期、月份、年这三个层次,分别在日期、月份、年上各取一个值组合起来,就得到了时间维的一个维成员,即"某年某月某日"。一个维成员并不一定在每个维层次上都要取值,例如,"某年某月""某月某日""某年"等都是时间维的维成员。对应一个数据项来说,维成员是该数据项在某维中位置的描述。例如,对一个销售数据来说,时间维的维成员"某年某月某日"就表示该销售数据是"某年某月某日"的销售数据,"某年某月某日"是该销售数据在时间维上位置的描述。

5. 多维数组

一个多维数组可以表示为(维 1,维 2,…,维 n,变量)。例如,若日用品销售数据是按时间、地区和销售渠道组织起来的三维立方体,加上变量"销售额",就组成了一个多维数组(地区,时间,销售渠道,销售额),如果在此基础上再扩展一个产品维,就得到一个四维的结构,其多维数组为(产品,地区,时间,销售渠道,销售额)。

6. 数据单元(单元格)

多维数组的取值称为数据单元。当多维数组的各个维都选中一个维成员,这些维成员的组合就唯一确定了一个变量的值。那么数据单元就可以表示为(维 1 维成员,维 2 维成员,…,维 n 维成员,变量的值)。例如,在产品、地区、时间和销售渠道上各取维成员"牙膏""上海""2020 年 12 月"和"批发",就唯一确定了变量"销售额"的一个值(假设为 1 000),则该数据单元可表示为(牙膏,上海,2020 年 12 月,批发,1 000)。

3.4.4 OLTP 与 OLAP 的关系与比较

现代的数据库存储海量的数据,经常每天处理成千上万的事务,OLTP 在查找业务数据时是非常有效的,但在为决策者提供总结性数据时则显得力不从心,这就需要 OLAP 技术。OLAP 是一项提供给数据分析人员以灵活、可用和及时的方式构造、处理和表示综合数据的技术。例如,问题"查看去年西北地区的销售数据,按省、季度和产品分类"。首先要 OLTP 从数据库中抽取数据,这通常需要大量的时间;然后,同样要用大量的时间用一个查询语句来检索 4 个季度每个月的销售数据。而 OLAP 技术可以在数秒中(通常是 5～30 s)完成这样的问题。

OLAP 主要是关于如何理解所聚集的大量不同的数据。与 OLTP 应用程序不同,OLAP 包含许多具有复杂关系的数据项。OLAP 的目的就是分析这些数据,寻找模式、趋势以及例外情况。

1. OLAP

OLAP 是决策人员和高层管理人员对数据仓库进行信息分析处理。一个典型的 OLAP 查询可能要访问一个多年的销售数据库,以便能找到在每一个地区的每一种产品的销售情况。在得到这些数据后,分析人员可能会进一步地细化查询,在以地区、产品分类的情况下查明每一个销售渠道的销售量,最后,分析人员可能会针对于每一个销售渠道进行年与年或者季度与季度的比较。其整个过程必须被联机执行,并要有快速的响应时间以便分析过程不受外界干扰。联机分析处理可以被刻画为具有下面特征的联机事务。

(1)可以存取大量的数据,比如,几年的销售数据,分析各个商业元素类型之间的关系,如销售、产品、地区、渠道。

(2)要包含聚集的数据,如销售量、预算金额以及消费金额。

(3)按层次对比不同时间周期的聚集数据,如以月、季度或者年。

(4)以不同的方式来表现数据,如以地区、或者每一地区内按不同销售渠道、不同产品等。

(5)要包含数据元素之间的复杂的计算,如在某一地区的每一销售渠道的期望利润与销售收入之间的分析。

(6)能够快速地响应用户的查询,以便用户的分析思考过程不受系统影响。

OLAP 服务器允许用户使用熟悉的工具方便地存取不同的数据源。快速响应时间是 OLAP 中的关键因素。它分批处理报表,应用程序中的信息必须快速可得,以便执行进一步的分析。为了使分析过程变得容易,OLAP 应用程序经常以诸如电子表格这样容易辨识的形式提交数据。

2. OLTP

OLTP 是操作人员和低层管理人员利用计算机网络对数据库中的数据进行查询、增、删、改等操作,以完成事务处理工作。OLTP 以快速事务响应和频繁的数据修改为特征,用户利用数据库可快速地处理具体业务。OLTP 应用时有频繁的写操作,因此数据库要提供数据锁、事务日志等机制。OLTP 应用要求多个查询并行,以便将每个查询的执行分布到一个处理器上。

OLTP 应用程序包含大量相对简单的事务,对这些事务通常只是需要获取或更新其中的一小部分数据(通常小于 100 B),且这些表之间的关系通常是很简单的。

OLTP 的特点在于事务量大,但事务内容比较简单且重复率高。大量的数据操作主要涉及的是一些增、删、改操作,但操作的数据量不大且多为当前数据,一般仅涉及一张或几张表的少数记录,因此 OLTP 适于处理高度结构化的信息。与其相适应的是,在数据组织方面 OLTP 以应用为核心,是应用驱动的,数据模型采用实体-关系(E-R)模型。

3. OLAP 与 OLTP 的对比

OLTP 处理的数据是高度结构化的,涉及的事务比较简单,因此复杂的表关联不会严重影响性能。反之,OLAP 的一个查询可能涉及数万条记录,这时复杂的连接操作会严重影响性能。在 OLTP 系统中,数据访问路径是已知的,至少是相对固定的,应用程序可以在事务中使用具体的数据结构(如表、索引等)。而 OLAP 使用的数据不仅有结构化数据,而且有非结构化数据,用户常常是在想要某种数据前才决定去分析该数据。因此数据仓库系统中一定要为用户设计出更为简明的数据分析模型,这样才能为决策支持提供更为透明的数据访问。

OLTP 是以数据仓库为基础的,其最终数据来源来自底层的数据库系统,但由于两者面对的用户不同,OLTP 面对的是操作人员和低层管理人员,OLAP 面对的是决策人员和高层管理人员,因而数据的特点与处理也明显不同。OLTP 和 OLAP 是两类不同的应用,它们的各自特点见表 3-6。

表 3-6 OLTP 与 OLAP 对比表

项 目	OLTP	OLAP
用户	业务人员、DBA、数据库专业人员	经理、主管、数据分析员
特征	面向事务、操作处理	面向分析、信息处理
功能	日常操作处理	长期信息需求、决策支持
DB 设计	基于 E-R、面向应用	星型或雪花、多维结构、面向主题
数据	当前的、最新的、细节的、二维的、孤立的	历史的、聚合的、多维的、集成的、统一的
视图	详细	聚合的、多维的
存取规模	读/写数十(甚至数百)条记录、可更新	大多为上百万(甚至上亿)条记录,不可更新,周期性刷新
操作单位	简短的事务	复杂的查询
访问记录	主关键字上索引、数十次	大量扫描、数百万次
用户数	数百个~数千、数万个	数个~数百个
DB 大小	100 MB~100 GB	100 GB~100 TB
优先	高性能、高可用性	高灵活性、用户可定制、高性能
衡量标准	事务吞吐量	查询吞吐量、响应时间

3.4.5 OLAP 的多维数据分析

OLAP 的目的是为决策管理人员提供一种灵活的数据分析、展现的手段,这是通过多维数据分析实现的。基本的多维数据分析概念包括切片、切块、旋转等。随着 OLAP 的深入发展,OLAP 也逐渐具有了计算和智能的能力,这些能力称为广义 OLAP 操作。

1. 基本功能

在线分析处理比较常用的操作包括对多维数据的切片、切块、上钻、下钻以及旋转等。此外，在线分析处理还能对多维数据进行深加工。在线分析处理的这些操作使用户能从多个视角观察数据，并以图形、报表等多种形式表示，从而获取隐藏在数据中的信息。下面以表3-7为例介绍几种在线分析处理操作。图3-14为对应的立方体(为了表达的简洁，以下几个图中的度量省略了%)。

表3-7 服装销售者个人资料情况表

性别	年龄/岁	月收入			
		无/(%)	较低/(%)	中档/(%)	较高/(%)
女	<16	6.3	0.9	2.3	1.6
	16~20	16.1	3.5	0.8	1.6
	21~25	29.3	28.1	29.7	19.0
	26~30	15.7	22.7	27.3	25.4
	31~35	9.6	12.2	18.8	14.3
	36~40	9.5	12.8	8.6	14.3
	>40	13.5	19.8	12.5	23.8
男	<16	6.6	1.0	2.9	1.5
	16~20	29.0	5.5	5.8	5.9
	21~25	34.8	36.1	32.0	25.0
	26~30	15.0	29.0	27.2	30.9
	31~35	6.6	12.6	15.5	23.5
	36~40	2.9	5.7	4.9	8.8
	>40	5.1	10.1	11.7	4.4

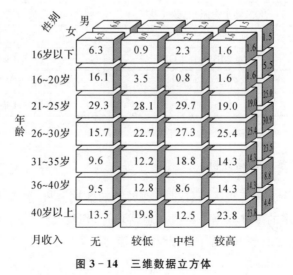

图3-14 三维数据立方体

(1)切片与切块。选定多维数组的一个二维子集的操作叫作切片,即选定多维数组(维1,维2, …,维n,变量)中的两个维:如维i和维j,在这两个维上取某一区间或任意维成员,则得到多维数组在维i和维j上的一个二维子集,称这个二维子集为多维数组在维i和维j上的一个切片,表示为(维i,维j,变量)。

切片就是在某两个维上取一定区间的维成员或全部维成员,而在其余维上只选一个维成员的操作。如图3-15所示,在服装消费者分析中,对"性别、年龄、月收入"三维立方体选取年龄段进行切片,可得到26～30岁年龄段不同月收入下男女消费者的购买信息。

图3-15 多维数据立方体的切片

通常把在多维数组中选定一个三维子集的操作视为切块。图3-16为多维数组(a)选取年龄段21～30岁进行切块,可得到此年龄段不同月收入下男女消费者的购买情况(性别,21～30岁,月收入,购买百分比)。类似地,多维数组(b)和多维数组(c)均对应图3-16的多维立方体的切块。

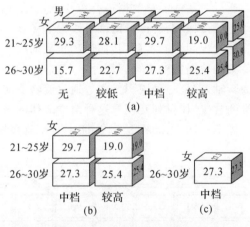

图3-16 多维立方体的切块

由图3-15和图3-16可以看出,当某维只取一个维成员时,便得到一个切片,切块则是某一维取值范围下的多个切片的叠合。通过对立方体的切片或切块分割,可以从不同视角得到各种数据,包括各个年龄段下女性顾客在不同月收入下的服装购买情况,或者是中档收入下不同年龄段的购买情况。可以看出,切片与切块的作用是对分析的数据进行过滤,使用户专注于局部信息。

(2)钻取。钻取包括上钻、下钻等操作。钻取能够帮助用户获得更多的细节性数据。

上钻又称为上卷。上钻操作是指通过一个维的概念分层向上攀升或者通过维归约在数据立方体上进行数据汇总。

下钻是上钻的逆操作,通过对某一汇总数据进行维层次的细分(沿维的概念分层向下)分析数据。下钻使用户对数据能够获得更深入的了解,更容易发现问题的本质,从而做出正确的决策。钻取使用户不会再被海量的数据所蒙蔽,上钻使用户可以站在更高的层次观察数据,下钻则可以细化到用户所关心的详细数据。钻取的深度与维所划分的层次相对应,根据用户关心的数据粒度来合理划分。

上钻又称为上卷(roll-up)。上钻操作是指通过一个维的概念分层向上攀升或者通过维归约在数据立方体上进行数据汇总。例如,在服装购买顾客调查中,可以按月收入分段汇总数据,把较低、中档与较高归约为"有收入",便可以得到沿月收入维上钻的数据汇总;也可以按年龄分段汇总数据,把 16 岁以下与 16~20 岁归约为"青少年",21~25 岁、26~30 岁与 31~35 岁归约为"青年",36~40 岁与 40 岁以上归约为"中老年",从而得到沿年龄段维上钻的数据汇总视图,如图 3-17 所示。

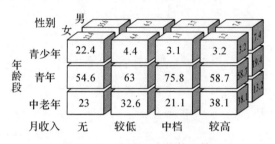

图 3-17 多维立方体的上钻

下钻是上钻的逆操作,通过对某一汇总数据进行维层次的细分(沿维的概念分层向下)分析数据。对图 3-17 所示的年龄段数据进行下钻就可以得到图 3-14。下钻使用户对数据能够获得更深入的了解,更容易发现问题的本质,从而做出正确的决策。钻取的深度与维所划分的层次相对应,根据用户关心的数据粒度来合理划分。

(3)旋转。旋转又称为转轴,它是一种视图操作。通过旋转变换一个报告或页面显示的维方向,在表格中重新安排维的放置,如行列互换。这种对立方体的重定位可以得到不同视角的信息。以三维立方体为例,图 3-18 是将图 3-14 的月收入维和年龄维对换后得到的数据视图。

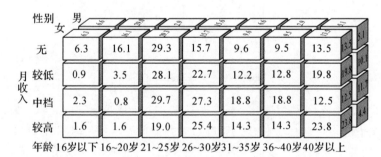

图 3-18 多维立方体的旋转

3.4.6 OLAP 实例

假设有一个 5 维数据模型,5 个维分别为商店、方案、部门、时间、销售。

1. 多维数据存储

指定"商店=ALL,方案=现有"情况的三维表(行为部门,列为时间和销售量)见表 3-8。

表中无括号数为增长率,有括号数为下降率。对于汽车部门出现的奇怪现象,销售下降了13.2%,而利润却增加了21.4%,此时进行向下钻取。

表3-8 指定商店、方案后的三维表

	2020		2021		增长率/(%)	
	销售量	利率增长/(%)	销售量	利率增长/(%)	销售量	利率增长
服装	234 670	27.2	381 102	21.5	62.4	(20.0)
家具	62 548	33.8	66 005	31.1	5.6	(8.0)
汽车	375 098	22.4	325 402	27.2	(13.2)	21.4
所有其他	202 388	21.3	306 677	21.7	50.7	1.9

2. 向下钻取

对汽车部门向下钻取出具体项目的销售情况和利润增长情况,见表3-9。

表3-9 下钻数据

	2020		2021		增长率/(%)	
	销售量	利率增长/(%)	销售量	利率增长/(%)	销售量	利率增长
汽车	375 098	22.4	325 402	27.2	(13.2)	21.4
维修	195 051	14.2	180 786	15.0	(7.3)	5.6
附件	116 280	43.9	122 545	47.5	5.3	8.2
音乐	63 767	8.2	22 071	14.2	(63.4)	7.3

3. 切片表

切片(slice)操作是除去一些列或行不显示,见表3-10。

表3-10 切片表

	2019销售量
服饰	381 102
家具	66 005
汽车	325 402
所有其他	306 677

4. 旋转表

方案维加入销售维中。方案维有3种情况:现有(actual)、计划(plan)、最新预测(update forecast),这次旋转操作得到2019年的交叉表方案为现有、计划、差量、差量/(%),见表3-11。

表 3-11 旋转表

	2019 销售量			
	现有	计划	差量	差量/(%)
服饰	381 102	350 000	31.1	8.9
家具	66 005	59 000	(2,995)	(4.3)
汽车	325 402	300 000	25,402	8.5
所有其他	306 677	350 000	(44,322)	12.7

3.5 思考与练习

1. 简述数据仓库的特点，为什么需要创建数据仓库？
2. 构建多维数据模型的主要步骤包括哪些？
3. 简要说明数据仓库和数据集市的区别和联系。
4. OLAP 有哪些特点？
5. 衡量 OLAP 产品的 12 条准则是什么？
6. 某大学教务系统中记录了近 4 年每个学每个学期的选课情况，记录了每个学生选的每门课程、授课教师、时间(学期)以及最终成绩，为了统计每个学生所修课程的个数、总学分、总成绩以及平均成绩等度量，请完成以下工作：

(1)设计度量以及每个维度的层次。

(2)假设所有课程都是百分制的，试构建星型模型，维度包括学生、教师、时间、课程。

(3)如果某些课程的最终成绩不是具体分数，而是"优、良、通过、不通过"，则应该如何设计星型模式以体现该信息？

(4)假设 4 个维度中每个维度均有 4 个层次，度量的个数为 3，则立方体的个数为多少？

第4章 关联分析

关联规则最初提出的动机是针对购物篮分析(market basket analysis)问题提出的。假设分店经理想更多地了解顾客的购物习惯。特别是想知道顾客可能会在一次购物时同时购买哪些商品？为了回答该问题,可以对商店的顾客事务零售数量进行购物篮分析。该过程通过发现顾客放入"购物篮"中的不同商品之间的关联,分析顾客的购物习惯。这种关联的发现可以帮助零售商了解顾客购物时,喜欢同时购买哪些商品,从而帮助他们开发更好的营销策略。

4.1 关联规则挖掘的基本概念

若两个或多个变量的取值之间存在某种规律性,就称为关联。关联规则是寻找在同一个事件中出现的不同项的相关性,比如在一次购买活动中所购买不同商品的相关性。关联分析又称关联挖掘,就是在交易数据、关系数据或其他信息载体中,查找存在于项目集合或对象集合之间的关联、相关性或因果结构。或者说,关联分析是发现交易数据库中不同商品(项)之间的联系。

关联分析是一种简单、实用的分析技术,就是发现存在于大量数据集中的关联性或相关性,从而描述了一个事物中某些属性同时出现的规律和模式。关联分析的一个典型例子是购物篮分析。其他的应用还包括价目表设计、商品促销、商品的排放和基于购买模式的顾客划分等。

对数据的关联分析可得出其中一些隐含的知识,如"由于某些事件的发生而引起另外一些事件的发生"之类的规则。如"67%的顾客在购买啤酒的同时也会购买尿布",因此通过合理的啤酒和尿布的货架摆放或捆绑销售可提高超市的服务质量和效益。又如"C语言"课程优秀的同学,在学习"数据结构"时为优秀的可能性达88%,那么就可以通过强化"C语言"的学习来提高教学效果。

例4-1 表4-1给出了一个超市几名顾客的交易信息,通常称其为购物篮交易(market basket transaction)。表中每一行对应一个交易,包含一个唯一标识交易编码(TID)和特定顾客购买的商品集合。

表4-1 某超市几名顾客的交易数据信息

TID	Items
001	Cola, Egg, Ham
002	Cola, Diaper, Beer
003	Cola, Diaper, Beer, Ham
004	Diaper, Beer

为了更好地了解关联分析的算法,首先给出关联分析的一些基本概念的定义。

1. 事务库

表 4-1 所示的二维数据集就是一个购物篮事务库。该事务库中记录的是顾客购买商品的行为(也叫作交易数据库)。这里的 TID 表示一次购买行为的编号,Items 表示顾客购买了哪些商品。

2. 事务

事务库中的每一条记录被称为一笔事务。在表 4-1 的购物篮事务中,每一笔事务都表示一次购物行为。

3. 项集

包含 0 个或者多个项的集合称为项集。在购物篮事务中,每一样商品就是一个项,一次购买行为包含了多个项,把其中的项组合起来就构成了项集。一个项集可表示为

$$I=\{i_{j1},i_{j2},\cdots,i_{jp}\},i_{ji}\in I \qquad (4-1)$$

每个项集中所包含的项的个数被称为项的长度,一个长度为 k 的项集又被称为 k 项集。表 4-1 中,{Diaper, Beer} 就是一个 2 项集。

4. 支持度计数

项集在事务中出现的次数被称为支持度计数。例如:{Diaper, Beer}这个项集在事务库中一共出现了 3 次,那么它的支持度计数就是 3。

5. 支持度

包含项集的事务在所有事务中所占的比例称为支持度,其中 N 是所有事务的数量。在上面的例子中得到了{Diaper, Beer}项集的支持度计数是 3,事务库中一共有 4 条事务,那么{Diaper, Beer}项集的支持度为

$$\text{support}(X)=P(X)=\frac{\text{count}(X)}{|D|} \qquad (4-2)$$

项集 X 的支持度可理解为交易中所包含的 X 的概率,可以用当前数据集中 X 所占比例近似表示,count(X) 表示 X 的出现次数,$|D|$ 是数据集包含的项集个数。在表 4-1 中,{Diaper, Beer} 的支持度为 3/4,{Cola, Diaper} 的支持度为 1/2。

6. 频繁项集

如果对项目集的支持度设定一个最小阈值,那么所有支持度大于这个阈值的项集就是频繁项集。对于一个项集 X,若最小支持度为 min_sup,且 sup(X)≥min_sup,则 X 称为频繁项集(frequent item set),也可以说 X 是频繁的。有关频繁项集的例子见表 4-2。

表 4-2 某商场的交易记录数据库

TID	Items
1	abc
2	abcd
3	bce
4	acde
5	de

TID 为事务编号,Item 为事务数据集的内容。

假设现在有项集 $S_1=\{b,c\}$,它出现在表 4-2 中的 TID 为 1、2、3 的事务中,因此 S_1 的支持度计数为 3,支持度为 3/5。如果支持度阈值小于 60%,那么 S_1 就是一个频繁集。

7. 超集(Superset)

若一个集合 S_2 中的每一个元素都在集合 S_1 中,且集合 S_1 中可能包含 S_2 中没有的元素,则集合 S_1 就是 S_2 的一个超集,S_2 是 S_1 的真子集,反之亦然。

对于表 4-2 中的例子,令集合 $S_1=\{b,c\}$,那么它就是集合 $\{b\}\{c\}$ 的超集。S_1 也是集合 $\{a,b,c\}$ 的真子集。

8. 最大频繁项集(Max Pattern/Maximal Frequent Itemset)

如果频繁项集 L 的所有超集都是非频繁项集,那么称 L 为最大频繁项集或最大频繁模式,记为 MFI(Maximal Frequent Itemset)。

最大频繁项集中包含了频繁项集的频繁信息,且通常最大频繁项集的规模比其超集要小几个数量级。因此在数据集中含有较长的频繁模式时挖掘最大频繁项集是非常有效的手段。

在表 4-2 的例子中,令集合 $S_1=\{b,c\}$,最小支持度阈值为 60%,那么 S_1 就是一个频繁项集,S_1 的超集见表 4-3。

表 4-3 S_1 的超集及支持度

Supperset	Count
abc	2
bcd	1
bce	1
abcd	1
abce	0
bcde	0
abcde	0

可见,S_1 的超集的支持度都小于 60%,因此它们都不是频繁项集,即 S_1 的所有超集都不是频繁项集,而 S_1 是频繁项集,所以 S_1 是最大频繁项集。

9. 闭合频繁项集(Close Pattern)

若一个项集 X,它的直接超集的支持度计数都不等于它本身的支持度计数,则称 X 为闭项集。如果闭项集同时是频繁的,也就是它的支持度大于等于最小支持度阈值,则称它为闭合频繁项集。

在表 4-2 的例子中,项集 $\{b,c\}$ 出现在 TID 为 1、2、3 的事务中,$\{b,c\}$ 的支持度计数为 3。而 $\{b,c\}$ 的直接超集 $\{a,b,c\}\{a,b,c,d\}\{b,c,e\}$ 的支持度计数分别为 2、1、1,都不等于 $\{b,c\}$ 的支持度计数 3,因此 $\{b,c\}$ 为闭项集,如果支持度阈值为 60%,则 $\{b,c\}$ 也为闭合频繁项集。

项集 $\{a,b\}$ 出现在 TID 为 1、2 的事务中,其支持度计数为 2。而它的直接超集 $\{a,b,c\}$ 支持度计数也为 2,因此 $\{a,b\}$ 不是闭项集。

10. 关联规则

关联规则是两个项集之间的蕴涵表达式，即形如 $X \rightarrow Y$ 的蕴含式，其中 X 和 Y 是两个不相交的项集，例如{Cola，Diaper}→{Beer}。在关联规则中，$X \subseteq I$ 称为规则的前件，$Y \subseteq I$ 称为规则的后件，$X \cap Y = \phi$。项集和项集之间组合可以产生很多规则，但不是每个规则都是有用的，需要一些限定条件来帮助找到强度高的规则。

(1)关联规则的支持度：规定 $X \rightarrow Y$ 的支持度为

$$\sup(X \rightarrow Y) = \sup(X \cup Y) \qquad (4-3)$$

(2)关联规则的置信度：定量评估一个频繁项集的置信度（即准确度）的统计量，用以确定 Y 在包含 X 的事务中出现的频繁程度。形式化的定义如下：

$$\mathrm{conf}(X \rightarrow Y) = \frac{\sup(X \rightarrow Y)}{\sup(X)} \times 100\% \qquad (4-4)$$

有了上述两个度量，就可以对所有规则做限定，找出有意义的规则。首先对支持度和置信度分别设置最小阈值 min_sup 和 min_conf。然后在所有规则中找出支持度≥min_sup 和置信度≥min_conf 的所有关联规则。

例 4-2 支持度和置信度的计算方法。

对表 4-4 中数据，讨论规则{Bread，Milk}→{Diaper}。包含{Bread，Milk}项的事务出现了 2 次，包含{Bread，Milk，Diaper}的事务也出现了 2 次，那么这个规则的置信度就是 1。对于关联规则定义的这两个度量是很有意义的。首先，通过对规则支持度的限定滤去没有意义的规则。从商家的角度出发，商务数据挖掘意义在于通过挖掘做出相应的战略决策产生价值。首先，如果一个规则支持度很低，说明顾客同时购买这些商品的次数很少，商家针对这个规则做决策几乎没有意义。其次，置信度越大，说明这个规则越可靠。

表 4-4 某市场几名顾客的购物清单

TID	Items
1	Bread，Diaper，Beer，Eggs
2	Bread，Diaper，Beer，Eggs
3	Milk，Diaper，Beer，Coke
4	Bread，Milk，Diaper，Beer
5	Bread，Milk，Diaper，Coke

例如定义一个规则：{尿布}→{啤酒}，即购买尿布的顾客也会购买啤酒。这是一个关联规则，这个关联规则的置信度被定义为："支持度({尿布，啤酒})/支持度({尿布})"。假设{尿布，啤酒}的支持度为 3/5，尿布的支持度为 4/5，则"尿布→啤酒"的置信度为 3/4。

从数据的统计角度来看，这意味着对于包含"尿布"的所有记录，这条规则对其中 75% 的记录都适用，或者说"{尿布}→{啤酒}，即购买尿布的顾客也会购买啤酒"这条规则的准确度达到了 75%。

从关联规则的可信程度角度来看，"购买尿布的顾客会购买啤酒"这个商业推测，有 75% 的可能性是成立的，也可以理解为做这种商业决策，可以获得 75% 的回报率期望。

如果存在一条关联规则，它的支持度和置信度都大于预先定义好的最小支持度与置信度，则称它为强关联规则;否则称为弱关联规则。

判断一个关联规则是否为强关联规则,需要设置最小支持度与最小置信度。以表 4-4 中的数据为例,假设最小支持度 min_support＝5％且最小置信度 min_conf＝70％。因此符合该超市需求的强关联规则将必须同时满足以上两个条件。若 Support({Diaper,beer})≥5％且 Confidence ({Diaper}→{beer}) ≥ 70％ 成立,则规则为关联规则。其中,Support ({Diaper,beer})≥5％在本例中的意义为:在所有的交易记录资料中,至少有 5％的交易呈现尿布与啤酒这两项商品被同时购买。Confidence({Diaper}→{beer})≥70％在此例中的意义为:在所有包含尿布的交易记录资料中,至少有 70％的交易会同时购买啤酒。因此,今后若有某消费者出现购买尿布的行为,超市将可推荐该消费者同时购买啤酒。这个商品推荐的行为是根据{Diaper}→{beer}这条关联规则,因为就该超市过去的交易记录而言,支持了"大部分购买尿布的交易,会同时购买啤酒"的消费行为。

从上面的介绍还可以看出,关联规则挖掘通常比较适用于记录中的指标取离散值的情况。如果原始数据库中的指标值是取连续的数据,则在关联规则挖掘之前应该进行适当的数据离散化,数据的离散化是数据挖掘前的重要环节,离散化的过程是否合理将直接影响关联规则的挖掘结果。

4.2　关联规则发现

关联规则挖掘过程主要包含两个阶段:第一阶段必须先从数据集合中找出所有的频繁项集(Frequent Itemsets),第二阶段再由这些频繁项集中产生强关联规则(Strong Association Rules)。

关联规则挖掘的第一阶段必须从交易数据集中找出所有频繁项集。频繁的意思是指某一项目组出现的频率相对于所有记录而言,必须达到某一水平。一项目组出现的频率称为支持度(Support),以一个包含 A 与 B 两个项目的 2-项集为例,可以由式(4-2)求得包含{A,B}项集的支持度,若支持度大于等于所设定的最小支持度(Minimum Support)阈值时,则{A,B}称为频繁项集。一个满足最小支持度的 k-项集,则称为频繁 k-项集(Frequent k-itemset),一般表示为L_k。算法可从 L_k 的项集中再产生L_{k+1},直到无法再找到更长的频繁项集为止。

关联规则挖掘的第二阶段是要产生强关联规则。先利用前一步骤的频繁 k-项集来产生所有可能的关联规则,再对规则进行筛选。在设定最小置信度(Minimum Confidence)的阈值下,若一规则所求得的置信度满足最小置信度,称此规则为强关联规则,即我们想要得到的规则。例如:经由频繁 k-项目组{A,B}所产生的规则 $A→B$,其置信度可经由式(4-4)求得,若信赖度大于等于最小信赖度,则称 $A→B$ 为关联规则。

下面讨论第一步发现频繁项集的方法。发现频繁项集的一种原始方法是枚举所有可能的项集,并计算这些项集的支持度计数。此种方法必须将每个可能项集与每个交易进行比较,如图 4-1 所示。如果候选项集包含在交易中,则候选项集的支持度计数增加。例如,由于项集{Bread,Milk}出现在事务 1、4 和 5 中,其支持度计数将增加 3 次。这种方法的开销可能非常大,因为它需要进行 $O(NMW)$ 次比较,其中 N 是交易数,$M=2^k-1$ 是候选项集数,而 W 是交易的最大宽度(也就是交易中最大的项数),k 是数据库中项的个数。

若使用原始方法寻找频繁项集,为了计算项集的支持度,即使对于仅有 4 种物品的集合,也需要遍历数据 15 次(4 种物品有 15 种组合情况,每种都要遍历数据库)。而随着物品数目的增加,遍历次数也会急剧地增加。对于包含 N 种物品的数据集,共有 2^N-1 种项集组合。事实上,出售 10 000 种或者更多物品的商店并不少见,这种组合量对于计算机而言,运算过程会变得异常缓慢。在图 4-1 中,给定交易数据库的所有可能的项集如最右边的表格所示。按照原始方法,每个项集都需要计算一遍支持度,这可能会给计算机带来大量的计算负担。

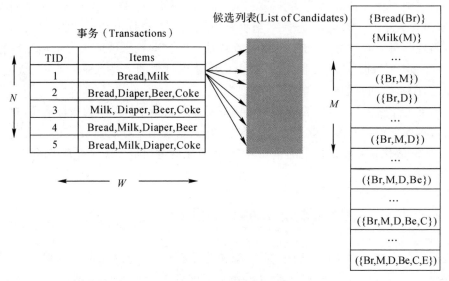

图 4-1 关联规则举例

4.3 Apriori 算法

1994 年,Agrawal 等人建立了项集格空间理论,并提出了著名的 Apriori 算法,可以有效减少项集搜索的空间。Apriori 原理是指如果某个项集是频繁的,那么它的所有子集也是频繁的。例如如果{a,b}是频繁的,那么{a}{b}也一定是频繁的。这个原理直观上并没有什么帮助,但如果反过来看就非常有用,即如果一个项集是非频繁集,那么它的所有超集也是非频繁的。至今 Apriori 仍然作为关联规则挖掘的经典算法被广泛讨论,以后诸多的研究人员对关联规则的挖掘问题进行了大量的研究。本节将介绍的 Apriori 算法用于发现所有频繁集,生成关联规则的方法将在后续小节介绍。

Apriori 算法利用了一个层次顺序搜索的循环方法来完成频繁项集的挖掘工作。这一循环方法就是利用 k-项集来产生 $k+1$-项集。具体做法就是:首先找出频繁 1-项集,记为 L_1;然后利用 L_1 来挖掘 L_2,即频繁 2-项集;如此不断循环下去,直到无法发现更多的频繁 k-项集为止,每挖掘一层就需要扫描整个数据库一遍。

Apriori 性质 1:如果一个集合是频繁项集,则它的所有子集都是频繁项集。例如:假设一个集合{A,B}是频繁项集,即 A、B 同时出现在一条记录的次数大于等于最小支持度 min_support,则它的子集{A}{B}出现次数必定大于等于 min_support,即它的子集都是频繁项集。

Apriori 性质 2:如果一个集合不是频繁项集,则它的所有超集都不是频繁项集。例如:假设集合$\{A\}$不是频繁项集,即A出现的次数小于 min_support,则它的任何超集如$\{A,B\}$出现的次数必定小于 min_support,因此其超集必定也不是频繁项集。

Apriori 算法主要利用性质2,根据定义:若一个集合不能通过测试,该集合所有超集也不能通过同样的测试。图4-2表示当发现$\{A,B\}$是非频繁集时,就代表所有包含它的超集也是非频繁的,即可以将它们都剪除。

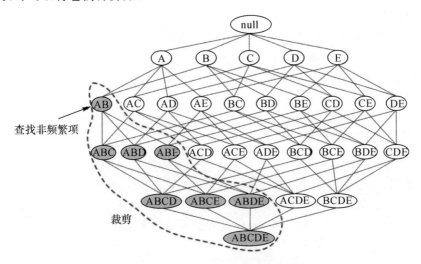

图4-2 Apriori 算法挖掘频繁项集

4.3.1 Apriori 算法基本步骤

Apriori 算法主要包括两个处理步骤:连接步骤(self-joining)和裁剪步骤(pruning)。Apriori 的算法伪代码见算法4-1。

算法4-1 Apriori 的算法

输入:数据集合D,支持度阈值α。
输出:最大的频繁k-项集。
(1) 初始化$k=1$。扫描整个数据集,得到所有出现过的项,作为候选1项集C_1。
(2) 挖掘频繁k-项集:扫描数据计算候选频繁k-项集C_k的支持度;去除候选k-项集C_k中支持度低于阈值的项集和不可能成为频繁项的项集得到频繁k-项集L_k。如果得到的频繁k-项集L_k为空,则直接返回频繁$k-1$-项集L_{k-1}的集合作为算法结果,算法结束。如果得到的频繁k-项集L_k只有一项,则直接返回频繁k-项集L_k作为算法结果,算法结束。否则继续步骤(3)。
(3) 基于频繁k-项集,连接生成候选频繁$k+1$-项集。
(4) 令$k=k+1$,转入步骤(2)。

连接步骤(self-join):为发现L_k,可以将L_{k-1}中两个项集相连以获得一个L_k的候选集合C_k。设l_1和l_2为L_{k-1}中的两个项集(元素),$l_i[j]$表示l_i中的第j个项,如$l_i[k-2]$就表示l_i中的倒数第二项。为方便起见,假设交易数据库中各交易记录中各项均已按字典排序。若L_{k-1}的连接操作记为$L_{k-1}\oplus L_{k-1}$,它表示若l_1和l_2中的前$(k-2)$项是相同的,即若有$(l_1[1]=l_2[1])\wedge\cdots\wedge=(l_1[k-2]=l_2[k-2])\wedge(l_1[k-1]<l_2[k-1])$,则$L_{k-1}$中$l_1$

和 l_2 的内容就可以连接到一起，而条件($l_1[k-1]=l_2[k-1]$)可以确保不重复的项集。

裁剪步骤(pruning)：C_k 是 L_k 的一个超集，它的各元素(项集)不一定都是频繁项集，但所有的频繁 k -项集一定都在 C_k，即有 $L_k \subseteq C_k$。扫描一遍数据库就可以决定 C_k 中各候选项集(元素)的支持度计数，并由此获得 L_k 中各个元素(频繁 k -项集)。所有频度不小于最小支持频度的候选项集就是属于 L_k 的频繁项集。然而由于 C_k 中的候选项集很多，如此操作所涉及的计算量(时间)是非常大的，为了减少 C_k 的大小，就需要利用 Apriori 性质："一个非频繁($k-1$)-项集不可能成为频繁 k -项集的一个子集"。因此若一个候选 k -项集中任一子集[($k-1$)-项集]不属于 L_{k-1}，那么该候选 k -项集就不可能成为一个频繁 k -项集，因而也就可以将其从 C_k 中删去。可以利用一个哈希表来保存所有频繁项集以便能够快速完成这一子集操作。

4.3.2 Apriori 算法实例

设表 4-5 为交易记录数据库 D 的全部数据。基于表 4-5 所示数据和 Apriori 算法进行频繁项集的挖掘。设最小支持度计数 support_count 为 2，min_sup=2/8=25%。下面介绍利用 Apriori 算法挖掘频繁项集的具体操作过程。

表 4-5　一个商场的交易记录数据

TID	Items
001	I_1, I_2
002	I_1, I_3
003	I_1, I_3, I_4
004	I_1, I_3
005	I_1, I_3, I_4, I_5
006	I_3, I_5
007	I_1, I_4
008	I_5

(1)算法第一遍循环，数据库 D 中每个数据项均为候选 1 -项集 C_1，扫描数据库确定 C_1 中各元素的支持度计数，如图 4-3 所示。

扫描数据库D获取各项集支持度计数 →

项集	支持度计数
$\{I_1\}$	6
$\{I_2\}$	1
$\{I_3\}$	5
$\{I_4\}$	3
$\{I_5\}$	3

与最小支持度相比获得频繁项集 →

项集	支持度计数
$\{I_1\}$	6
$\{I_3\}$	5
$\{I_4\}$	3
$\{I_5\}$	3

图 4-3　搜索候选 1 -项集和频繁 1 -项集

(2) 由最小支持度计数为 2,可以确定频繁 1-项集 L_1。它由 C_1 中支持度不小于最小支持度的项集组成。

(3) 为了产生频繁 2-项集 L_2,需要先生成 C_2。C_2 可以这样生成:选取 L_1 中两个不相同项集,把它们合并成一个新的 2-项集。如$\{I_1\}$与$\{I_3\}$可合并为$\{I_1,I_3\}$,之后将这个新项集加入 C_2,不断选项集进行合并直到不能生成新项集为止。接下来扫描数据库 D,以获取候选 2-项集的支持度计数,如图 4-4 所示。

项集	支持度计数
$\{I_1, I_3\}$	4
$\{I_1, I_4\}$	3
$\{I_1, I_5\}$	1
$\{I_3, I_4\}$	2
$\{I_3, I_5\}$	2
$\{I_4, I_5\}$	1

扫描频繁1-项集获取候选2-项集,并扫描数据库D获取各项集支持度计数 → 与最小支持度相比获得频繁项集 →

项集	支持度计数
$\{I_1, I_3\}$	4
$\{I_1, I_4\}$	3
$\{I_3, I_4\}$	2
$\{I_3, I_5\}$	2

图 4-4 搜索候选 2-项集和频繁 2-项集

(4) 由 C_2 产生 L_2。它由候选 2-项集 C_2 中支持度计数不小于最小支持度计数的各 2-项集构成。

(5) 使用 L_2 生成 C_3。不断选取 L_2 中两个不相同 2-项集进行合并。合并两个 $k(k=2)$-项集需满足条件:有 $1(k-1=1)$ 个项相同,但剩余一个项不同。把它们组成一个新的 $3(k+1=3)$-项集。这个新项集包含 $k-1$ 个相同项和两个原来分别属于各自项集不相同项。例如$\{I_1,I_3\}$和$\{I_1,I_4\}$可合并$\{I_1,I_3,I_4\}$。不断合并 L_2 中的项,直到不能产生新的 3-项集为止。合并的结果为$\{\{I_1,I_3,I_4\},\{I_3,I_4,I_5\}\}$。此时根据 Apriori 性质:"如果一个集合不是频繁项集,则它的所有超集都不是频繁项集",可以确定$\{I_3,I_4,I_5\}$不可能是频繁的(因为$\{I_4,I_5\}$不在 L_2 中,这说明$\{I_4,I_5\}$不是频繁项集),因此将其删除。从而节约了扫描数据库 D 统计其支持度计数的时间。这一步剪枝值得强调:在生成 k-项集时,可以先检测其 $(k-1)$-项子集是否在 L_{k-1} 中,如果不在则该项不可能是频繁集,如果在则加入 C_k。剪枝后的候选项集如图 4-5 所示。

(6) 由 C_3 产生 L_3。它由候选 3-项集 C_3 中支持度计数不小于最小支持度计数的各 3-项集构成。

(7) 由于 L_3 只包含一个项集,无法合并产生 C_4,算法终止。

图 4-5 搜索候选 3-项集和频繁 3-项集

4.3.3 Apriori 算法的缺点

通过实践可以发现,Apriori 算法有以下两个比较明显的缺点:

(1)每次产生新的 k-项集时,都必须重新扫描一次源数据,来确定在候选集 C 中的每个元素是否满足加入到 L 集合的条件。假如有一个频繁大项集,它包含 N 个项,那么根据 Apriori 算法就至少需要重复扫描 N 遍源数据。这样重复多次扫描源数据库的行为,会使整个挖掘系统的负载大大增加。

(2)可能产生异常庞大的候选集。由于数据数量的众多,可能产生的候选集会异常庞大,对机器的运算处理时间有较高要求,巨大的数据量同时也要消耗大量的内存空间。假如由 L_{k-1} 产生 k-候选集 C_k,其元素数量是按指数级增长的。通过 10^4 的 1-频繁项集来产生 2-候选集,2-候选集就有可能接近 10^7 个元素。这是其算法的主要缺点。

4.4 FP-growth 算法

Apriori 算法能够有效地发现频繁项集,但每次计算频繁项集的支持度(主要指项集所构成的超集的支持度)都要遍历整个数据库,因此造成过多的时间开销,无法高效处理大规模数据。为了克服 Apriori 算法这一缺点,FP-growth 算法应运而生,FP-growth 算法能够有效地提高 Apriori 算法提取频繁项集支持度的效率。

FP-growth 算法是伊利罗伊香槟分校的韩嘉炜教授于 2004 年提出的,它是为了克服 Apriori 算法每次增加频繁项集的大小都要遍历整个数据库的缺点,特别是当数据集很大时,该算法执行速度要快于 Apriori 算法两个数量级。FP-growth 算法的任务是将数据集存储在一个特定的称为 FP 树的结构中来挖掘频繁项集或者频繁项对。

4.4.1 FP-growth 算法描述

FP-growth 算法只需要对数据集进行两次扫描,因此即使当数据集很大时也不会花费太多的时间在扫描数据上,它发现频繁项集的基本过程如下:

(1)构建 FP 树;
(2)从 FP 树中挖掘频繁项集。

FP-growth 的一般流程如下:

(1)先扫描一遍数据集,得到频繁项为 1 的项目集,定义最小支持度(项目出现最少次数),删除那些小于最小支持度的项,然后将原始数据集中的项按项集中降序进行排列。

(2)第二次扫描,创建项头表(从上往下降序),并构造 FP 树。

(3)对于每个项目找到其条件模式基(Conditional Pattern Base,CPB),递归构建条件 FP 树,删除小于最小支持度的项。如果最终呈现单一路径的树结构,则直接列举所有组合;非单一路径的则继续调用树结构,直到形成单一路径。

4.4.2 FP-growth 算法示例

1. FP Tree 数据结构

为了减少 I/O 次数,FP-growth 算法引入了 FP Tree 结构来临时存储数据。这个数据结构包括三部分,如图 4-6 所示。

第一部分是一个项头表。里面记录了所有的 1 项频繁集出现的次数,按照次数降序排列。比如图 4-6 中 B 在所有 10 组数据中出现了 8 次,因此排在第一位。第二部分是 FP Tree,它将原始数据集映射到了内存中的一棵 FP 树。第三部分是节点链表。所有项头表里的 1 项频繁集都是一个节点链表的头,它依次指向 FP 树中该 1 项频繁集出现的位置,为根节点的孩子节点。这样做主要是方便项头表和 FP Tree 之间的联系查找和更新。

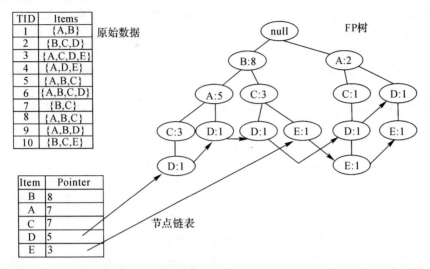

图 4-6　FP Tree 数据结构(案例来源: http://www.uml.org.cn/sjjm/200907085.asp**)**

2. 建立项头表

FP 树的建立依赖于项头表的建立。首先第一次扫描数据表,得到所有频繁 1 项集的计数,然后删除支持度低于阈值的项,将 1 项频繁集放入项头表,并按照支持度降序排列。接着第二次也是最后一次扫描数据,将读到的原始数据剔除非频繁 1 项集,并按照支持度降序排列。

假设有 10 条数据,最小支持度设为 20%,如图 4-7 所示。首先第一次扫描数据并对 1 项集计数。可以发现 O、I、L、J、P、M、N 都只出现一次,支持度低于阈值 20%,因此应该被剔除,剩下的 A、C、E、G、B、D、F 按照支持度的大小降序排列,组成了项头表。

数据	项头表 支持度大于20%	排序后的数据集
ABCEFO	A: 8	ACEBF
ACG	C: 8	ACG
EI	E: 8	E
ACDEG	G: 5	ACEGD
ACEGL	B: 2	ACEG
EJ	D: 2	E
ABCEFP	F: 2	ACEBF
ACD		ACD
ACEGM		ACEG
ACEGN		ACEG

图 4-7　建立项头表

接着第二次扫描数据,对于每条数据剔除非频繁 1 项集,并按照支持度降序排列。如数据项 ABCEFO,其中 O 是非频繁 1 项集,因此被剔除,只剩下 ABCEF。按照支持度的顺序排序,则变成了 ACEBF。其他的数据项以此类推。将原始数据集里的频繁 1 项数据项进行排序的目的是为了后面进行 FP 树建立时,可以尽可能地共用祖先节点。

通过两次扫描,项头表已经建立,得到了排序后的数据集,下面建立 FP 树。

3. 建立 FP Tree

有了项头表和排序后的数据集,就可以建立 FP 树。初始时 FP 树没有数据,需要逐条读入排序后的数据集插入 FP 树,插入时按照排序后的顺序插入 FP 树中,排序靠前的节点是祖先节点,靠后的是子孙节点。如果有共用的祖先,则对应的公用祖先节点计数加 1。插入后,如果有新节点出现,则项头表对应的节点会通过节点链表链接上新节点。直到所有的数据都插入 FP 树后,FP 树的建立完成。针对图 4-7 中排序后的数据集,建立过程如下:

首先,插入第一条数据 ACEBF,如图 4-8 所示。此时 FP 树没有节点,因此 ACEBF 是一个独立的路径,所有节点计数为 1,项头表通过节点链表链接上对应的新增节点。

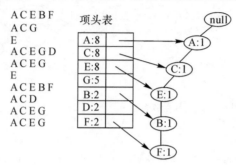

图 4-8 建立 FP Tree

接着插入第二条数据 ACG,如图 4-9 所示。由于 ACG 和现有的 FP 树可以有共有的祖先节点序列 AC,因此只需要增加一个新节点 G,将新节点 G 的计数记为 1。同时 A 和 C 的计数加 1 成为 2,更新对应的 G 节点的节点链表。

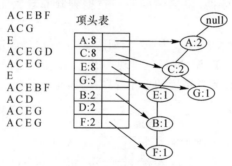

图 4-9 插入第 2 条数据

根据相同的原理,采用同样的办法更新后面 8 条数据,如图 4-10(a)~(h)所示。

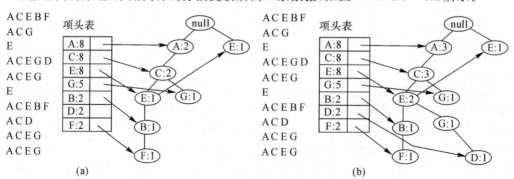

图 4-10 FP Tree 建立

第4章 关联分析

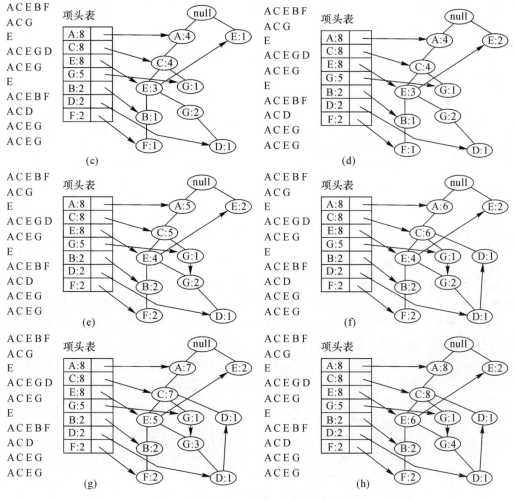

续图 4-10 FP Tree 建立

4. 挖掘 FP Tree

建立 FP 树后,接下来需要挖掘频繁项集。得到了 FP 树和项头表以及节点链表,首先要从项头表的底部项依次向上挖掘。对于项头表对应于 FP 树的每一项,要找到它的条件模式基。所谓条件模式基是以要挖掘的节点作为叶子节点所对应的 FP 子树。得到这个 FP 子树,将子树中每个节点的计数设置为叶子节点的计数,并删除计数低于支持度的节点。从这个条件模式基,就可以递归挖掘得到频繁项集。

针对上面的例子,因为 F 节点在 FP 树的最下方,因此先寻找 F 节点的条件模式基。由于 F 在 FP 树中只有一个节点,其对应的 FP 树的路径为{A:8, C:8, E:6, B:2, F:2}。此时 F 节点的计数为 2,将这条路径上所有节点计数设置为叶子节点的计数,即 FP 子树变成{A:2, C:2, E:2, B:2, F:2}。一般条件模式基可以不写叶子节点,因此最终的 F 的条件模式基为{A:2, C:2, E:2, B:2},如图 4-11(b)所示。

通过 F 的条件模式基{A:2, C:2, E:2, B:2},可以容易地得到 F 的频繁 2 项集为{A:2, F:2}{C:2, F:2}{E:2, F:2}{B:2, F:2}。递归合并二项集,得到频繁 3 项集为{A:2, C:2,

F:2}{A:2,E:2,F:2}…。一直递归下去,最大的频繁项集为频繁5项集{A:2,C:2,E:2,B:2,F:2}。

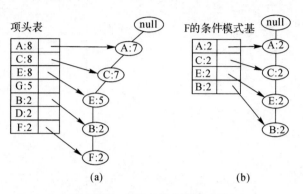

图4-11　F节点的条件模式基

挖掘完F节点,按顺序挖掘D节点的条件模式基。D节点比F节点复杂一些,因为它有两个叶子节点,所以首先得到的FP子树如图4-12(a)所示。将D节点的所有的祖先节点计数设置为叶子节点的计数,即变成{A:2,C:2,E:1,G:1,D:1,D:1}。此时E节点和G节点由于在条件模式基内的支持度低于阈值,所以被删除,最终得到D的条件模式基为{A:2,C:2}。通过D的条件模式基,可以得到D的频繁2项集为{A:2,D:2}{C:2,D:2}。递归合并二项集,得到频繁3项集为{A:2,C:2,D:2}。D对应的最大的频繁项集为频繁3项集。

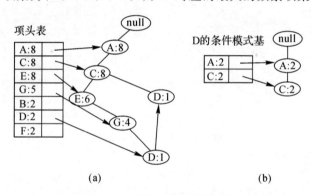

图4-12　D节点的条件模式基

按照同样的方法可以得到B节点的条件模式基[见图4-13(b)],递归挖掘到B的最大频繁项集为频繁4项集{A:2,C:2,E:2,B:2}。

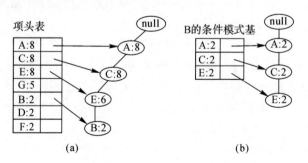

图4-13　B节点的条件模式基

继续挖掘 G 的频繁项集,挖掘到的 G 的条件模式基如图 4-14(b)所示,递归挖掘到 G 的最大频繁项集为频繁 4 项集{A:5,C:5,E:4,G:4}。

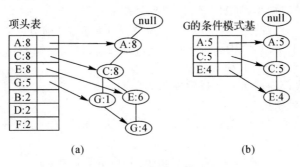

图 4-14　G 的条件模式基

E 的条件模式基如图 4-15(b)所示,递归挖掘到 E 的最大频繁项集为频繁 3 项集{A:6,C:6,E:6}。

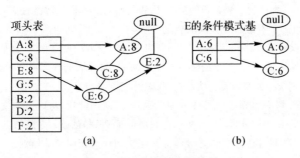

图 4-15　E 的条件模式基

C 的条件模式基如图 4-16(b)所示,递归挖掘到 C 的最大频繁项集为频繁 2 项集{A:8,C:8}。

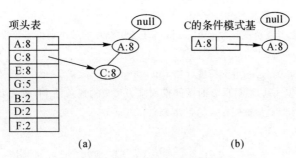

图 4-16　C 的条件模式基

至于 A,由于它的条件模式基为空,所以可以不用去挖掘了。至此得到了所有的频繁项集,如果只是要最大的频繁 k 项集,从上面的分析可以看到,最大的频繁项集为 5 项集{A:2,C:2,E:2,B:2,F:2}。

4.4.3　FP Tree 算法归纳

FP Tree 算法流程可归纳为以下几步:
(1)扫描数据,得到所有频繁 1 项集的计数,然后删除支持度低于阈值的项,将 1 项频繁集放入项头表,并按照支持度降序排列。

(2)扫描数据,将读到的原始数据剔除非频繁1项集,并按照支持度降序排列。

(3)读入排序后的数据集,插入FP树,插入时按照排序后的顺序,插入FP树中,排序靠前的节点是祖先节点,而靠后的是子孙节点。如果有共用的祖先,则对应的公用祖先节点计数加1。插入后,如果有新节点出现,则项头表对应的节点会通过节点链表链接上新节点。直到所有的数据都插入到FP树后,FP树的建立完成。

(4)从项头表的底部项依次向上找到项头表项对应的条件模式基。从条件模式基递归挖掘得到项头表项的频繁项集。

(5)如果不限制频繁项集的项数,则返回步骤(4)所有的频繁项集,否则只返回满足项数要求的频繁项集。

算法 4-2　FP-growth 算法的伪代码

输入:数据集 D,最小支持度阈值 min_sup。

输出:D 中所有频繁项集。

(1)构建 FP 树。构建过程如下:

1)扫描数据集 D 一次。收集频繁项的集合 F 和它们的支持度计数。对 F 按支持度计数降序排序,结果为频繁项列表 L。根据 L 创建项头表。

2)创建 FP 树的根结点,以"null"标记它(用于表示空),令 $i=1$。

3)选择 D_i 中的频繁项,并按 L 中的次序排序。设 D_i 排序后的频繁项列表为 $[p|P]$,其中 p 是第一个元素,而 P 是剩余元素的列表。然后在 FP 树中插入节点。

4)使用 T 表示 FP 树中的节点,每个节点都代表一个 D 中的项,初始化 T 为 FP 树根节点,如果 T 有子女 N,N 代表的项与 p 相同,则令 N 的计数增加1;否则,创建一个新结点 N,将其计数设置为1,链接到它的父结点 T,并且通过结点链结构将其链接到代表相同项的结点。如果 P 非空,则取 P 中的下一个项为 p,转至4)继续执行,否则 $i=i+1$,转至3)。

(2)FP 树的挖掘:FP 树的挖掘通过调用 FP growth(FP_tree, null)实现。主要过程如下:procedure FP_growth(Tree, α){

1) if Tree 包含单个路径 P then

2) for 路径 P 中结点的每个组合(记作 β)

3)产生模式 $\beta \cup \alpha$,其支持度计数 sup_count 等于 β 中结点的最小支持度计数;

4) else for Tree 的头表中的每个 α_i{

5)产生一个模式 $\beta = \alpha_i \cup \alpha$,其支持度计数 sup_count 等于 α_i 在 Tree 中的支持度计数。

6)构造 β 的条件模式基,然后以 β 的条件模式基为项集构造条件 FP 树 Tree$_\beta$(执行之前的构造 FP 树过程,构造出的新 FP 树被叫作 β 的条件 FP 树 Tree$_\beta$);

7) if Tree$_\beta \neq \phi$ then

8)调用 FP_growth(Tree, α)

　　}

}

4.4.4　频繁项集挖掘优化

对单支前缀路径进行特殊处理,可以有效减少处理时间。下面以求 e 的频繁项集来举例说明,设 minsup=2(出现2次),数据项头表和 FP 树如图 4-17 所示。

由图 4-17 中可以看出,节点 e 的条件模式基为{a:4, b:4, c:2, d:2, e:2, e:2},挖掘 e

的频繁项集时,可按以下方式进行优化:

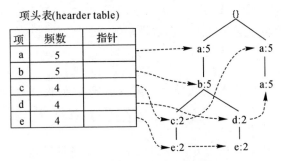

图 4-17 频繁项集挖掘优化

(1)单支前缀路径 ab:4,生成与 e 的所有组合,即 $S=\{ae:4, be:4, abe:4\}$。

(2)将此路径用一个空的根节点替换,生成树 Q,分别对单项 c 和 d 处理,分别生成了 1 个项集 ce 和 de,构成集合 $M=\{ce:2, de:2\}$,如图 4-18 所示。

(3)返回 $S \cup M \cup (S \otimes M)$,$S \otimes M=\{ace:2, ade:2, bce:2, bde:2, abce:2, abde:2\}$。

最终求得项 e 的频繁项集:$\{ae:4, be:4, abe:4\} \cup \{ce:2, de:2\} \cup \{ace:2, ade:2, bce:2, bde:2, abce:2, abde:2\} \cup \{e:4\} = \{e:4, ae:4, be:4, abe:4, ce:2, de:2, ace:2, ade:2, bce:2, bde:2, abce:2, abde:2\}$。

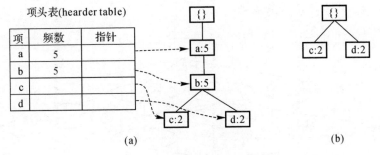

图 4-18 频繁项集优化举例
(a)项 e 的条件模式树;(b)频繁模式树 T 的多分支部分 Q

4.5 关联规则生成方法

使用 Apriori 算法或者 FP-growth 算法生成频繁项集后,就可以进行关联规则的生成。

关联规则是从频繁项集中提取的,也可以说是从最大频繁项集中提取。最大频繁项集指的是包含项最多的频繁项集,从最大频繁项集(可能有多个)中一定可以提取出所有的频繁项集。由于在生成频繁项集阶段,就已经获取了所有的频繁项集的支持度计数,所以通过置信度提取规则时,不再需要扫描数据集。

判断一个规则 $X \rightarrow Y$ 是否是关联规则的标准是置信度 $conf(X \rightarrow Y) \geqslant min\_conf$,$min\_conf$ 被称为最小置信度。当一个规则的置信度不小于最小置信度时,这个规则就是强关联规则。一个规则的置信度公式为

$$conf(X \rightarrow Y) = P(Y|X) = \frac{\sup(XY)}{\sup(X)} \quad (4-5)$$

在生成频繁项集时,可以依据两条先验规则来减少计算量,而在提取强关联规则时,有一条规则可以利用:如果规则 $X \to Y$ 不满足置信度要求,那么 $X-X' \to Y+X'$ 也不满足置信度要求,其中 X' 是 X 的子集。这条规则可以这样理解,假设置信度阈值为 α,则有

$$\frac{S(X,Y)}{S(X)} < \alpha \tag{4-6}$$

由于 X' 是 X 的子集,所以 X' 的支持度一定不小于 X,假设 $X'=X+k$,则有

$$\frac{S(X-X',Y+X')}{S(X-X')} = \frac{S(X,Y)}{S(X)+k} < \frac{S(X,Y)}{S(X)} < \alpha \tag{4-7}$$

基于该规则,可以采用如下的方式从频繁项集中提取关联规则:

(1)找出后件只有一个项的所有满足置信度要求的规则。对于那些后件只有一项、不满足置信度要求的规则,可以直接剔除掉所有后件中包含的规则。假设 bcd→{a} 不满足置信度要求,则如图 4-19 所示,剔除后件包含 a 项的规则。

(2)通过合并两个规则后件生成新的候选规则,然后判断其是否满足置信度要求,同样的,剔除掉那些不满足置信度要求的候选规则,以及这些规则中后件的超集对应的规则。例如,通过合并 abd→c 与 abc→d 得到新的候选规则 ab→cd,如果该规则不满足置信度要求,那么后件中包含的候选规则也均不满足要求,例如 a→bcd。

(3)按照前两步的方式,通过逐步合并规则后件生成候选规则,然后对这些候选规则进行筛选,得到满足置信度要求的关联规则。

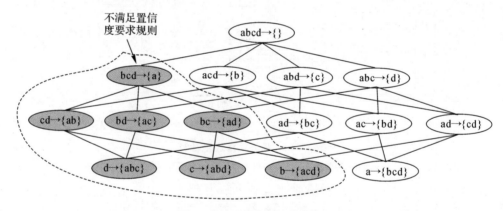

图 4-19 关联规则生成过程

例 4-3 设挖掘出的频繁项集见表 4-6,现使用上述的方法生成关联规则。设最小置信度 minconf=70%,现由项集{ABC}生成关联规则。

表 4-6 频繁项集表

频繁集	支持度计数
E	6
B	6
C	5
A	4
D	3

续表

频繁集	支持度计数
AC	4
BA	4
EB	4
BC	4
EC	3
ABC	4

(1)找出后件只有一个项的所有满足置信度要求的规则。对于那些后件只有一项不满足置信度要求的规则,可以直接剔除掉所有后件中包含的规则。图 4－20 为由项集{ABC}生成的后件只有一项的关联规则的情况。

候选集
与最小置信度比较，获
得频率项集关联规则
BC→A
100%
AC→B
100%
AB→C
100%
BC→A
100%
AC→B
100%
AB→C
100%

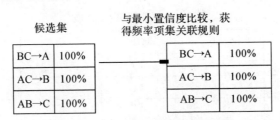

图 4－20　生成一个后件的关联规则

(2)通过合并两个规则后件生成新的候选规则,然后判断其是否满足置信度要求,同样的,剔除掉那些不满足置信度要求的候选规则,以及这些规则中后件的超集对应的规则。下面使用图 4－21 中的关联规则进行后件的合并,如 BC→A 和 AC→B,A 与 B 合并为 AB,因此得到新规则 C→AB(前件 C 由频繁集{ABC}－{AB}得到),将其加入候选集中,继续合并其他规则。在规则合并完毕后,筛选出候选集中置信度满足最小置信度条件的规则。具体合并情况如图 4－21 所示。

(3)由于不能合并产生新的关联规则,关于频繁 3－项集{ABC}的关联规则挖掘结束。综上,由频繁项集{ABC}可得到以下 5 个关联规则:

BC→A,BA→C,AC→B,C→AB,A→AB

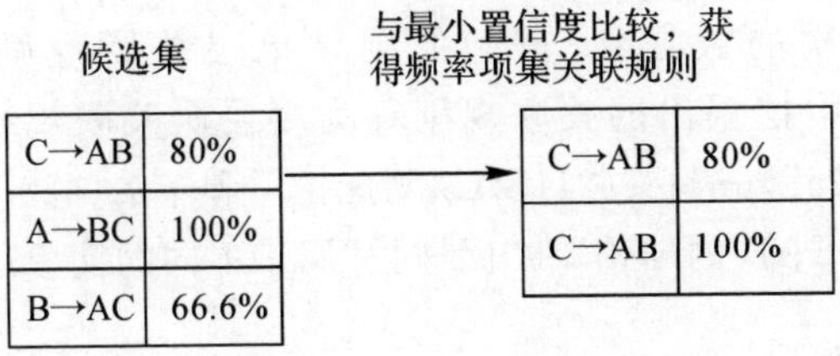

候选集
与最小置信度比较，获
得频率项集关联规则
C→AB
80%
A→BC
100%
B→AC
66.6%
C→AB
80%
C→AB
100%

图 4－21　生成两个后件的关联规则

4.6 关联规则的拓展

4.6.1 关联规则的其他类型

1. 根据关联规则所处理值的类型

如果考虑关联规则中的数据项是否出现,则这种关联规则是布尔关联规则(Boolean association rules)。例如将商场销售的各种商品设为一个集合,每个商品(item)均为一个取布尔值(真/假)的变量以描述相应商品是否被顾客购买,见表4-7。因此每个顾客购物(袋)就可以用一个布尔向量来表示。分析相应布尔向量就可获得那些商品是在一起被购买(关联)的购物模式。

如果关联规则中的数据项是数量型的,则这种关联规则是定量关联规则(quantitative association rules)。例如年龄("20~25")→购买("网球拍"),年龄是一个数量型的数据项。在这种关联规则中,一般将数量离散化为区间。

表4-7 布尔变量值表

TID	网球拍	网球	运动鞋	羽毛球
1	1	1	1	0
2	1	1	0	0
3	1	0	0	0
4	1	0	1	0
5	0	1	1	1
6	1	1	0	0

2. 根据关联规则所涉及的数据维数

如果关联规则各项只涉及一个维,则它是单维关联规则(single-dimensional association rules),例如购买("网球拍")→购买("网球")只涉及"购买"一个维度。

如果关联规则涉及两个或两个以上维度,则它是多维关联规则(multi-dimensional association rules),例如年龄("20~25")→购买("网球拍")涉及"年龄"和"购买"两个维度。

3. 根据关联规则所涉及的抽象层次

如果不涉及不同层次的数据项,得到的则是单层关联规则(single-level association rules)。在不同抽象层次中挖掘出的关联规则称为多层次关联规则(multi-level association rules)。例如年龄("20~25")→购买("HEAD网球拍")和年龄("20~25")→购买("网球拍")是广义关联规则,因为"HEAD网球拍"和"网球拍"属于不同的抽象层次。

4.6.2 多层次关联规则

1. 概念介绍

关联规则根据数据所在层次的不同,可以被划分为多层和单层关联规则。单层关联规则中的数据都是细节数据或原始数据,没有划分层次,是一种理想状态下的关联规则。包含多层抽象层次的被称为多层关联规则,例如"网球→购买 HEAD 网球拍"和"网球→网球拍"是多层关联规则,因为"HEAD 网球拍"和"网球拍"属于不同的抽象层次。图 4-22 为网球拍概念的结构示例。

现实生活中数据往往都是多层次的,这种层次性在多层关联规则中得以体现,该分类下又包括同层和层间关联规则。如图 4-23 所示,"汽车→大众汽车"是层间关联规则,"汽车→火车"是同层的关联规则。

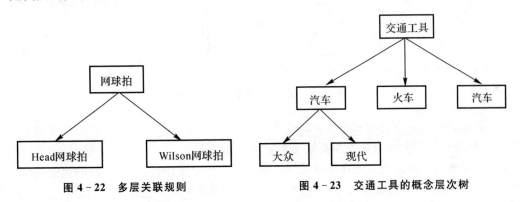

图 4-22 多层关联规则　　　　图 4-23 交通工具的概念层次树

多级关联规则具有以下特点:
(1)项有概念层次性;
(2)低层的项通常具有较低的支持度;
(3)将项抽象到一定高的层次产生的规则更有意义。

由于数据存在一定的稀疏性,在低层或原始层的数据项之间很难找出强关联规则,而在较高的概念层发现的强关联规则可能更有现实意义,所以多层次关联规则挖掘可以在不同抽象层次上发现更有意义的规则。在图 4-24 所示的层次关系中,同时购买"IBM Laptop"和"LogiTech Mouse"的人可能并不多,{IBM Laptop, LogiTech Mouse}可能不满足最小支持度。但是若考虑将"LogiTech Mouse"泛化为"Mouse",将"IBM Laptop"泛化为"Laptop",就有可能发现"Laptop"与"Mouse"之间存在强关联。

2. 多层关联规则挖掘

多级关联规则的挖掘基本上可以沿用"支持度和信任度"的框架。挖掘多级关联规则时可采用自上而下、深度优先的方法,即采用自顶向下的策略,由较抽象的概念层开始向下,到较低的具体概念层(如原始概念层),对每个概念层的频繁项集累加计数,直到再也找不到频繁项集为止。也就是说,在找出第 k 个概念层中所有频繁项集后,再开始寻找 $(k+1)$ 层的频繁项集,如此下去直到底层(原始数据层)。Apriori 算法及其变种算法均可以应用到每一级频繁项集的发现上。从模型上讲可以分成两类,所有级别采用统一的最小支持度阈值和低级别上采用较小的最小支持度阈值。相比之下,后者更难实现。可以用如下几种策略来设置不同的支持度阈值。

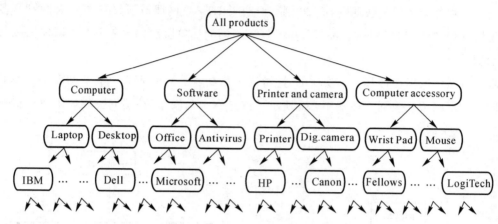

图 4-24 电子产品的概念层次树

(1) 各级间相互独立。在深度优先的检索中没有任何频繁项集的背景知识用于剪枝。对每个结点的处理与其父结点是否为频繁项集无关。

(2) 各级之间单项过滤。算法考察第 i 级项目的充分必要条件为 $i-1$ 级的相应父结点为频繁项集。也就是在一般关联关系的基础上研究更详尽的关联规则。

(3) 各级之间项集过滤。如果考察第 i 级的 k 项集,当且仅当 $i-1$ 级的相应父结点中 k 项集为频繁项集。

概念分层允许在不同抽象层上发现知识,因此多级关联规则在商务智能数据挖掘中能发挥较大的作用。但出于"祖先"关系的原因,有些规则可能是冗余的。假设在概念分层中,"牛奶"是"酸奶"的祖先,若有规则:

$$牛奶 \rightarrow 白面包\{support=3\%, confidence=70\%\}$$
$$酸奶 \rightarrow 白面包\{support=1\%, confidence=72\%\}$$

则称第一个规则是第二个规则的祖先。在这两个规则中,后一个规则不一定就是有用的。如果具有较小一般性的规则(第二个)不提供新的信息,就应当舍弃。第一个规则是第二个规则的祖先,将"酸奶→白面包"中的项"酸奶"用它在概念分层中的祖先"牛奶"替换,能够得到第一个规则"牛奶→白面包"。此时参考规则的祖先,如果支持度和信任度与预期的支持度和信任度近似,那么这条规则就是冗余的。假设"酸奶"大约占"牛奶"销售总量的 1/3,则可以期望第二个规则具有大约 70% 的信任度和 1%(即 3%×1/3)的支持度。如果事实如上所述,那么第二个规则并未提供新的信息,同时它的一般性不如第一个规则。

如果同时挖掘到这两条规则且后者不能提供更新的信息,就把这个规则剔除。设规则 R1 是规则 R2 的祖先,如果通过修改 R2 的前件使之提升到上一级概念抽象后,能够得到规则 R1,则规则 R2 就是冗余的,可以从规则集中把 R2 删去。

在进行频繁项集挖掘时,有两种支持度选择策略,一种是一致支持度,另一种是递减支持度。

一致支持度:对所有概念层都是用同一个最小支持度,图 4-25 展示了一个例子。优点:搜索时容易采用优化策略,即一个项如果不满足最小支持度,它的所有子项都可以不用搜索。缺点:最小支持度值设置困难。设置太高,将出现在较低抽象层中有意义的关联规则;设置太低,会使高层产生太多的无兴趣规则。

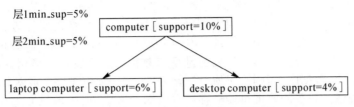

图 4-25 具有一致支持度的多层挖掘

递减支持度:在较低层使用递减的最小支持度,抽象层越低,对应的最小支持度越小。优点是比一致支持度方法更加灵活。图 4-26 展示了一个例子。

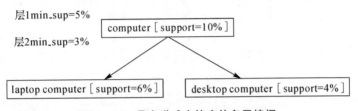

图 4-26 具有递减支持度的多层挖掘

4.6.3 多维度关联规则

1. 基本概念

前面所介绍的关联规则都只涉及一个谓词,如 buys 谓词。比如在一个商场的数据库挖掘中,所挖掘出的布尔关联规则"网球拍"→"网球鞋",也可以改写为

$$buys(X,网球拍) \rightarrow buys(X,网球鞋)$$

其中 X 代表一个特定的顾客,如 buys(X,网球拍)表示顾客 X 买了网球拍。利用多维数据库所使用的术语,这里将规则中每个不同的谓词当作一维。因此规则 buys(X,网球拍)→buys(X,网球鞋)只包含一个特定的谓词(buys),被称作单维关联规则。从前面介绍的关联规则及其挖掘方法可以看出,这类规则都是从交易记录数据中挖掘出来的。

如果不是从交易数据库而是对存储在关系数据库或数据仓库中的销售或其他数据进行挖掘,则这时的数据是以多维形式定义存储的,如为了跟踪销售交易中的被购商品的踪迹。一个关系数据库可能记录了有关这些商品的其他属性,诸如:被购买的数量或价格,以及有关购买该商品顾客的附加信息(如顾客年龄、职业、信用评级、收入和地址等);如果将数据库或数据仓库中这些属性看成谓词,那么挖掘包含多个谓词的关联规则可能就是很有价值的。例如:

$$age(X,"19\sim24") \wedge occupation(X,"student") \rightarrow buys(X,"laptop")$$

包含两个或更多的谓词的关联规则就称为多维关联规则。上面的规则中包含三个不同谓词(age、occupation 和 buys)。规则中的谓词都只出现一次,因此它是无重复谓词,无重复谓词的多维关联规则被称为维内关联规则(inner-dimension rules)。有时对挖掘含有重复谓词的关联规则感兴趣,含有重复谓词的关联规则就被称为混合维关联规则。下面的规则就是这样一条规则,其中 buys 谓词重复多次:

$$age(X,"19\sim24") \wedge buys(X,"laptop") \rightarrow buys(X,"HP printer")$$

2. 多维关联规则挖掘

在多维关联规则挖掘中,搜索的不是频繁项集,而是频繁谓词集。k-谓词集是包含 k 个合取谓词的集合。例如：{age，occupation，buys}是一个 3-谓词集。

挖掘多维关联规则的技术可以根据量化属性的处理分为以下两种基本方法。

(1) 量化属性的静态离散化法。使用预定义的概念分层对量化属性进行静态的离散化。例如，收入的概念分层可以用区间值（如"30k～40k""50k～100k"等）替换原来的属性数值。量化属性使用预定义的概念分层，在挖掘前进行离散化。数值属性的值用区间代替。如果任务相关数据存在关系数据库中，则找出所有频繁的 k-谓词集将需要 k 或 $k+1$ 次表扫描。

此外，与挖掘任务相关的数据可能会存放在数据立方中，由于数据立方体是按照多维（属性）进行定义的，所以它非常适合挖掘多维关联规则。n-维数据立方体用于存放对应 n-谓词集的计数或支持度，0 维数据立方体用于存放任务相关数据的事务总数。如果包含感兴趣的维的数据立方体已经存在并实例化，挖掘将会很快，同时可以利用 Apriori 性质：频繁谓词集的每个子集也必须是频繁的。图 4-27 展示了一个三维数据立方，它包含"age""income"和"buys"三个维。利用这些 n-维单元来存放相应 n-谓词集的支持阈值。三维数据立方体对"age""income"和"buys"三个维的相关数据进行累计；二维数据立方利用"age"和"income"两个维的相关数据进行累计；而零维数据立方体则是所有的与任务相关数据的交易总数。

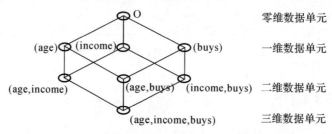

图 4-27 三维数据立方及其各数据单元组成示意描述

(2) 量化关联规则法。根据数据的分布，将量化属性离散化到"bins"中，这些"bins"在挖掘过程中可以作进一步的组合。这一离散化过程是动态的且可根据一些挖掘要求（如使所挖掘出的规则信任度最大）来进行实施。由于这种方法仍将数值属性当作数值而没有当作事先所确定好的范围或符号，所以利用这种方法所挖掘出的关联规则就称为定量关联规则。

为了简化量化关联规则挖掘的讨论，本文聚焦于类似以下形式的 2-维量化关联规则，如：
$$\text{age}(X, 30\sim39) \wedge \text{income}(X, 42k\sim48k) \rightarrow \text{buys}(X, \text{high resolution TV})$$

找出这类 2-维量化关联规则的方法：关联规则聚类系统（ARCS），该技术将量化属性对映射到满足给定分类属性条件的 2-D 栅格上，如图 4-28 所示，然后通过搜索栅格点的聚类而产生关联规则。

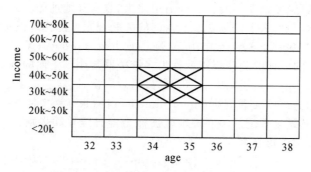

图 4-28 描述购买电脑顾客的二维方格

4.6.4 定量关联规则挖掘

根据变量的不同类型和差异,关联规则被区分为定量型和布尔型。因处理的数据是离散的,布尔型关联规则又叫作二值型关联规则,如"尿布"→"啤酒"。如果在挖掘过程中加入数值信息,则关联规则由布尔型变为定量型,如:

$$\text{age}(X,\text{"17}\sim24\text{"}) \wedge \text{income}(X,\text{"42k}\sim48\text{k"}) \rightarrow \text{buys}(X,\text{"laptop"})$$

如果关联规则中的数据项含有数值类型的属性,那么这种关联规则是定量型关联规则(quantitative association rules)。在挖掘定量型关联规则的过程中,需要先把连续型的字段变换为离散型,再进行数据的挖掘过程。

为了演示频繁定量关联规则发现的过程,以表 4-8 中的数据库为例,其中属性"Age"是数值属性,"Married"和"NumCars"是分类属性。假设用户指定的和置信度值分别为 40% 和 50%。

表 4-8 数据库数据

RecordID	Age	Married	Numcars
100	23	No	1
200	25	Yes	1
300	29	No	0
400	34	Yes	2
500	38	Yes	2

发现定量型关联规则的主要步骤可以总结如下:

确定每个数值属性的分区数和分区区域。例如,表 4-9 列出了 4 个"age"的分区(分别是 [20,24],[25,29],[30,34] 和 [35,39]),并且每个区域映射到一个整数值(分别为 1,2,3,4)。

表 4-9 年龄映射(Mapping age)

Interval	Integer
[20,24]	1
[25,29]	2
[30,34]	3
[35,39]	4

(1) 将每个映射表应用于相应数值属性的所有记录,并将数值替换为匹配的整数值。映射数据库的示例见表 4-10。

表 4-10 经过映射的数据库数据

RecordID	Age	Married	Numcars
100	1	No	1

续表

RecordID	Age	Married	Numcars
200	2	Yes	1
300	2	No	0
400	3	Yes	2
500	4	Yes	2

(2) 基于映射过的数据库和指定的最小支持度生成频繁项集(可以直接应用现有的类似 Apriori 的关联规则挖掘方法)。

(3) 使用发现的频繁项集来生成定量型关联规则,每个频繁项集被分解为两个(左部和右部)组件。例如,如果存在一个频繁项集"ABCD",一个可能的定量型关联规则为"AB"→"CD",只要验证该规则的置信度大于等于最小支持度,该规则就是有效的关联规则。

(4) 收集上述过程产生的所有量化关联规则,并修剪冗余规则。例如:如果"AB→CD"和"AB→CDE"都是有效的关联规则,那么"AB→CD"应该被修剪掉,因为它能从规则"AB"→"CDE"中产生。

4.6.5 序列模式挖掘

1. 基本概念

序列模式挖掘(sequential pattern mining)是指从庞大的事务记录中寻找出具有一定顺序发生的频繁事件序列。目前序列模式挖掘已经广泛应用于顾客购物行为分析、网站访问规律分析以及网络行为规律分析等领域。

所谓序列模式,一个比较通俗的定义是:在一组有序的数据列组成的数据集中,经常出现的那些序列组合构成的模式。跟所熟知的关联规则挖掘不一样,序列模式挖掘的对象以及结果都是有序的,即数据集中的每个序列的条目在时间或空间上是有序排列的,输出的结果也是有序的。

举个简单的例子来说明,关联规则一个经典的应用是计算超市购物中被共同购买的商品,它把每个顾客的一次交易视作一个 transaction,计算在不同 transaction 中不同 item 组合的规律性。而如果考虑一个用户多次在超市购物的情况,那么这些不同时间点的交易记录就构成了一个购买序列,N 个用户的购买序列就组成一个规模为 N 的序列数据集。在考虑这些时间的因素之后,就能得到一些比关联规则更有价值的规律,比如关联挖掘经常能挖掘出如啤酒和尿布的搭配规律,而序列模式挖掘则能挖掘出如"育儿指南书籍"→"婴儿车"这样带有一定因果性质的规律。

表 4-11 是一个序列数据库,图 4-29 是以 0.75 作为最小阈值(min_sup)的频繁序列模

式。借此介绍序列挖掘中的几个主要概念。

表 4-11 年龄映射(Mapping age)

SID	EID	Items
1	10	AB
1	20	B
1	30	AB
2	20	AC
2	30	ABC
2	50	B
3	10	A
3	30	B
3	40	A
4	30	AB
4	40	A
4	50	B

FREQUENT SET
minsup=75%

F_1

A	4
B	4

F_2

<AB>	3
<A,A>	4
<A,B>	4
<B,A>	3
<B,B>	3

F_3

<AB,B>	3

图 4-29 挖掘出的频繁序列

(1) 序列(Sequence): 一个序列 S 可表示为 $<e_1 e_2 \cdots e_i>$, 其中事件 e_1 发生在事件 e_2 之前, 事件 e_2 发生在事件 e_i 之前, 依此类推。一个序列即是一个完整的信息流, 每个 SID 代表一个序列。

(2) 项目(Item): 序列中最小组成单位的集合, 比如在这个样例中的项目为{A, B, C}。

(3) 事件(Event): 通常用时间戳标志, 标识事件之间的前后关系。又叫 Itemset, 是 Item 的集合, 表 4-11 中每个 EID 对应一个项目。一个事件 e 表示为 $e=(x_1, x_2, \cdots, x_i)$, x_k 是一个项目。

(4) k 频繁序列：如果频繁序列的项目个数为 k，则称为 k 频繁序列，以 F_k 表示(见图 4 - 29 的 F_1、F_2、F_3)。

(5) 序列的包含关系：对于序列 x 和 y，如果存在着一个保序的映射，使得 x 中的每个事件都被包含于 y 中的某个事件，则称为 x 被包含于 y(x 是 y 的子序列)，如序列 <(B)，(AC)> 是序列 <(AB)，E，(ACD)> 的子序列。

(6) 支持度(support)：某序列 x 的支持度是指在整个序列集中包含 x 的序列的频次。

(7) 序列模式挖掘：给定序列数据集 D 和用户指定的最小支持度 min_sup，找出支持度大于或等于 min_sup 的所有序列。

2. 序列模式挖掘算法

(1) 蛮力法。枚举所有可能的序列，并统计它们各自的支持度。值得注意的是，候选序列的个数可能比候选项集的个数大得多，原因如下：

1) 一个项在项集中最多出现一次，但一个事件可以在序列中出现多次。给定两个项 i_1 和 i_2，只能产生一个候选 2-项集 $\{i_1, i_2\}$，但却可以产生许多候选 2-序列，如 <(i_1, i_2)>，<(i_2)，(i_1)>，<(i_2, i_1)> 和 <(i_1, i_1)>。

2) 次序在序列中是重要的，但在项集中不重要。例如 $\{1,2\}$ 和 $\{2,1\}$ 表示同一个项集，而 <(i_1)(i_2)> 和 <(i_2)(i_1)> 对应于不同的序列，因此必须分别产生。

(2) 类 Apriori 算法。候选过程：一对频繁 $(k-1)$-序列合并，产生候选 k-序列。为不重复产生，合并原则如下：序列 S_1 与序列 S_2 合并，仅当从 S_1 中去掉第一个事件得到的子序列与从 S_2 中去掉最后一个事件得到的子序列相同时，合并结果为 S_1 与 S_2 最后一个事件的连接，连接方式有两种：

1) 若 S_2 的最后两个事件属于相同的元素，则 S_2 的最后一个事件在合并后的序列中是 S_1 的最后一个元素的一部分；

2) 若 S_2 的最后两个事件属于不同的元素，则 S_2 的最后一个事件在合并后的序列中成为连接到 S_1 的尾部的单独元素。

例 4-4 <(1)(2)(3)> + <(2)(3)(4)> = <(1)(2)(3)(4)>，除去 S_1 中第一个事件(1)与除去 S_2 中最后一个事件(4)所剩下的子序列均为<(2)(3)>，且 S_2 最后两个事件(3)(4)属于不同的元素，故单独列出；<(2 5)(3)> + <(5)(3 4)> = <(2 5)(3 4)>：除去事件(2)和事件(4)，剩下子序列相同，由于 S_2 最后两个事件(3 4)属于相同的元素，所以合并到 S_1 最后，而不是写成<(2 5)(3)(3 4)>。

候选剪枝：若候选 k-序列的 $(k-1)$-序列至少有一个是非频繁的，则被剪枝。例 4-4 中，候选剪枝后只剩下<{1} {2,5} {3}>，生成过程如图 4-30 所示。

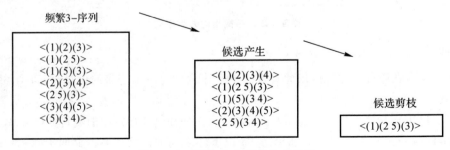

图 4-30 频繁 3-序列的生成过程

4.7 关联规则的度量

前面几节中讨论的关联规则都是用支持度和置信度来度量的,如果一个规则的置信度高,就可以称为一条强规则,但是置信度和支持度有时候并不能度量规则的实际意义和业务关注的兴趣点。比如下面这个例子,见表 4-12。

表 4-12 关联规则度量举例

	买游戏/人	不买游戏/人	行总计/人
买影片/人	4 000	3 500	7 500
不买影片/人	2 000	500	2 500
列总计/人	6 000	4 000	10 000

假设设置的最小支持度为 30%,最小置信度为 60%。由表 4-12 可得

$$\text{sup}(买游戏光碟 \to 买影片光碟) = 4\,000/10\,000 \times 100\% = 40\%$$
$$\text{conf}(买游戏光碟 \to 买影片光碟) = 4\,000/6\,000 \times 100\% = 66\%$$

这条规则的支持度和置信度都满足要求,因此建议超市把影片光碟和游戏光碟放在一起,可以提高销量。但是一个喜欢玩游戏的人会经常有时间看影片吗?这个规则是不是有问题?事实上这条规则误导了我们。在整个数据集中买影片光碟的概率 $p(买影片) = 7\,500/10\,000 = 75\%$,而买游戏的人也买影片的概率只有 66%,66% < 75% 恰恰说明了买游戏光碟抑制了影片光碟的购买,也就是说,买了游戏光碟的人更倾向于不买影片光碟,这才是符合现实的。

从上面的例子可以看到,支持度和置信度并不能过成功滤掉那些不合乎常理的规则,因此需要一些新的评价标准。下面介绍几种度量系数:相关性系数 lift、全置信度、cosine 距离、卡方系数、kulc 系数。

(1) 相关性系数 lift(也可叫作提升度):针对上面的例子,用相关性度量关联规则可以过滤这样的规则,对于规则 $A \to B$ 或者 $B \to A$,由下式:

$$\text{lift}(A \to B) = \frac{P(A \cup B)}{P(A) \times P(B)} \tag{4-8}$$

如果 $\text{lift}(A \to B) > 1$ 表示 A、B 呈正相关,$\text{lift}(A \to B) < 1$ 表示 A、B 呈负相关,$\text{lift}(A \to B) = 1$ 表示 A、B 不相关(独立)。在实际运用中,正相关和负相关都是需要关注的,而独立往往是不需要的,$\text{lift}(A \to B)$ 等于 1 的情形也很少,一般只要接近于 1 就认为是独立了。

注意:相关系数只能确定相关性,相关不是因果,因此 $A \to B$ 或者 $B \to A$ 的相关系数是一样的,另外,$\text{lift}(A \to B)$ 可化简为

$$\text{lift}(A \to B) = \frac{\text{conf}(A \to B)}{\text{sup}(B)} = \frac{\text{sup}(A \cup B)}{\text{su}(A) \times \text{sup}(B)} \tag{4-9}$$

对表 4-12 中的例子进行计算,得到 lift=0.88,因此买游戏光碟和买影片呈负相关关系:

$$\text{lift}(A \to B) = \frac{66\%}{75\%} = 0.88 < 1$$

(2) 全置信度(all_confidence)的定义如下:

$$\text{all\_confidence}(A,B) = \frac{P(A \cup B)}{\max\{P(A), P(B)\}} = \min\{P(B|A), P(A|B)\} =$$
$$\min\{\text{confidence}(A \to B), \text{confidence}(B \to A)\} \tag{4-10}$$

对于前面的例子,all_confidence(买游戏,买影片) = min{66%, 53.3%} = 53.3%,低于最小置信度,该条规则被排除。从这里可以看出,全置信度不失为一个好的衡量标准。

(3) cosine 距离的定义如下:
$$\text{cosine}(A,B) = \frac{P(A \cup B)}{\sqrt{P(A) \times P(B)}} = \sqrt{P(A|B) \times P(B|A)} =$$
$$\sqrt{\text{confidence}(A \to B) \times \text{confidence}(B \to A)} \tag{4-11}$$

cosine(A,B) 的取值范围为 [0,1],并且值越大,表示 A 与 B 的联系越紧密。对于之前的例子,cosine(买游戏,买影片) = $\sqrt{\frac{4\,000}{6\,000} \times \frac{4\,000}{7\,500}}$ = 0.596。

(4) 利用卡方系数可以确定两个变量是否相关,卡方系数的定义如下:
$$\chi^2 = \sum \frac{(\text{observed} - \text{expected})^2}{\text{expected}} \tag{4-12}$$

式中:observed 表示数据的实际值;expected 表示期望值。下面举例说明卡方系数的计算。

表 4-13 的括号中表示的是期望值,(买影,买游戏) 的期望值 $E = 6\,000 \times (7\,500 \div 10\,000) = 4\,500$,总体记录中有 75% 的人买影片,而买游戏的有 6 000 人,我们期望这 6 000 人中有 75%(即 4 500 人)买影片。其他 3 个值可以类似计算得到。现在计算一下买游戏与买影片的卡方系数:$X = \frac{(4\,000-4\,500)^2}{4\,500} + \frac{(3\,500-3\,000)^2}{3\,000} + \frac{(2\,000-1\,500)^2}{1\,500} + \frac{(500-10\,00)^2}{1\,000} = $ 555.6。卡方系数需要查表才能确定值的意义,基于置信水平和自由度 $(r-1) \times (c-1) = $(行数$-1$)×(列数$-1$)=1,查表得到自信度为 (1-0.001) 的值为 6.63,而 555.6 > 6.63,因此拒绝 A、B 独立的假设,即认为 A、B 是相关的,而 expected(买影片,买游戏) = 4 500 > 表格上的实际值 4 000,因此认为 A、B 呈负相关。

表 4-13

	买游戏 / 人	不买游戏 / 人	行总计 / 人
买影片 / 人	4 000(4 500)	3 500(3 000)	7 500
不买影片 / 人	2 000(1 500)	500(1 000)	2 500
列总计 / 人	6 000	4 000	10 000

(5) kulc 系数就是对两个置信度做一个平均处理,定义式为
$$\text{kulc}(A,B) = \frac{[\text{confidence}(A \to B) + \text{confidence}(B \to A)]}{2} \tag{4-13}$$

表 4-14 描述了数据的表示方法,m 表示购买了牛奶,c 表示购买了咖啡,$\bar{m}$ 表示不购买牛奶,$\bar{c}$ 表示不购买咖啡。

kulc 系数是一个很好的度量标准。表 4-15 给出了五种评价指标的对比。

表 4-14　示例数据

	买牛奶	不买牛奶	行总计
买咖啡	mc	$\overline{m}c$	c
不买咖啡	$m\overline{c}$	$\overline{m}\overline{c}$	$\overline{c}$
列总计	m	$\overline{m}$	total

表 4-15　五种评价指标的对比

数据集	mc	$\overline{m}c$	$m\overline{c}$	$\overline{m}\overline{c}$	相关性系数 lift	卡方系数 χ^2	全置信度 all_confidence	kulc 系数	cosine 距离
D_1	10 000	1 000	1 000	100 000	9.26	90 557	0.91	0.91	0.91
D_2	10 000	1 000	1 000	100	1	0	0.91	0.91	0.91
D_3	100	1 000	1 000	100 000	8.44	670	0.09	0.09	0.09
D_4	100	1 000	1 000	100 000	25.75	24 740	0.50	0.50	0.50
D_5	1 000	100	10 000	100 000	9.18	8 173	0.09	0.50	0.29
D_6	1 000	10	100 000	100 000	1.87	965	0.01	0.50	0.10

先看表 4-15 中前面四个数据集 $D_1 \sim D_4$，从表 4-15 中后面四列的指标数据可看出，D_1、D_2 中 m 与 c 是正相关的，而 D_3 是负相关的，D_4 中是不相关的。对于 D_1 和 D_2，因为 mc(10 000) 显著大于 $\overline{m}c$(1 000) 和 $m\overline{c}$(1 000)。直观地，对于购买牛奶的人 ($m = 10\ 000 + 1\ 000 = 11\ 000$) 而言，他们也非常可能购买咖啡 ($mc \div m = 10 \div 11 = 91\%$)，反之亦然。

下面分析度量值反应数据规律的情况。D_1 的 lift 约等于 1 应该是不相关的，事实上对比 D_1 会发现，lift 受 $\overline{m}\overline{c}$ 大小的影响很大，而实际上买牛奶和咖啡的相关性不应该取决于不买牛奶和咖啡的交易记录。像 $\overline{m}\overline{c}$ 这样的数据被称为零事务。这正是 lift 和卡方的劣势，容易受到零事务的影响。而全置信度、kulc、cosine 与 $\overline{m}\overline{c}$ 的大小无关，它们不受数据记录大小影响。卡方和 lift 还把 D_3 判别为正相关，而实际上它们应该是负相关的，$m = 100 + 1\ 000 = 1\ 100$，如果这 1 100 表示购买牛奶的数据中有超过 550 的购买咖啡，那么就认为是正相关的，而现在看到的是 $mc = 100 < 550$，可以认为是负相关的。

上面分析出全置信度、kulc、cosine 与零事务无关，但这几个中哪一个更好呢？再看后面四个数据集 $D_4 \sim D_6$，all_confidence 与 cosine 得出相同的结果，即 D_4 中牛奶与咖啡是独立的，D_5、D_6 是负相关的。D_5 中 support($c \rightarrow m$) = 0.91 而 support($m \rightarrow c$) = 0.09。这样的关系，简单地认为是负相关的或者正相关的都不妥，kulc 做平均处理倒很好，平滑后认为它们是无关的。为了更好地评估数据，再引入一个不平衡因子 IR(Imbalance Ratio)：

$$\text{IR}(A,B) = \frac{|\sup(A) - \sup(B)|}{[\sup(A) + \sup(B) - \sup(A \cap B)]} \tag{4-14}$$

其中，分子是项集 A 和 B 的支持度之差的绝对值，而分母是包含项集 A 或 B 的事务数。如果 A 和 B 的两个方向的蕴含相同，则 IR(A,B) 为 0；否则，两者之差越大，不平衡比就越大。这个比率独立于零事务的个数，也独立于事务的总数。

D_4 中 IR$(c,m)=0$，非常平衡；D_5 中 IR$(c,m)=0.89$，不平衡；而 D_6 中 IR$(c,m)=0.99$，极度不平衡。可以看到 kulc 值虽然相同但是平衡度不一样，在实际中应该意识到不平衡的可能，根据业务做出判断，因此可认为 kulc 结合不平衡因子的是较好的评价方法。

4.8　思考与练习

1. 给出一个小例子表明强关联规则中的项实际上可能是负相关的。

2. 假定大型事务数据库 DB 的频繁项集已经存储，讨论：如果新的事务集 ΔDB 加入，在相同的最小支持度阈值下，如何有效地挖掘全局关联规则？

3. 考虑下面的频繁 3-项集的集合：

$\{1,2,3\},\{1,2,4\},\{1,2,5\},\{1,3,4\},\{1,3,5\},\{2,3,4\},\{2,3,5\},\{3,4,5\}$

假定数据集中只有 5 个项。列出 Apriori 算法的候选产生过程得到的所有候选 4-项集，以及剪枝步后剩下的所有候选 4-项集。

4. 表 4-16 为某超市事务数据，其中 hot dog 表示含热狗的事务，$\overline{\text{hotdog}}$ 表示不包含热狗的事务，hamburger 表示包含汉堡包的事务，$\overline{\text{hamburger}}$ 表示不包含汉堡包的事务。

表 4-16　某超市事务数据

	hot dog	$\overline{\text{hotdog}}$	Σrow
hamburger	2 000	500	2 500
$\overline{\text{hamburger}}$	1 000	1 500	2 500
Σcolumn	3 000	2 000	5 000

假设最小支持度阈值 minsup=20%，最小置信度阈值 mincon=70%，试问热狗和汉堡包的关联性如何？

5. 证明从包含 d 个项的数据集提取的可能规则总数是 $R=3^d-2^{d+1}+1$。

提示：首先，计算创建形成规则左部项集的方法数，然后对每个选定为规则左部的 k 项集，计算选择剩下的 $d-k$ 个项形成规则右部的方法数。

第 5 章 分 类

5.1 概 述

　　数据中蕴含着许多可以为商业决策等活动提供所辅助决策的知识。商务智能处理中有多种分析方法来可以对数据集进行挖掘分析,得出模式并应用起来,其中分类占据重要的地位。分类是一个查找分类器的过程。通过一些约束条件来将数据集中的对象分配到不同的类中,使用给定的类别标签对数据集里面的对象进行分析,通常使用一个训练集,其中所有的对象已经与已知的类标签相关联,分类算法从训练集中学习并建立模型,而后用这个模型分类新的对象。换句话说,分类是根据不同的类来概括数据的过程。分类技术的应用包括各种各样的问题领域,如文本、多媒体、社交网络和生物数据。此外,在许多不同的场景中可能会遇到不同问题,分类是一个相当多样化的主题,其底层算法在很大程度上依赖于数据域和问题场景。分类算法也是目前各界研究的重要领域之一。

　　分类学习也被叫作有监督的学习(Supervised Learning,SL),因为训练集中元组的属性类标号已经被提前确定,而对应的无监督学习(Unsupervised Learning,UL)则无法确定训练集中元组的属性类标号,同时对数据集的其他特性也无从获知。分类学习过程的实质是对一个函数 $y=f(x)$ 的学习,y 是对应的属性类标号,通过这个函数来对测试集中元组的类标号进行预测。换句话说,分类就是学习一个样本到类别的映射函数,该函数捕获了已知样本的内在规律,从而具有一定的预测能力,一般称之为分类器(classifier)。例如:利用银行客户的职业、年龄、薪资等特征将银行客户分为可贷款用户和不可贷款用户;在金融市场中,分类器可以被用来预测股票未来的走势,从而更合理地进行投资,降低投资风险;在医疗领域中,医生可以根据病人的各项身体检测指标和外在症状对病人进行初步诊断;在交通领域,分类器可以通过 GPS 上的当前位置和其他用户上传的位置、速度等信息,识别路段是否拥挤;同样,分类器也可以通过邮件和软件的基本信息,识别其是否是垃圾邮件或者恶意软件,从而进行过滤操作,增加用户体验。

　　上述提到的几种场景具有共同的特征,即可以通过分析对象的已知特性判断其可能所属的类别。为了捕获对象的已知特性和其对应类别之间的关系,需要使用一些已知类别的历史数据,根据这些历史数据(一般称之为训练集,training set),进行一定的分析、归纳,总结每类用户区别于其他类别用户的共同特点,从而构造一个分类器,并预测未知类别的样本(一般称之为测试集,test set)。一般来说,如图 5-1 所示,分类器的构造和实施大体上会分为以下四个步骤:

(1)选择一个待分类的数据集,将数据集划分为训练集和测试集。
(2)选用一种分类算法,并在训练集样本中执行分类算法,得到分类模型。
(3)在测试集样本中执行分类模型,得到对应的预测结果。
(4)根据预测结果,用一些分类评价指标评估模型的预测效果。

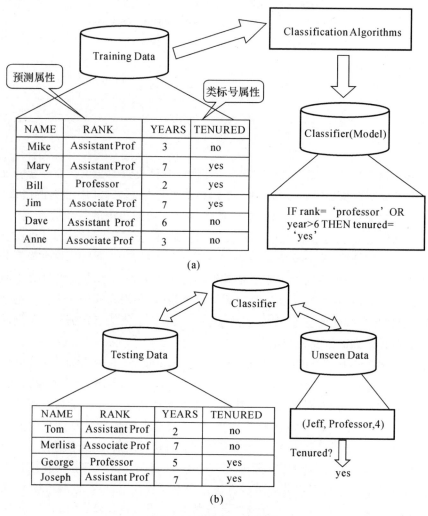

图 5-1 分类的一般流程
(a)训练集;(b)测试集

在图 5-1 中,训练集中包括了所有的训练样本,每个样本可用一个元组表示。通常,一个训练样本中包括多个属性,其中一个属性决定着该样本是属于哪个特定的类别,称该属性为类标号属性(class label attribute)或目标属性,其他属性称为预测属性。预测属性按预测性质划分,可分为分类属性和连续属性。分类属性就是描述该样本对应属性的类别,例如描述天气的状况,就可以用多云、小雨或者阴天这种带有类别性质的属性描述。连续属性则是使用一个具体的数值描述该样本对应的属性,如温度、湿度等。

对于分类来说,就是需要将训练样本输入模型中进行分析,根据预测属性,输出一个该样本目标属性,即分类结果。换句话说,就是使模型学习到预测属性到目标属性的映射,从而使得模型能够对目标属性未知的样本进行分类。

现如今已经有很多成熟的分类算法,本章将主要介绍决策树分类、朴素贝叶斯分类、KNN分类、集成分类、多分类。

5.2 决策树分类方法

决策树(decision tree)是基于树结构来进行决策的,它模拟了人们在判断某一事物类别时的思维过程。例如当银行在判断"是否可以借款给客户"时,可以进行一系列的子决策过程。首先判断该客户的年收入情况;如果年收入较高,再判断该客户是否有名下房产;如果有,再判断客户的婚姻情况;以此类推,得到最终的决策结果。

5.2.1 决策树的基本概念

基于决策树的分类模型以其特有的优点广为人们采用。首先,决策树方法结构简单,便于人们理解。其次,决策树模型效率高,对训练集数据量较大的情况较为适合。再次,决策树方法通常不需要训练数据以外的知识。最后,决策树方法具有较高的分类精确度。

决策树是一种树形结构,图5-2给出了银行判断"是否可以借款给客户"的示例及决策过程。

一棵决策树包括三个部分:一个根节点、若干个内部节点和若干个叶节点。叶节点对应于决策结果,其他的每个节点(根节点和内部节点)对应于一个属性测试。样本集从根节点开始,根据属性测试的结果被划分到子节点中,最终每一个样本被划分到决策树的叶子节点中。该叶子节点存放某个类标号值,表示一种可能的分类结果。从根节点到叶子节点的路径对应一个判定测试序列。

决策树的基本流程遵循简单直观的"分而治之"策略,即样本从根节点或内部节点向下搜索,直到叶子节点。根据叶子节点中的类标号作为该样本的决策结果。

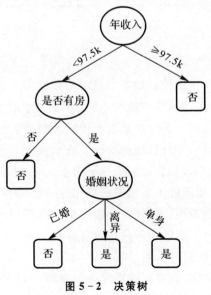

图5-2 决策树

例5-1 当客户向银行申请贷款时,银行需要了解用户的基本情况,以评估银行是否可以贷款给该用户,从而降低银行潜在的亏损。银行通过分析已有的贷款记录和还款情况,构建决策树来处理用户新的贷款申请,决定是否贷款给该客户。A银行拖欠贷款的历史数据见表5-1,以该数据构建决策树如图5-2所示。

银行可以根据已有的决策树处理客户新来的贷款申请,如新来的客户的基本情况为{年收入:78k,是否有房:否,婚姻情况:已婚},则根据决策树,其分类过程如下:从根节点开始,由年收入为78k进入左分支;然后根据属性"是否有房"进入右分支,最后在属性"婚姻状况"上判断,由于该客户已婚,则进入左分支,到达叶子节点。该叶子节点的类标号值为否,判定该客户不会拖欠贷款,则银行通过该用户的贷款申请。

在上述例子中,需要首先构建好分类器——决策树,然后进行新来样本的判断,那决策树是如何生成的?我们将在后面几小节中讨论该内容。

表5-1 A银行拖欠贷款历史记录

编号	年收入/千元	是否有房	婚姻状况	是否拖欠贷款
1	60	否	已婚	否
2	220	是	离异	否
3	85	否	单身	是
4	75	否	已婚	否
5	90	否	单身	是
6	125	是	单身	否
7	100	否	已婚	否
8	70	否	单身	是
9	120	是	已婚	否
10	95	否	离异	是

5.2.2 决策树的构建

决策树方法是利用信息论中的信息增益寻找示例数据库中具有最大信息量的属性字段,建立决策树的一个节点,再根据该属性字段的不同取值建立树的分支,在每个分支集中重复建立树的下一个节点和分支的过程。树的质量取决于分类精度和树的大小。一般来说,决策树的构造主要由两个阶段组成:第一阶段,建树阶段。选取部分训练数据建立决策树,决策树按广度优先建立,直到每个叶节点包括相同的类标记为止。第二阶段,调整阶段。用剩余数据检验决策树,如果所建立的决策树不能正确回答所研究的问题,就要对决策树进行调整剪枝和增加节点直到建立一棵正确的决策树。这样在决策树每个内部节点处进行属性值的比较,在叶节点得到结论。从根节点到叶节点的一条路径就对应着一条分类规则,整棵决策树就对应着一组析取表达式规则。

对于具有多个属性的样本集,决策树的构建一般遵循一定的准则选择最优的属性进行划分。通常,在进行决策树构建时,随着划分过程的推进,希望决策树的分支节点中的样本所属类别尽量相同,也就是说,当前节点的类别"纯度"越来越高。

1. 决策树的属性选择

决策树分类算法的一个重要步骤是如何找到最优的属性来划分,不断地形成高纯度的分支节点和叶子节点,并最终找到一个能够将训练集合理进行分类的决策树。属性选择就是在为决策树创建分支时,选择出一个属性作为划分标准,将当前节点集中的节点按照该属性划分到子节点中,并最大化子节点中样本集的类别纯度。通常来说,按照属性划分样本时,需要最大限度地增加样本集的纯度,而不要产生样本数量太少的分支。属性选择是决策树算法中至关重要的步骤。常见的属性选择标准包括信息熵(information entropy)、信息增益(information gain)、增益率(gain ratio)和基尼指数(Gini index)。

(1) 信息熵。信息熵与信息增益的概念在 2.5.3 节已经给出了完整的描述。信息熵是度量样本集合纯度最常用的一种指标,用于衡量数据集中的不确定性、突发性或随机性程度。假定当前样本集合 D 中第 k 类样本所占的比例为 $p_k(k=1,2,\cdots,m)$,则 D 的信息熵定义为

$$\text{Entropy}(D) = -\sum_{k=1}^{m} p_k \log_2 p_k \tag{5-1}$$

熵越小,表示样本对目标属性的分布越纯,而熵为 0 则意味着所有样本的目标属性取值相同;反之,熵越大则代表样本对目标属性的分布越乱。当 D 中只包含一种类别时,熵取得最小值,当 D 中每种类别的样本数量相当,即 $p_k=1/m$ 时,则熵取得最大值 $\log_2 m$。若类别数量 m 为 2 时,熵取到最大值 1。使用信息熵作为划分准则时,算法搜索的是能最大限度减少熵的划分。

(2) 信息增益。假定离散属性 a 有 V 个可能的取值 $\{a_1,a_2,\cdots,a_V\}$,若使用 a 来对样本集 D 进行划分,则会产生 V 个分支节点,其中第 v 个分支节点包含了 D 中所有在属性 a 上取值为 a_v 的样本,记为 D^v。根据式(5-1)可以计算出 D^v 的信息熵,再考虑到不同的分支节点所包含的样本数不同,给分支节点赋予权重 $|D^v|/|D|$,即样本数越多的分支节点的影响越大,于是可计算出用属性 a 对样本集 D 进行划分所获得的"信息增益"(information gain):

$$\text{Gain}(D,a) = \text{Entropy}(D) - \sum_{v=1}^{V} \frac{|D^v|}{|D|} \text{Entropy}(D^v) \tag{5-2}$$

一般而言,信息增益越大,则意味着使用属性 a 来进行划分所获得的"纯度提升"越大。因此,可用信息增益来进行决策树的划分属性选择,即在树的每个节点上选择具有最高信息增益的属性作为当前节点的划分属性。著名的 ID3 决策树学习算法就是以信息增益为准则来选择划分属性的。

(3) 增益率。考虑一种情况,如果某个属性下具有大量不同的取值,若当前节点按照该属性进行划分时,会产生大量小而纯的子集。对应的,产生的决策树就有很多的分支,且每个分支的子集的熵值接近于 0。显然,这样得到的决策树不具有泛化能力,无法对样本进行有效的预测。为此,Quinlan 提出了使用增益率来选择划分属性。

假设划分前样本数据集为 D,使用属性 a 来划分样本集 D,信息增益率定义为

$$\text{Gain\_ratio}(D,a) = \frac{\text{Gain}(D,a)}{\text{IV}(a)} \tag{5-3}$$

其中

$$\text{IV}(a) = -\sum_{v=1}^{V} \frac{|D^v|}{|D|} \log_2 \frac{|D^v|}{|D|} \tag{5-4}$$

称为属性 a 的"固有值"(intrinsic value),属性 a 的可能取值数目越多(即 V 越大),则 $\text{IV}(a)$ 的值通常会越大,从而削弱了选择哪些值较多且均匀分布的属性作为分裂属性的趋向性。

例 5-2 对于表 5-1 所示的数据集 D,计算按照婚姻状况属性进行分裂的信息增益率。

划分前,数据集 D 的信息熵为

$$\text{Entropy}(D) = -\frac{3}{10}\log_2\frac{3}{10} - \frac{7}{10}\log_2\frac{7}{10} = 0.88$$

"婚姻状况"属性将数据集 S 划分为三个子集,即"单身""已婚""离异",对应的三个子集的目标属性(yes/no)分布为:2/2、0/4、1/1,于是有

$$\text{Entropy}_{婚姻状况}(D) = \frac{4}{10}\left(-\frac{2}{4}\log_2\frac{2}{4} - \frac{2}{4}\log_2\frac{2}{4}\right) + \frac{4}{10}\left(-\frac{4}{4}\log_2\frac{4}{4}\right) +$$

$$\frac{2}{10}\left(-\frac{1}{2}\log_2\frac{1}{2} - \frac{1}{2}\log_2\frac{1}{2}\right) = 0.6$$

$$\text{Gain}(D, 婚姻状况) = \text{Entropy}(D) - \text{Entropy}_{婚姻状况}(D) = 0.28$$

$$\text{IV}(婚姻状况) = -\frac{4}{10}\log_2\frac{4}{10} - \frac{4}{10}\log_2\frac{4}{10} - \frac{2}{10}\log_2\frac{2}{10} = 1.522$$

得到信息增益率为

$$\text{Gain}_{\text{ratio}} = \frac{\text{Gain}(D, 婚姻状况)}{\text{IV}(婚姻状况)} = \frac{0.28}{1.522} = 0.184$$

(4)基尼指数。基尼指数是另一种度量数据不纯度的函数,CART 决策树使用基尼指数来选择划分属性。采用与式(5-1)相同的符号,则数据集 D 的纯度可用基尼值来度量:

$$\text{Gini}(D) = 1 - \sum_{k=1}^{|y|} p^2(k \mid D) \tag{5-5}$$

其中:$p(k|D)$ 为当前节点中样本测试输出取类别 k 的频率;$|y|$ 为样本集 D 中样本的类别数。直观来说,$\text{Gini}(D)$ 反映了从数据集 D 中随机抽取两个样本,其类别标记不一致的概率。因此,$\text{Gini}(D)$ 越小,则数据集 D 的纯度越高。采用与式(5-2)相同的符号表示,属性 a 的基尼指数定义为

$$\text{Gini\_index}(D, a) = \sum_{v=1}^{V} \frac{|D^v|}{|D|} \text{Gini}(D^v) \tag{5-6}$$

因此,在候选属性集合 A 中,应该选择那个使得划分后基尼指数最小的属性作为最优划分属性。设 t 为一个节点,ξ 为该节点的一个属性分支条件,该分支条件将节点 t 中样本分别分到左分支 S_L 和右分支 S_R 中,称

$$\Delta G(\xi, t) = G(t) - \left[\frac{|S_R|}{|S_R| + |S_L|} G(t_R) + \frac{|S_L|}{|S_R| + |S_L|} G(t_L)\right] \tag{5-7}$$

计算分支条件 ξ 下节点 t 的差异性损失(划分前后基尼指数的变化),其作用与信息增益类似。其中 $G(t)$ 为划分前测试输出的基尼指数,$|S_L|$ 和 $|S_R|$ 分别表示划分后左、右分支的

样本个数,方括号中的部分为划分后的基尼指数。为使节点 t 尽可能地纯,须选择某个属性分支条件 a 使该节点的差异性损失尽可能大,用 $\xi(t)$ 表示所考虑的分支条件 ξ 的全体,则选择分支条件应为 $\xi_{\max}=\arg\max\limits_{\xi\in\xi(t)}\Delta G(t,\xi)$。

对于图 5-3 中所示的划分,父节点总体具有相等数目的亮点和暗点,那么该节点的基尼指数为 $1-0.5^2-0.5^2=0.5$,两个子节点的基尼指数都为 $1-0.1^2-0.9^2=0.18$。

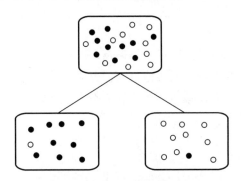

图 5-3 基于信息熵的划分

划分后基尼指数的减少量为 $\Delta G(\xi,t)=0.5-\dfrac{10}{20}\times 0.18-\dfrac{10}{20}\times 0.18=0.32$。

(5) 连续值属性的信息熵和基尼指数的计算。在关于信息熵、信息增益和基尼指数的计算中,都是使用分类属性作为划分进行说明的,对于连续属性,信息熵和基尼指数的计算方法与分类属性有很大的不同。由于连续属性的可能取值数目不再有限,所以不能直接根据连续属性的可能取值来对节点进行划分。此时,可以将连续属性进行离散化。具体步骤如下:①首先对连续属性值进行递增排序,将每对相邻值的中点看作可能的分裂点,将数据集分为两组;②对于每个可能的分裂点,计算信息熵和基尼指数,最后选取信息熵或基尼指数最小的分裂点作为最佳分裂点。

例 5-3 计算表 5-1 中年收入属性为划分属性所得到的信息熵和基尼指数。

信息熵的计算针对连续属性"年收入",首先对其进行递增排序,将每对相邻值的中点看作可能的分裂点。对于每个可能的分裂点,计算 $\mathrm{Entropy}(D)$,所得见表 5-2。

以中点 87.5 为例,计算 $\mathrm{Entropy}_{\text{年收入}}(D)$,年收入小于 87.5 的记录中,"是"对应 1 条,"否"对应 3 条;年收入大于 87.5 的记录中,"是"对应 2 条,"否"对应 4 条,则有

$$\mathrm{Entropy}_{\text{年收入}}(D)=\dfrac{4}{10}\left(-\dfrac{1}{4}\log_2\dfrac{1}{4}-\dfrac{3}{4}\log_2\dfrac{3}{4}\right)+\dfrac{6}{10}\left(-\dfrac{2}{6}\log_2\dfrac{2}{6}-\dfrac{4}{6}\log_2\dfrac{4}{6}\right)=0.88$$

选择 $\mathrm{Entropy}_{\text{年收入}}(D)$ 值最小的分裂点(即 97.5)作为年收入属性的最佳分裂点。划分前所有数据的信息熵为

$$-\dfrac{7}{10}\log_2\dfrac{7}{10}-\dfrac{3}{10}\log_2\dfrac{3}{10}=0.88$$

信息增益值为

$$\mathrm{Gain}(D,\text{年收入})=\mathrm{Entropy}(D)-\mathrm{Entropy}_{\text{年收入}}(D)=0.88-0.6=0.28$$

此为可能分裂点的最大信息增益。其他分裂点的相应计算请读者验证。

表 5-2　对连续属性候选划分节点的信息计算

是否拖欠贷款	否	否	否	是	是	是	否	否	否
年收入/千元	60	70	75	85	90	95	100	125	220
相邻值中点/千元		65	72.5	80	87.5	92.5	97.5	110	122.5	172.5
$Entropy_{年收入}(D)$		0.82	0.76	0.69	0.88	0.84	0.6	0.69	0.76	0.82

对于连续属性基尼系数的计算，同样对数据按升序排序，将每对相邻值的中间值作为可能的分裂基尼系数的计算点，取差异性损失值最大的分裂点分隔属性，结果见表 5-3。

表 5-3　对年收入属性候选划分节点的基尼指数计算

是否拖欠贷款	否	否	否	是	是	是	否	否	否
年收入/千元	60	70	75	85	90	95	100	125	220
相邻值中点/千元		65	72.5	80	87.5	92.5	97.5	110	122.5	172.5
差异性损失		0.02	0.045	0.077	0.003	0.02	0.12	0.077	0.045	0.02

下面仅介绍以 92.5 作为分裂点时属性年收入划分节点分组的差异性损失计算，其他分裂点的分组划分计算留给读者自己完成。当前 S_L 表示年收入小于 92.5 的样本，S_R 表示年收入大于等于 92.5 的样本。划分前所有数据的基尼指数为

$$G(t)=1-\left[\left(\frac{3}{10}\right)^2+\left(\frac{7}{10}\right)^2\right]=0.42$$

划分后差异性损失为

$$\Delta G(年收入,t)=G(t)-\left[\frac{|S_R|}{|S_R|+|S_L|}G(t_R)+\frac{|S_L|}{|S_R|+|S_L|}G(t_L)\right]=$$
$$0.42-\frac{5}{10}\left[1-\left(\frac{3}{5}\right)^2-\left(\frac{2}{5}\right)^2\right]-\frac{5}{10}\left[1-\left(\frac{1}{5}\right)^2-\left(\frac{4}{5}\right)^2\right]=0.02$$

选择差异性损失最大的分裂点即 97.5 作为年收入属性的最佳。

2. 决策树划分的终止条件

决策树分类算法终止递归的条件有以下几种情况：

(1) 在某个节点处，其下所有样本元组的类别都是相同的。

(2) 样本的余下属性没办法再进行划分，在这样的条件下，可以使用多数表决的方法对属性的类进行划分。把给定的节点转变为叶子节点，找出训练集里出现最多的属性类标号，以这个标号来标记此叶子节点。

(3) 如果所给的分支下没有数据，同上第(2)点，采用多数表决的方法，找出样本中出现最多的属性的类标号，并用这个类标号来创建并标记此叶子节点，如图 5-4 所示。

5.2.3　决策树剪枝

对于分类模型而言，不仅要求分类算法对训练数据集有很好的拟合（训练误差尽可能小），同时也希望它可以对未知数据集（测试集）有很好的拟合结果（泛化能力强），所产生的测试误

差被称为泛化误差。度量泛化能力的好坏,最直观的表现就是模型的过拟合(overfitting)和欠拟合(underfitting)。过拟合和欠拟合是用于描述模型在训练过程中的两种状态。

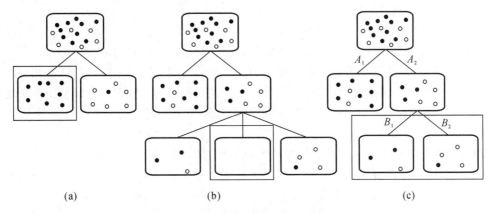

图 5-4 决策树划分终止条件

过拟合是指训练误差和测试误差之间的差距太大,即模型复杂度高于实际问题,模型在训练集上表现很好,但在测试集上却表现很差。模型没有理解数据背后的规律,泛化能力差。

欠拟合是指模型不能在训练集上获得足够低的误差。换句换说,就是模型复杂度低,模型在训练集上就表现很差,没法学习到数据背后的规律。

图 5-5 给出了模型过拟合和欠拟合的示意。从图中可以看出:图 5-5(a)是欠拟合,模型不能很好地拟合数据;图 5-5(b)是最佳的情况;图 5-5(c)就是过拟合,采用了很复杂的模型,最后导致曲线波动很大,最后最可能出现的结果就是模型对于训练集拟合得过好,导致对未知样本的(测试集)预测效果很差。

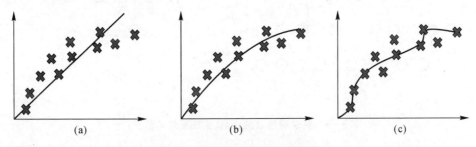

图 5-5 模型的欠拟合与过拟合
(a) 欠拟合;(b) 拟合;(c) 过拟合

在决策树学习中,为了尽可能正确分类训练样本,节点划分过程将不断重复,只要发现新的划分能增加纯度就继续划分,有时会造成决策树分支过多,这时就可能因训练样本学得"太好",以至于把训练集自身的一些特点当作所有数据都具有的一般性质而导致过拟合。

因此,可通过主动去掉一些分支来降低过拟合的风险,即剪枝(pruning)。决策树剪枝的基本策略有"预剪枝"(pre-pruning)和"后剪枝"(post-pruning)。

(1)预剪枝是指在决策树生成过程中,对每个节点在划分前先进行估计,若当前节点的划分不能带来决策树泛化性能的提升,则停止划分并将当前节点标记为叶节点。一般性的做法是控制决策树充分生长,通过事先指定以下一些控制参数来完成。

1)决策树最大深度:如果决策树的层数已经达到指定深度,则不再进行划分。

2)树中父节点和子节点所包含的最少样本量或比例:如果节点所包含的样本量已低于最少样本量或比例,则不再进行划分;如果划分后生成的某个子节点所包含的样本量低于最小样本量或比例,则不再进行划分。

3)树节点中测试输出结果的最小差异减少量:如果划分后所产生的测试输出结果(如信息熵、基尼指数等度量)差异性变化量小于指定的阈值,则不再进行划分。

尽管"预剪枝"方法可能看起来更直接,但有一个缺点,即视野效果问题。即在相同的标准下,也许当前的扩展不能满足要求,但是更进一步的扩展能够满足要求。这将使得算法过早地停止决策树的构造。而且,确定何时终止决策树生长是个问题,目前使用较多的是后剪枝方法。

(2)后剪枝是先从训练集生成一棵完整的决策树,然后自底向上地对非叶节点进行考察,若将该节点对应的子树替换为叶节点能带来决策树泛化性能的提升,则将该子树替换为叶节点。剪枝方法是对决策树的子树进行评估,若去掉该子树后整个决策树表现更好(误分类率或模型复杂性降低),则该子树将被剪枝。其基本过程描述如下:首先从树的底端即叶节点开始,检查每个非叶节点,如果以某个叶节点或其子节点中类别频率最高的子节点替换该非叶节点后,将使得整个决策树的预测误分类率降低,则做相应的剪枝。

如图 5-6 所示,在一个复杂的树内部有许多较简单的子树,每个子树代表在模型复杂性和训练集误分类率之间的一种折中。

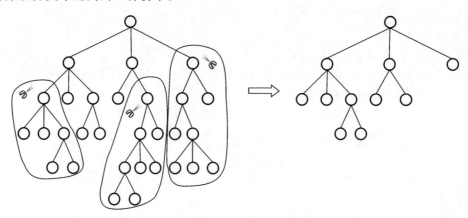

图 5-6 复杂树经过剪枝后,生成更简单的子树

根据上述的思想,后剪枝主要分为以下几个方法:

1)错误率降低剪枝(Reduced-Error Pruning,REP);

2)悲观错误剪枝(Pessimistic-Error Pruning,PEP);

3)代价复杂度剪枝(Cost-Complexity Pruning,CCP);

4)基于错误的剪枝(Error-Based Pruning,EBP)。

其中,REP 是一种比较简单的后剪枝方法,在该方法中,可用的数据被分成两个样例集合:一个训练集用来形成学习到的决策树,一个分离的验证集用来评估这个决策树在后续数据上的精度,确切地说是用来评估修剪这个决策树的影响。

该剪枝方法考虑将树上的每个节点作为修剪的候选对象,决定是否修剪这个节点,由如下步骤组成:

A. 删除以此节点为根的子树;

B. 使其成为叶子节点；

C. 赋予该节点关联的训练数据的最常见分类；

D. 当修剪后的树对于验证集合的性能不比原来的树差时，才会真正删除该节点。

REP方法的思路很直接，但是需要一个额外的测试数据集，能不能不要这个额外的数据集呢？为了解决这个问题，于是就提出了悲观错误剪枝方法PEP。

PEP是基于训练样本集中的样本误判率来进行剪枝的方法。在通过训练集构建好决策树之后，其中每个节点（对应一棵子树）都会覆盖一个样本集。一般来说，构建决策树的算法为了防止过拟合，在满足其终止条件时都会停止划分。因此，这些样本集往往都会有一定的误判率。而PEP就是根据这个误判率进行树的剪枝。

PEP的具体思路是：把一棵子树（具有多个叶子节点）的分类用一个叶子节点来替代的话，误判率肯定是上升的①。因此，为了可以让子树被替换，PEP把子树的误判计算加上一个经验性的惩罚因子。例如：对于一个叶子节点，它覆盖了N个样本，其中有E个错误，那么该叶子节点的错误率为$(E+0.5)/N$。这个0.5就是惩罚因子，那么对于一棵子树，它有L个叶子节点，那么该子树的误判率估计为$\sum(E+0.5L)/\sum N$。如果要对这棵子树进行剪枝，那么这其中N个样本会被包含在一个叶子节点中，即剪枝后对应的叶子节点。设剪枝后的节点误判的个数为J，则对应的误判率为$(J+0.5)/\sum N$。那么，该子树是否需要被剪枝，就取决于剪枝后造成的误差是否在能容忍的范围内。这里的误差范围由子树的误分分布决定。下面通过一个例子了解PEP算法的剪枝过程。

例5-4 利用PEP算法，判断图5-7的子树是否会被剪枝。

(1) 计算子树中所有叶子节点的误差率：

$$\text{Error}(\text{sub\_Tree}) = \text{Error}(\text{Node3}) + \text{Error}(\text{Node4}) + \text{Error}(\text{Node5}) = \frac{4+0.5}{18} + \frac{1+0.5}{18} + \frac{1+0.5}{18} = \frac{7.5}{18}$$

所有节点的误差和为

$$\text{Error} = \text{Error}(\text{sub\_Tree}) \times 18 = 7.5$$

(2) 根据Error(sub_Tree)可知，对于任意一棵树中的样本，其误判率为$\frac{7.5}{18}$，因此对于一个样本被误判这个事件，可以把它看作一个二项分布（其中$P=\frac{7.5}{18}$），而当样本数趋于无限大时，二项式分布就转变为正态分布。据此可以估算这个分布的标准差为

$$\text{var}(\text{sub\_Tree}) = \sqrt{NP(1-P)} = \sqrt{18 \times \frac{7.5}{18} \times \left(1 - \frac{7.5}{18}\right)} = 2.09$$

(3) 现在可以根据子树的误差和标准差，计算误差上界（悲观的误差值）：

$$\overline{\text{Error}} : 7.5 + 2.09 = 9.59$$

(4) 计算子树被剪枝之后的误差和：

$$\text{Error}' = \text{Error}(\text{leaf}) \times N = \frac{8+0.5}{18} \times 18 = 8.5$$

---

① 这是很显然的，同样的样本子集，如果用子树分类可以分成多个类，而用单颗叶子节点来分的话只能分成一个类，多个类肯定要准确一些。

(5) 判断 Error′是否处于误差上界 $\overline{Error}$ 范围内。一般来说,Error′<$\overline{Error}$,就会认为子树可以被裁剪。这么做的直观理解是,裁剪后的样本的误差率在原子树误差率最大的容忍范围内,因此这个因裁剪造成的误差可以接受。也就是说,被剪裁掉的子树在最悲观的情况下,使决策树错误率增加得不够多,因此可以将它们剪裁掉。

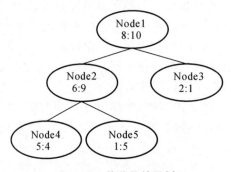

图 5-7 待剪枝的子树

相比于 REP,PEP 有较高的准确率,但是依然会存在一些问题,例如,该算法是从上而下的后剪枝策略,因此可能会导致剪枝过度。为了解决这个问题,可以考虑从整体出发,用一个指标衡量节点的被剪枝的增益值,然后进行剪枝,代价复杂度剪枝(CCP)就是这一类的方法。

首先需要明白一点,即对于训练集而言,决策树中节点越多,误差就会越小,因此,构建决策树的时候,希望通过分裂当前节点来减小误差。对于不同节点来说,这种减小的幅度有高有低,因此,在进行剪枝的时候,CCP 会计算误差减小的幅度,优先保留那些幅度较大的节点,裁剪掉幅度较小的节点。对于子树 T,用表面误差增益率 α 来度量幅度的大小:

$$\alpha = \frac{R(t) - R(T)}{N(T) - 1} \tag{5-8}$$

式中:$N(T)$ 是子树 T 中叶节点数;t 是子树 T 的根节点;$R(t) = r(t) \times p(t)$ 是节点 t 的误分代价,其中 $r(t)$ 为节点 t 的误分率,$p(t)$ 为节点 t 中样本占总数的比例;$R(T) = \sum r(i)$ 为子树的误分代价,其中 i 为子树 T 中的叶子节点。

同样以例 5-4 为例,设整棵决策树共有 40 个节点,该子树的根节点错误代价为

$$R(\text{Node1}) = r(\text{Node1}) \times p(\text{Node1}) = \frac{8}{18} \times \frac{18}{40} = \frac{1}{5}$$

子树 T 中含有 3 个叶子节点,分别为 Node3,Node4,Node5,分别计算它们的误分代价:

$$R(\text{Node3}) = r(\text{Node3}) \times p(\text{Node3}) = \frac{1}{3} \times \frac{3}{40} = \frac{1}{40}$$

$$R(\text{Node4}) = r(\text{Node4}) \times p(\text{Node4}) = \frac{4}{9} \times \frac{9}{40} = \frac{1}{10}$$

$$R(\text{Node5}) = r(\text{Node5}) \times p(\text{Node5}) = \frac{1}{6} \times \frac{6}{40} = \frac{1}{40}$$

子树 T 的误分代价为

$$R(T) = \sum r(i) = \frac{1}{3} \times \frac{3}{40} + \frac{4}{9} \times \frac{9}{40} + \frac{1}{6} \times \frac{6}{40} = \frac{3}{20}$$

因此,表面误差增益率 α 为

$$\alpha = \frac{\frac{1}{5} - \frac{3}{20}}{3-1} = \frac{1}{40}$$

根据相同的方式求出其他子树的表面误差增益率,然后裁剪掉表面误差增益率较小的子树。由式(5-8)可以发现,子树是否被裁剪取决于子树的误分代价和子树的复杂度,这也是代价复杂度剪枝 CCP 名字的由来。

最后一种后剪枝算法——基于错误剪枝 EBP 算法,是一种应用于 C4.5 算法的自下向上的剪枝算法,它是基于对训练数据集的更加悲观估计,因此可以被认为是 PEP 剪枝算法的改进版本。

5.2.4 决策树分类器的优缺点

决策树的优点是:易于理解,可以清晰地显示哪些字段比较重要,以及可以生成容易理解的规则;分类速度快;决策树是非参数化的,因此不用担心调参的问题;构建决策树的代价低。但其缺点也比较明显:不支持在线学习,在新样本到来后,决策树需要全部重建;容易出现过拟合;忽略了数据集中属性之间的相关性。

5.3 朴素贝叶斯分类

5.3.1 朴素贝叶斯算法的相关概念

贝叶斯分类是在概率框架下实施决策的基本方法,贝叶斯分类器是一个统计分类器。它能够预测类别所属的概率,如一个数据对象属于某个类别的概率。其基本原理是,利用贝叶斯公式,通过对象的先验概率求出其后验概率,即对象属于某一类别的概率,选择具有最大后验概率的类作为对象所属类。贝叶斯分类方法有很多种,本节将主要介绍朴素贝叶斯分类方法。

朴素贝叶斯分类是基于贝叶斯定理的一种分类方法。设数据集 D,其具有属性集 $U = \{A_1, A_2, \cdots, A_n, C\}$,其中 $A_1, A_2, \cdots, A_n$ 是样本的属性变量,C 是类标号属性变量,有 m 种取值,$C_1, C_2, \cdots, C_m$。样本 $X \in D$ 可以表示为 $X = \{x_1, x_2, \cdots, x_n, C_i\}$,其中 $x_1, x_2, \cdots, x_n$ 对应 n 个属性的取值,C_i 表示该样本的类别。

给定一个未知类标号的样本 X,根据贝叶斯定理,其属于类 C_i 的概率为

$$P(C_i | X) = \frac{P(X | C_i) P(C_i)}{P(X)} \tag{5-9}$$

其中,$P(X)$ 对所有类别来说是一个常数,因此,只需要式(5-9)分子部分 $P(X|C_i)P(C_i)$ 最大,即最大化后验概率,就可以将该样本分配给类别 C_i。在有充分的独立同分布样本的情况下,这里 $P(C_i)$ 可以用 $|s_i|/|s|$ 来估计,其中 $|s_i|$ 是数据集 D 中属于类别 C_i 的样本个数,$|s|$ 是数据集 D 的总样本数量。式(5-9)改写为

$$C = \mathrm{argmax}_{C_i \in C} P(C_i | x) = \mathrm{argmax}_{C_i \in C} P(C_i | x_1, x_2, \cdots, x_n)$$

而对于 $P(X|C_i)$,无法直接求得,这是因为:类条件概率 $P(X|C_i)$ 是所有属性上的联合概率,难以从有限的训练样本直接估计而得。为避开这个障碍,朴素贝叶斯分类器(naive Bayes classifier)用了"属性条件独立性假设"(attribute conditional independence assumption)。对已知类别,假设所有属性相互独立,换言之,假设每个属性独立地对分类结果发生影响。基于属性条件独立性假设,式(5-9)可重写为

$$P(C_i \mid X) = \frac{P(X \mid C_i) P(C_i)}{P(X)} = \frac{P(C_i)}{P(X)} \prod_{i=1}^{m} P(x_i \mid C_i) \qquad (5-10)$$

其中,x_i 代表样本 X 在属性 A_i 下的取值,概率 $P(x_i \mid C_i)$ 可以从数据集中求得。考虑到每一种属性的性质,$P(x_i \mid C_i)$ 通过以下不同的方式求得。

(1)若 A_i 是分类属性,则可以容易求得 $P(x_i \mid C_i) = \dfrac{\mid s_{ik} \mid}{\mid s_i \mid}$,这里的 $\mid s_i \mid$ 是 D 中属于 C_i 类的样本个数,$\mid s_{ik} \mid$ 是 D 中属性 A_k 的值为 s_k 的 C_i 类的样本个数。

(2)若 A_i 是连续属性,假定 $P(x_i \mid C_i) \sim N(\mu_{c,i}, \sigma_{c,i}^2)$,其中 $\mu_{c,i}, \sigma_{c,i}^2$ 分别是第 C_i 类样本在第 i 个属性上取值的均值和方差,则有

$$P(x_i \mid C) = \frac{1}{\sqrt{2\pi}\sigma_{C,i}} \exp\left[-\frac{(x_i - \mu_{C,i})^2}{2\sigma_{C,i}^2}\right] \qquad (5-11)$$

例 5-5 以表 5-4 顾客购买电脑的数据为例,说明朴素贝叶斯的分类过程。尝试使用贝叶斯算法预测未知样本 $X = \{32, \text{Medium}, \text{No}, \text{Fair}\}$ 是否会购买电脑。

表 5-4 顾客购买电脑数据

No.	Age	Income	Student	Credit Rate	Buy Computer
1	32	High	No	Fair	No
2	30	High	No	Excellent	No
3	51	High	No	Fair	Yes
4	60	Medium	No	Fair	Yes
5	64	Low	Yes	Fair	Yes
6	63	Low	Yes	Excellent	No
7	49	Low	Yes	Excellent	Yes
8	29	Medium	No	Fair	No
9	28	Low	Yes	Fair	Yes
10	61	Medium	No	Fair	Yes
11	33	Medium	Yes	Excellent	Yes
12	49	Medium	No	Excellent	Yes
13	47	High	No	Fair	Yes
14	62	Medium	No	Excellent	No

问题等价于求样本 X 购买电脑为 yes 的后验概率 $P(\text{Buy Computer} = \text{Yes} \mid X)$ 和样本 X 购买电脑为 no 的后验概率 $P(\text{Buy Computer} = \text{No} \mid X)$,样本 X 将被预测为概率值大的那个类。

根据朴素贝叶斯定理,有

$P(\text{Buy Computer}=\text{Yes}|X) = P(X|\text{Buy Computer}=\text{Yes}) \times P(\text{Buy Computer}=\text{Yes}) =$
$$P(x_1|\text{Buy Computer}=\text{Yes}) \times P(x_2|\text{Buy Computer}=\text{Yes}) \times$$
$$P(x_3|\text{Buy Computer}=\text{Yes}) \times P(x_4|\text{Buy Computer}=\text{Yes}) \times$$
$$P(\text{Buy Computer}=\text{Yes})$$

(1) 先计算 $P(x_1|\text{Buy Computer}=\text{Yes})$：

数据集中购买电脑为 Yes 的样本中，属性年龄的值的平均值 $\mu_{\text{Yes}}=41$，样本方差 $\sigma_{\text{Yes}}^2=274$，代入式(5-11)，有

$$P(x_1|\text{Buy Computer}=\text{Yes}) = P(\text{Age}=32 \mid \text{Buy Computer}=\text{Yes}) = 0.021$$

(2) 计算 $P(x_2|\text{Buy Computer}=\text{Yes})$：

$$P(x_2|\text{Buy Computer}=\text{Yes}) = P(\text{Income}=\text{Medium}|\text{Buy Computer}=\text{Yes}) = 4/9$$

(3) 计算 $P(x_3|\text{Buy Computer}=\text{Yes})$：

$$P(x_3|\text{Buy Computer}=\text{Yes}) = P(\text{Student}=\text{No}|\text{Buy Computer}=\text{Yes}) = 5/9$$

(4) 计算 $P(x_4|\text{Buy Computer}=\text{Yes})$：

$$P(x_4|\text{Buy Computer}=\text{Yes}) = P(\text{Credit Rate}=\text{Fair}|\text{Buy Computer}=\text{Yes}) = 6/9$$

因此

$$P(\text{Buy Computer}=\text{Yes}|X) = 0.021 \times 4/9 \times 5/9 \times 6/9 \times 9/14$$

按照同样的方法，有

$P(\text{Buy Computer}=\text{No}|X) = P(X|\text{Buy Computer}=\text{No}) \times P(\text{Buy Computer}=\text{No}) =$
$$P(x_1|\text{Buy Computer}=\text{No}) \times P(x_2|\text{Buy Computer}=\text{No}) \times$$
$$P(x_3|\text{Buy Computer}=\text{No}) \times P(x_4|\text{Buy Computer}=\text{No}) \times$$
$$P(\text{Buy Computer}=\text{No})$$

(5) 先计算 $P(x_1|\text{Buy Computer}=\text{No})$：

数据集中购买电脑为 No 的样本中，属性年龄的值的平均值 $\mu_{\text{Yes}}=43$，样本方差 $\sigma_{\text{Yes}}^2=248$，代入式(5-11)，有

$$P(x_1|\text{Buy Computer}=\text{No}) = P(\text{Age}=32|\text{Buy Computer}=\text{No}) = 0.020$$

(6) 计算 $P(x_2|\text{Buy Computer}=\text{No})$：

$$P(x_2|\text{Buy Computer}=\text{No}) = P(\text{Income}=\text{Medium}|\text{Buy Computer}=\text{No}) = 2/5$$

(7) 计算 $P(x_3|\text{Buy Computer}=\text{No})$：

$$P(x_3|\text{Buy Computer}=\text{No}) = P(\text{Student}=\text{No}|\text{Buy Computer}=\text{No}) = 4/5$$

(8) 计算 $P(x_4|\text{Buy Computer}=\text{No})$：

$$P(x_4|\text{Buy Computer}=\text{No}) = P(\text{Credit Rate}=\text{Fair}|\text{Buy Computer}=\text{No}) = 2/5$$

因此

$$P(\text{Buy Computer}=\text{No}|X) = 0.020 \times 2/5 \times 4/5 \times 2/5 \times 5/14 = 0.00183$$

根据计算结果，有

$$P(\text{Buy Computer}=\text{Yes}|X) > P(\text{Buy Computer}=\text{No}|X)$$

因此，样本 $X=\{32, \text{Medium}, \text{No}, \text{Fair}\}$ 的购买电脑类标号值预测为 Yes。

5.3.2 朴素贝叶斯算法的优缺点

朴素贝叶斯算法的优点:对缺失数据不太敏感,算法也比较简单,常用于文本分类;面对孤立的噪声点时,朴素贝叶斯分类器是健壮的;面对无关属性时,该分类器也是健壮的。

缺点:朴素贝叶斯分类假定类条件独立,即给定样本的类标号,则属性的值相互条件独立。当假定成立时,与其他所有分类算法相比,朴素贝叶斯分类是最精确的。然而,在实际应用中,变量之间可能存在依赖关系,这可能会降低朴素贝叶斯分类器的性能。由于朴素贝叶斯算法是通过先验和数据来决定后验的概率从而决定分类,所以分类决策存在一定的错误率。

在现实任务中,朴素贝叶斯分类器有多种使用方式。例如,若任务对预测速度要求较高,则对给定训练集,可将朴素贝叶斯分类器涉及的所有概率估值事先计算好存储起来,这样在进行预测时只需"查表"即可进行判别;若任务数据更替频繁,则可采用"懒惰学习"(lazy learning)方式,先不进行任何训练,待收到预测请求时再根据当前数据集进行概率估值;若数据不断增加,则可在现有估值基础上,仅对新增样本的属性值所涉及的概率估值进行计数修正即可实现增量学习。

5.4 KNN 分类

k 近邻(k-Nearest Neighbor,KNN)学习是一种常用的监督学习方法。其工作机制非常简单:给定测试样本,基于某种距离度量找出训练集中与其最靠近的 k 个训练样本,然后基于这 k 个"邻居"的信息来进行预测。通常,在分类任务中可使用"投票法",即选择这 k 个样本中出现最多的类别标记作为预测结果;在回归任务中可使用"平均法",即将这 k 个样本的实值输出标记的平均值作为预测结果;还可基于距离远近进行加权平均或加权投票,距离越近的样本权重越大。

与前面介绍的学习方法相比,k 近邻学习有一个明显的不同之处:它没有显式的训练过程。事实上,它是"懒惰学习"(lazy learning)的著名代表,此类学习技术在训练阶段仅仅是把样本保存起来,训练时间开销为零,待收到测试样本后再进行处理。相应的,那些在训练阶段就对样本进行学习处理的方法,称为"急切学习"(eager learning),在实际应用中,该方法简单而有效。

5.4.1 KNN 分类过程

"物以类聚,人以群分""近朱者赤,近墨者黑",这些都体现了 KNN 分类的基本思想。在利用 KNN 分类的过程中,首先会选取一个合适的距离函数,计算待预测样本和训练样本之间的距离并排序;随后人为确定一个 k 值,即最近邻居的数量;最后通过邻居投票策略对测试数据进行预测。具体过程如下。

(1)选择距离函数。距离是最近邻分类方法测量相似性的一个手段。对于样本的距离测量,从样本 A 到样本 B 的距离,记为 $d(A,B)$。欧式距离是最常用的距离度量。

给定样本 A 和样本 B,分别由 n 个属性 $X_1, X_2, \cdots, X_n$ 描述,分别表示为 $A = \{x_{a1}, x_{a2}, \cdots, x_{an}\}$,$B = \{x_{b1}, x_{b2}, \cdots, x_{bn}\}$,样本间的欧式距离 d_{AB} 为

$$d_{AB} = \sqrt{\sum_{i=1}^{n}(x_{ai}-x_{bi})^2} \tag{5-12}$$

(2)选择邻居的数目。选择合适的 k 值是很重要的。如果 k 太小,则最近邻分类器容易受到由于训练数据中的噪声而产生的过度拟合的影响;相反,如果 k 太大,最近邻分类器可能会误分类测试样本,因为最近邻列表中可能包含远离其近邻的数据点。当只有两个类时,所选

的邻居数应为奇数以避免出现平局。有一个经验法则,当有 c 个类时,至少要使用 $c+1$ 个邻居以保证某一类别有一个相对多数。

(3)选择组合函数。距离函数用来决定哪条记录可以包含在邻居中。这里将介绍通过组合不同邻居的数据做出预测的方法。

1)民主投票。一个通常的组合函数是由 k 个最近邻居投票给出一个最终的类别,每个邻居都会把票投给自己的类。从赞成每个类的票数比例可以估计新记录属于某个相应类的可能性。当任务是分配一个单一类别时,新记录就属于有最多票的那个类。

2)加权投票。加权投票与民主投票类似,不过邻居并不是完全平等的。选票的比重与距新样本的距离成反比关系。因此,近的邻居比远的邻居有更高的比重。加权投票能够避免出现平局。

图 5-8 给出了 k 近邻分类器的一个示意图。显然,k 是一个重要参数,当 k 取不同值时,分类结果会有显著不同。另外,若采用不同的距离计算方式则找出的"近邻"可能有显著差别,从而也会导致分类结果有显著不同。如图 5-8 中,虚线显示出等距线,当 k 取 1、8 时,测试样本被判断为正例,k 取 5 时测试样本被判断为反例。

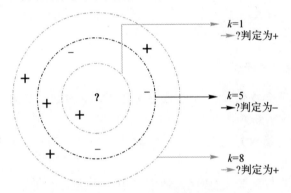

图 5-8 KNN 分类器示意图

例 5-6 以表 5-5 的银行贷款数据为例,使用 KNN 算法预测未知样本 $X=$(no, married, 80k, ?)是否拖欠贷款,其中 $k=3$(使用 k-summary 算法的距离公式度量邻近性)。

表 5-5 银行贷款数据

序 号	是否有房	婚姻状况	年收入	拖欠贷款
1	Yes	single	125k	no
2	No	married	100k	no
3	No	single	70k	no
4	Yes	married	120k	no
5	No	divorced	95k	yes
6	No	married	60k	no
7	Yes	divorced	220k	no
8	No	single	85k	yes
9	No	married	75k	no
10	No	single	90k	yes

第一步,计算未知样本 X 与第 i 个训练样本 P_i 间的距离 $d(X,P_i)$:

$$\begin{cases} d(X,P_1)=1+1+45=47 \\ d(X,P_2)=0+0+20=20 \\ d(X,P_3)=0+1+10=11 \\ d(X,P_4)=1+0+40=41 \\ d(X,P_5)=0+1+15=16 \\ d(X,P_6)=0+0+20=20 \\ d(X,P_7)=1+1+140=142 \\ d(X,P_8)=0+1+5=6 \\ d(X,P_9)=0+0+5=5 \\ d(X,P_{10})=0+1+10=11 \end{cases}$$

第二步,选择与 X 最邻近的 3 个训练样本,即样本 3、样本 8 和样本 9。

第三步,多类表决。由数据表 5-5 可知,样本 3 和样本 9 的类别都为 no,而样本 8 的类别为 yes,因此样本 X 将划分到类别 no 中。

5.4.2 KNN 分类的优缺点

KNN 算法是一种非参数化方法,适合概率密度函数的参数形式未知的场合;由于属于懒惰学习的一种,所以 KNN 分类器的训练时间为 0。KNN 可以处理分类问题,同时也可以处理多分类问题,适合对稀有事件进行分类。与朴素贝叶斯之类的算法相比,KNN 对数据没有假设。

存在的缺点是:很难找到最优的 k 值,通常采用试探法对不同的 k 值进行实验以决定取哪个值较好。对大规模数据集的分类效率低,由于 KNN 存放所有的训练样本,不需要事先建立模型,直到有新的样本需要分类时才建立分类,所以当训练样本数量很大时,该学习算法的时间开销很大。相对于决策树而言,可理解性差,无法给出像决策树那样的决策规则。

对 KNN 的改进主要从提高分类的速度和准确度两个方面进行。如先对训练样本中的每一类样本集进行聚类,然后用聚类后形成的子类代替属于该子类的所有样本集,从而大大减少了训练样本的数量,提高了分类计算速度。也可以先对未知样本集进行预分类,划分出训练集和测试集,然后采用 KNN 分类器进行分类,从而提高分类进度并降低时间复杂度。

5.5 集成分类

除最近邻方法外,前面介绍的分类技术都是使用从训练数据得到的单个分类器来预测未知样本的类标号。本节介绍如何通过聚集多个分类器的预测结果来提高分类准确率和模型的稳定性。

5.5.1 集成分类器的概念

集成学习(ensemble learning)通过构建并结合多个学习器来完成学习任务,有时也被称为多分类器系统(multi-classifier system)、基于委员会的学习(committee-based learning)等。

集成学习通过将多个分类学习方法聚集在一起来提高分类准确率和模型的稳定性。集成学习法由训练数据构建一组基分类器(base classifier),然后通过对每个基分类器的预测进行投票来实现分类。图 5-9 是集成学习法的逻辑结构图,其基本思想是,在原始数据集上构建多个分类器,然后在分类未知样本时以投票策略集成它们的预测结果。通常一个集成分类器的分类性能会好于单个分类器。注意:集成分类方法并不是在原始数据集上用多个不同的分类器重复训练,而是对数据集进行扰动,如后文提到的 Boosting 和 Bagging 方法。

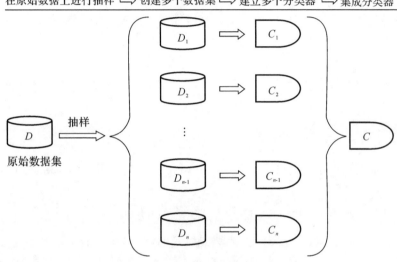

图 5-9 集成分类器的一般结构

图 5-9 中包含 $C_1, C_2, \cdots, C_n$ 个分类器,称为"个体学习器"(individual learner),它可以根据不同的集成策略进一步划分。例如,个体学习器由相同类型的学习算法从训练数据产生,如决策树算法、朴素贝叶斯分类算法,此时这样的集成是同质的,同质集成中的个体学习器也称为"基学习器"(base learner)。个体学习器也可以由不同类型的学习算法获得,这时的集成是异质的,异质集成中的个体学习器也称为"组件学习器"(component learner)或直接称为个体学习器。

在一般经验中,如果把好坏不等的东西掺到一起,那么通常结果会是比最坏的要好一些,比最好的要坏一些。集成学习把多个学习器结合起来,如何能获得比最好的单一学习器更好的性能呢?

考虑一个简单的例子:在二分类任务中,假定三个分类器在三个测试样本上的表现见表 5-6,其中√表示分类正确,×表示分类错误,集成学习的结果通过投票法(voting)产生,即"少数服从多数"。在表 5-6(a)中,每个分类器都只有 66% 的精度,但集成学习却达到了 100%;在表 5-6(b)中,三个分类器没有差别,集成之后性能没有提高;在表 5-6(c)中,每个分类器的精度都只有 33.3%,集成学习的结果变得更糟。这个简单的例子显示出:要获得好的集成,个体学习器应"好而不同",即个体学习器要有一定的"准确性",不能太坏,并且要有"多样性"(diversity),即学习器间具有差异。

表 5-6 集成个体应"好而不同"(h_i 表示第 i 个分类器)

	测试例1	测试例2	测试例3		测试例1	测试例2	测试例3		测试例1	测试例2	测试例3
h_1	√	√	×	h_1	√	√	×	h_1	√	×	×
h_2	×	√	√	h_2	√	√	×	h_2	×	√	×
h_3	√	×	√	h_3	√	√	×	h_3	×	×	√
集成	√	√	√	集成	√	√	×	集成	×	×	×
(a)				(b)				(c)			

考虑二分类问题 $y \in \{-1, +1\}$ 和真实标签函数 f，假定基学习器的错误率为 ε，即对每个基学习器 h_i，有

$$P(h_i(x) \neq f(x)) = \varepsilon \quad (5-13)$$

假设集成通过简单投票法结合 T 个基学习器，若有超过半数的基学习器正确则集成分类就正确：

$$H(x) = \text{sign}\left(\sum_{i=1}^{T} h_i(x)\right) \quad (5-14)$$

假设基学习器的错误率相互独立，则由 Hoeffding 不等式①可知，集成的错误率为

$$P(H(x) \neq f(x)) = \sum_{k=0}^{\lfloor T/2 \rfloor} \binom{T}{k}(1-\varepsilon)^k \varepsilon^{T-k} \leqslant \exp\left[-\frac{1}{2}T(1-2\varepsilon)^2\right] \quad (5-15)$$

式(5-15)表明，随着集成中个体分类器数目 T 的增大，集成的错误率将呈指数级下降，最终趋向于零，然而必须注意到的是，上面的分析有一个关键假设：基学习器的误差相互独立。在现实任务中，基学习器是为解决同一个问题训练出来的，它们显然不可能相互独立！事实上，基学习器的"准确性"和"多样性"本身就存在冲突。一般的，准确性很高之后，要增加多样性就必须牺牲准确性。事实上，如何产生并结合"好而不同"的个体学习器，恰恰是集成学习研究的核心。根据个体学习器的生成方式，目前的集成学习方法大致可分为两大类：个体学习器间存在强依赖关系，必须串行生成的序列化方法；个体学习器间不存在强依赖关系，可同时生成的并行化方法。前者的代表是 Boosting，后者的代表是 Bagging。

1. Boosting

Boosting 是一族可将弱学习器②提升为强学习器的算法。这种算法的工作机制类似：先从初始训练集训练出一个基学习器，再根据基学习器的表现对训练样本分布进行调整，使得先前基学习器做错的训练样本在后续受到更多关注，然后基于调整后的样本分布来训练下一个基学习器；如此重复进行，直至基学习器数目达到事先指定的值 T，最终将这 T 个基学习器进行加权结合。Boosting 族算法最著名的代表是 AdaBoost③。

---

① Hoeffding 不等式：$P(H(n) \leqslant (p-\sigma)n) \leqslant e^{-2\sigma^2 n}$，其中 $H(n)$ 代表抛 n 次硬币所得正面朝上的次数，系数 $\sigma > 0$，p 是抛硬币正面朝上的概率。

② 弱学习器常指泛化性能略优于随机猜测的学习器，如在二分类问题上的精度高于 50% 的分类器。相比之下，强学习器则是分类精度较高的学习器的统称。

③ AdaBoost 算法由 Freund 和 Schapireg 于 1995 年对 Boosting 算法进行改进而来。

2. Bagging

Bagging是并行式集成学习方法最著名的代表。给定包含m个样本的数据集,先随机取出一个样本放入采样集中,再把该样本放回初始数据集,使得下次采样时该样本仍有可能被选中,这样经过m次随机采样操作,可得到含m个样本的采样集,初始训练集中有的样本在采样集里多次出现,有的则从未出现。

这样可采样出T个含m个训练样本的采样集,然后基于每个采样集训练出一个基分类器,再将这些基分类器进行结合。这就是Bagging的基本流程。在对预测输出进行结合时,Bagging通常对分类任务使用简单投票法,对回归任务使用简单平均法。若分类预测时出现两个类收到同样票数的情形,则最简单的做法是随机选择一个,也可进一步考察学习器投票的置信度来确定最终胜者。

Bagging是一种根据均匀分布从数据集中重复抽样(有放回)的技术。通过有放回的抽样构建出多个自助样本集,每个自助样本集与原始训练集一样大,然后分别在个自助样本集上训练出个基分类器,最后对所有检验样本进行投票判决分类,选取票数最多的一类作为预测输出[自助样本集中大约包含63%的原始训练数据,因为每一个样本抽到D_i中的概率为$1-(1-1/N)^N$,N足够大时这个概率收敛于$1-1/e\approx 0.632$]。

随机森林是一个包含多个决策树的分类器,是一种基于Bagging的集成学习方法。它包含多个决策树,并且它的输出类别由所有树输出的类别的众数而定。由于它具有预测准确率高、不容易出现过拟合的特点,所以在很多领域都有所应用。随机森林在医学领域、经济学、刑侦领域和模式识别领域取得了较好的效果。

随机森林的名称中有两个关键词,一个是"随机",另一个就是"森林"。"森林"很好理解,一棵叫作树,那么成百上千棵就可以叫作森林了,这也是随机森林的主要思想——集成思想的体现。然而,Bagging的代价是不用单棵决策树来做预测,具体哪个变量起到重要作用变得未知,因此Bagging改进了预测准确率但损失了解释性。"森林"容易理解,就是由很多"树"组成,那么"随机"体现在什么方面呢?

(1)训练集的随机选取:如果训练集大小为N,对于每棵树而言,随机且有放回地从训练集中的抽取N个训练样本(这种采样方式称为bootstrap sample方法)作为该树的训练集,这样保证了每棵树的训练集都不同,从而构建的树也不同。

(2)特征的随机选取:从M个特征中选取m个特征,这样可以避免某个特征与分类结果具有强相关性,如果所有特征都选取,那么所有的树都会很相似,那样就不够"随机"。

另外还有一点,随机森林法构建树的时候不需要做额外的剪枝操作。因为前两个"随机"操作,以及多棵树的建立,已经避免了过拟合现象,因此在这种情况下,只需要让每棵树在它自己的领域内做到最好就可以。

随机森林算法的预测性能与以下两个因素有关。

(1)森林中任意两棵树的相关性:相关性越强,则总体性能越容易差。

(2)森林中每棵树的预测性能:每棵树越好,则总体性能越好。

其实可以理解为要求"好而不同"。然而特征数m的选择越大,则相关性与个体性能都比较好,特征数m选择越小,则相关性与个体性能都更小,因此m的选择影响着随机森林的预测性能。

5.5.2 集成分类器的优缺点

集成分类器方法的优点:集成分类器的应用克服了单一分类器的诸多缺点,如对样本的敏感性、难以提高分类精度等。集成分类器方法的缺点:集成分类器的性能优于单个分类器,其必须满足基分类器之间完全独立,但实际上很难保证基分类器之间完全独立。

5.6 多分类学习

现实中常遇到多分类学习任务。有些二分类学习方法可直接推广到多分类,但在更多情形下是基于一些基本策略,利用二分类学习器来解决多分类问题。

为不失一般性,考虑 N 个类别 $C_1,C_2,\cdots,C_N$,多分类学习的基本思路是"拆解法",即将多分类任务拆为若干个二分类任务求解。具体来说,先对问题进行拆分,然后为拆出的每个二分类任务训练一个分类器;在测试时,对这些分类器的预测结果进行集成以获得最终的多分类结果。这里的关键是如何对多分类任务进行拆分,以及如何对多个分类器进行集成。

5.6.1 多分类学习的拆分策略

最经典的多分类学习拆分策略有三种:"一对一"(One vs. One,OvO)、"一对其余"(One vs. Rest,OvR)和"多对多"(Many vs. Many,MvM)。

给定数据集 $D=\{(x_1,y_1),(x_2,y_2),\cdots,(x_m,y_m)\},y_i\in\{C_1,C_2,\cdots,C_N\}$。OvO 将这 N 个类别两两配对,从而产生 $N(N-1)/2$ 个二分类任务,例如 OvO 将为区分类别 C_i 和 C_j 训练一个分类器,该分类器把 D 中的 C_1 类样例作为正例,C_j 类样例作为反例。在测试阶段,新样本将同时提交给所有分类器,于是将得到 $N(N-1)/2$ 个分类结果,最终结果可通过投票产生,即把被预测得最多的类别作为最终分类结果。用 $\{C_i\}$ 表示类型为 i 的样本的集合,图 5-10 左侧给出了一个 OvO 示意图。

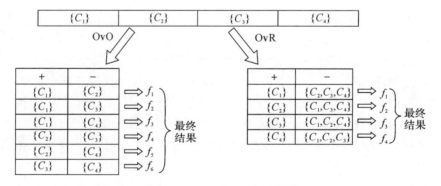

图 5-10 OvO 与 OvR 示意图

OvR 则是每次将一个类的样例作为正例,所有其他类的样例作为反例来训练 N 个分类器。在测试时若仅有一个分类器预测为正类,则对应的类别标记作为最终分类结果,如图 5-10 右侧所示,若有多个分类器预测为正类,则通常考虑各分类器的预测置信度,选择置信度最大的类别标记作为分类结果。

容易看出,OvR 只需训练 N 个分类器,而 OvO 需训练 $N(N-1)/2$ 个分类器,因此,OvO

的存储开销和测试时间开销通常比 OvR 更大。但在训练时,OvR 的每个分类器均使用全部训练样例,而 OvO 的每个分类器仅用到两个类的样例,因此,在类别很多时,OvO 的训练时间开销通常比 OvR 更小。至于预测性能,则取决于具体的数据分布,在多数情形下两者差不多。

MvM 是每次将若干个类作为正类,若干个其他类作为反类。显然,OvO 和 OvR 是 MvM 的特例。MvM 的正、反类构造必须有特殊的设计,不能随意选取。"纠错输出码"(Error Correcting Output Codes,ECOC)是一种最常用的 MvM 技术。ECOC 结合了编码的思想,并尽可能在解码过程中具有容错性。假设数据共有 N 个类别,ECOC 主要分为以下两步。

(1)编码:对数据的 N 个类别进行 M 次划分,划分时,一部分类别被划分为正类,一部分划分为反类,从而生成一个二分类训练集;M 次划分得到 M 个训练集,分别对这 M 个训练集进行训练,得到 M 个分类器;对于某一测试样本,分别用 M 个分类器进行预测,输出结果组成一个预测编码。

(2)解码:将该预测编码与每个类别各自的编码进行比较,返回其中距离最小的类别作为最终的预测结果。

ECOC 中定义了编码矩阵(coding matrix),其指定了类别划分。常见的编码矩阵形式有二元码和三元码。前者将每一个类别分别指定为正类和反类,分别用"+1"和"-1"表示,后者除了正类和反类,还指定了"停用类",用"0"表示。图 5-11 给出了一个示意图。在图 5-11(a)中,f_2、f_4、f_5 将 C_1 类指定为正类,f_1、f_3 将 C_1 类指定为反类。在图 5-11(b)中,f_2、f_4、f_7 将 C_4 类指定为正类,f_1、f_5 将 C_4 类指定为反类,f_3、f_6 将 C_4 类指定为停用类。在解码阶段,M 个分类器的预测结果组成预测编码,然后将该编码与其他类别的编码进行比较,计算编码之间的距离,并将距离最小的编码所对应的类别作为预测结果。如图 5-11(a)所示,基于汉明距离和欧式距离,测试数据的预测结果为 C_3。

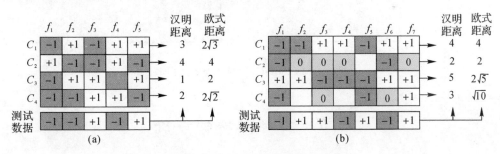

图 5-11 ECOC 二元码和三元码

(a)二元码;(b)三元码

5.6.2 数据集的类别不平衡问题

前面介绍的分类学习方法都有一个共同的基本假设,即不同类别的训练样例数目相当。如果不同类别的训练样例数目稍有差别,通常影响不大,但若差别很大,则会对学习过程造成困扰。例如有 998 个反例,但正例只有 2 个,那么学习方法只需返回一个永远将新样本预测为反例的学习器,就能达到 99.8% 的精度;然而这样的学习器往往没有价值,因为它不能预测出任何正例。

类别不平衡(class-imbalance)就是指分类任务中不同类别的训练样例数目差别很大的情

况。不失一般性,本节假定正类样例较少,反类样例较多。在现实的分类学习任务中,经常会遇到类别不平衡的情况,例如在通过拆分法解决多分类问题时,即使原始问题中不同类别的训练样例数目相当,在使用 OvR、MvM 策略后产生的二分类任务仍可能出现类别不平衡现象,因此有必要了解类别不平衡性处理的基本方法。

这里介绍两种做法:第一类是直接对训练集里的反类样例进行"欠采样"(undersampling),即去除掉一些反例使得正、反例数目接近,然后再进行学习;第二类是对训练集里的正类样例进行"过采样"(oversampling),即增加一些正例使得正、反例数目接近,然后再进行学习。

欠采样法的时间开销通常远小于过采样法,因为前者丢弃了很多反例,使得分类器训练集远小于初始训练集,而过采样法增加了很多正例,其训练集大于初始训练集。需注意的是,过采样法不能简单地对初始正例样本进行重复采样,否则会招致严重的过拟合;过采样法的代表性算法合成少数类过采样技术(Synthetic Minority Oversampling Technique,SMOTE)是通过对训练集里的正例进行插值来产生额外的正例,如图 5-12 所示。另外,欠采样法若随机丢弃反例,可能丢失一些重要信息;欠采样法的代表性算法 EasyEnsemble 则是利用集成学习机制,将反例划分为若干个集合供不同学习器使用,这样对每个学习器来看都进行了欠采样,但在全局来看却不会丢失重要信息。

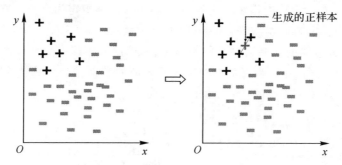

图 5-12 SMOTE 生成额外的负样本

5.7 分类算法的评价

对分类算法的评价主要包括两个方面:一方面是分类算法的计算复杂度、可解释性、可扩展性、鲁棒性等。

(1) 计算复杂度。算法的计算复杂度决定着算法执行的速度和占用的资源,它依赖于具体的实现细节和软硬件环境。由于商务智能处理中的操作对象是海量的数据,所以空间和时间的复杂度将是非常重要的问题,这也反映了分类算法整体的效率。

(2) 可解释性。分类结果只有可解释性好,即容易理解,才能更好地用于决策支持。结果的可解释性越好,算法受欢迎的程度越高。

(3) 可扩展性。一个模型是可扩展的,是指在给定内存和磁盘空间等可用的系统资源的前提下,运行时间应当随数据库大小线性增加。

(4) 鲁棒性。鲁棒性是指在数据集中含有噪声和缺失值的情况下,仍具有较好的正确分类数据的能力。

另一方面则是分类算法的有效性。

(1) 分类准确率。分类准确率是指模型正确地预测新的或先前未见过的数据的类标号的能力。通常分类算法寻找的是分类准确率高的分类模型，分类准确率在一般情况下可以满足分类器模型的比较。影响分类准确率的因素有训练数据集、记录的数目、属性的数目、属性中的信息和测试数据集记录的分布情况等。

(2) 不平衡数据分类。不平衡数据分类是指训练样本数量在类间分布不平衡，具体地说就是在同一数据集中某些类的样本数远大于其他类的样本数，其中样本少的类为少数类（以下称为正类），样本多的类为多数类（以下称为负类），具有不平衡类分布的数据集出现在许多实际应用中，而其中很多重要信息被隐藏在那些少数类中。因此，在不平衡数据分类中，少数类的正确分类比多数类的正确分类更有价值。这时，仅用准确率评价分类模型并不合适，例如，如果 1% 的信用卡交易是欺诈行为，则预测每个交易都合法的模型具有 99% 的准确率，尽管它检测不到任何欺骗交易。

一个分类算法针对某个测试数据集的有效性通常通过一个混淆矩阵 (confusion matrix) 来反映。这里考虑两类的分类问题，其中正例和负例分别用"+""-"表示，表 5-7 通过混淆矩阵来描述对象分类情况。其中行代表真实类别情况，列则是预测的类别情况。例如表 5-7 总正例数为 8+3=11，其中 8 个被正确分类为正例，3 个被错误分类为负例；总负例数为 3+5=8，其中 5 个被正确分类为负例，3 个被错误分类为正例。假设正确的正例 (True Positive)、错误的正例 (False Positive)、正确的负例 (True Negative) 和错误的负例 (False Negative) 数分别用变量 TP、FP、TN 和 FN 表示，则可以将准确率细化为真正率 (True Positive rate, TP rate) 和假正率 (False Positive rate, FP rate)，它们以及准确率和错误率的计算公式为

$$\text{TP rate} = \frac{\text{TP}}{\text{TP} + \text{FN}} \tag{5-16}$$

$$\text{FP rate} = \frac{\text{FP}}{\text{FP} + \text{TN}} \tag{5-17}$$

$$\text{accuracy} = \frac{\text{TP} + \text{TN}}{\text{TP} + \text{FP} + \text{TN} + \text{FN}} \tag{5-18}$$

$$\text{error rate} = \frac{\text{FP} + \text{FN}}{\text{TP} + \text{FP} + \text{TN} + \text{FN}} \tag{5-19}$$

表 5-7 两类别的混淆矩阵

实际类别	预测类别	
	预测为正 (+)	预测为负 (-)
实际为正 (+)	8 正确的正例 TP	3 错误的负例 FN
实际为负 (-)	3 错误的正例 FP	5 正确的负例 TN

衡量分类模型性能的另一类指标可借鉴信息检索中的度量：查准率 (precision)、查全率 (recall) 及 F-measure，其计算公式为

$$\text{precision} = \frac{\text{TP}}{\text{TP} + \text{FP}} \tag{5-20}$$

$$\text{recall} = \frac{TP}{TP+FN} \tag{5-21}$$

$$\text{F-measure} = \frac{2 \times \text{precision} \times \text{recall}}{\text{precision} + \text{recall}} = \frac{2 \times TP}{2 \times TP + FP + FN} \tag{5-22}$$

由式(5-16)和式(5-21)可以看到,查全率与真正率是相等的,F-measure综合考虑了查准率和查全率。

下面以一个例子进行说明,A分类器在两类分类任务下在测试集中的分类结果(混淆矩阵)见表5-8。

表5-8　A分类器的分类结果

实际类别	预测类别	
	+	-
+	TP=2	FN=3
-	FP=3	TN=6

可以看到,测试集中包含有14个样本,包含5个"+"样本和9个"-"样本。其中,5个"+"样本中的2个被正确分类为"+",3个被错误分类为"-";9个"-"样本中的6个被正确分类为"-",3个被错误分类为"+",相关的评价指标计算如下:

$$\text{TP rate} = \frac{TP}{TP+FN} = \frac{2}{2+3} = 0.4$$

$$\text{FP rate} = \frac{FP}{FP+TN} = \frac{3}{3+3} = 0.5$$

$$\text{accuracy} = \frac{TP+TN}{TP+FP+TN+FN} = \frac{2+6}{2+3+6+3} = 0.57$$

$$\text{error rate} = \frac{FP+FN}{TP+FP+TN+FN} = \frac{3+3}{2+3+6+3} = 0.43$$

$$\text{precision} = \frac{TP}{TP+FP} = \frac{2}{2+3} = 0.4$$

$$\text{recall} = \frac{TP}{TP+FN} = \frac{2}{2+3} = 0.4$$

$$\text{F-measure} = \frac{2 \times TP}{2 \times TP + FP + FN} = \frac{2 \times 2}{2 \times 2 + 3 + 3} = 0.4$$

除了前面提到用具体指标数值的形式比较不同的分类算法的性能,还可以利用曲线进行比较。一般地,大部分的学习器为测试样本产生一个实值或概率预测,然后将这个预测值与一个分类阈值(threshold)进行比较,若大于阈值则分为正类,否则为反类。例如,神经网络在一般情形下是对每个测试样本预测出一个[0,1]之间的实值,然后将这个值与阈值0.5进行比较,大于0.5则判为正例,否则为反例。这个实值或概率预测结果的好坏,直接决定了学习器的泛化能力。实际上,根据这个实值或概率预测结果,我们可将测试样本进行排序,"最可能"是正例的排在最前面,"最不可能"是正例的排在最后面。这样,分类过程就相当于在这个排序中以某个"截断点"(cut point)将样本分为两部分,前一部分判作正例,后一部分则判作反例。

在不同的应用任务中,可根据任务需求来采用不同的截断点,例如若更重视"查准率",则可选择排序中靠前的位置进行截断；若更重视"查全率"，则可选择靠后的位置进行截断，因此，排序本身的质量好坏，体现了综合考虑学习器在不同任务下的"期望泛化性能"的好坏，或者说，"一般情况下"泛化性能的好坏。ROC 曲线则是从这个角度出发来研究学习器泛化性能的有力工具。ROC 全称是"受试者工作特征"（Receiver Operating Characteristic）曲线，它源于第二次世界大战中用于敌机检测的雷达信号分析技术，20 世纪六七十年代开始被用于一些心理学、医学检测应用中，此后被引入机器学习领域，可以根据学习器的预测结果对样例进行排序，按此顺序逐个把样本作为正例进行预测，每次计算出真正率 TPR 和假正率 FPR，分别以它们为横、纵坐标作图，就得到了"ROC 曲线"。

下面以表 5-9 中的数据为例说明 ROC 曲线的绘制方法。假设测试数据集共包含 10 个样本，每个样本对应一名客户，类别是为其寄送某产品的宣传邮件后是否回复，共两个类别"是"和"否"。假设利用朴素贝叶斯分类器为每个测试样本计算了其类别为"是"的概率。将这 10 个客户根据其属于类别"是"的概率降序排序，列于表 5-9 中，第 3 列是其类别的真实值。

表 5-9 测试数据集结果示例

客户编号	预测为类别"是"的概率	真实类别
1	0.95	是
2	0.85	是
3	0.75	是
4	0.6	是
5	0.3	是
6	0.8	否
7	0.65	否
8	0.5	否
9	0.4	否
10	0.1	否

ROC 曲线的横轴为假正例率 FPR，纵轴为真正例率 TPR，范围都是 $[0,1]$，现在开始画图——根据从大到小遍历预测值，把当前的预测值当作阈值，计算 FPR 和 TPR：

(1) 选择 0.95 作为阈值，此时正例中客户 1 被预测为正例，TPR=1/5；负样本中没有被预测成正例的，因此 TPR=0。

(2) 选择 0.85 作为阈值，此时正例中客户 1、2 被预测为正例，TPR=2/5；负样本中没有被预测成正例的，因此 TPR=0。

(3) 选择 0.8 作为阈值，此时正例中客户 1、2 被预测为正例，TPR=2/5；负样本中客户 6 被预测成正例的，因此 TPR=1/5。

(4) 选择 0.75 作为阈值，此时正例中客户 1、2、3 被预测为正例，TPR=3/5；负样本中客户 6 被预测成正例的，因此 TPR=1/5。

(5) 重复上面的步骤，直至阈值取到 0。

最后将所有计算得到的 FPR 和 TPR 当作曲线上的坐标值，绘制 ROC 曲线。本例得到的曲线如图 5-13 所示。从 AUC 曲线判断不同模型的性能只需要看其中一个学习器的 ROC

曲线是否把另外一个学习器的 ROC 曲线"包住"[1]，则可断言前者要优于后者。若两个学习器的 ROC 曲线发生交叉，则难以一般性地断言两者孰优孰劣。此时如果一定要进行比较，则较为合理的判据是比较 ROC 曲线下的面积，即 AUC(Area Under ROC Curve)，AUC 可通过对 ROC 曲线下各部分的面积求和得到。如图 5-13 所示，AUC 值计算得 0.72。

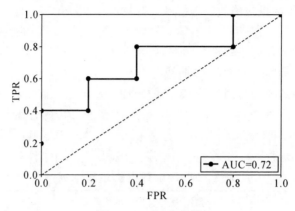

图 5-13　ROC 曲线

除了 ROC 曲线，P-R 曲线[2]也是衡量模型性能的一个常用指标。与 ROC 曲线一样，其先将预测结果进行排序，然后分别从考虑每一个预测概率作为阈值，计算对应的 recall 和 precision 值，然后根据计算结果绘制 P-R 曲线。表 5-9 的 P-R 曲线如图 5-14 所示。同样，P-R 曲线也可以用一个曲线下面积表示，一般称之为 AUPRC，即 P-R 曲线下面积。图 5-14 的 AUPRC[3] 计算得 0.77。

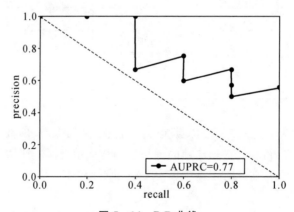

图 5-14　P-R 曲线

---

[1]　一般来说 一个学习器的 ROC 曲线是上凸形的，不同的学习器上凸程度不一样，因此就会出现某一个学习器的 ROC 曲线把另一个 ROC 曲线包住的情况。

[2]　P-R 曲线，又称 P-R 图，全称是 Precision-Recall 曲线。

[3]　P-R 曲线的绘制过程以及 AUPRC 的计算过程与 ROC 一样，读者可以参考 ROC 进行练习。

5.8 思考与练习

1. 简述分类的步骤,并举例说明分类在当前应用的场景。
2. 考虑表 5-10 的数据集:

表 5-10　A 分类器的分类结果

属性 A	属性 B	类标号	属性 A	属性 B	类标号
T	F	−	T	T	+
T	T	−	T	F	−
F	F	−	T	T	+
F	F	−	T	T	+
F	F	−	T	F	+

试分别计算按属性 A 和 B 划分时的信息增益和基尼指数,并判断当使用信息增益或基尼指数时,决策树算法将选择哪个属性来划分节点。

3. 一家著名高尔夫俱乐部的经理,被每天需要的雇员数量问题所困扰。因为某些天很多人都来玩高尔夫,以至于所有员工都忙得团团转还是应付不过来,而有些天不知道什么原因却一个人也不来,俱乐部因为雇员数量不合适而浪费了不少资金。经理希望通过下周天气预报寻找什么时候人们会打高尔夫,以适时调整雇员数量。因此首先他必须了解人们决定是否打球的原因。

在 2 周时间内他们记录了每天的天气信息以及顾客是否光顾俱乐部的信息。天气状况有晴、云和雨;气温用华氏温度表示;相对湿度用百分比;以及有无风。当然还有顾客是否在这些日子光顾俱乐部。最终他得到了 5 列 14 行的数据表格,见表 5-11。

表 5-11　高尔夫顾客的历史记录

No.	Outlook	Temperature	Humidity	Windy	Play
1	sunny	85	85	False	NO
2	sunny	80	90	True	NO
3	overcast	83	78	False	YES
4	rain	70	96	False	YES
5	rain	68	80	False	YES
6	rain	65	70	True	NO
7	overcast	64	65	True	YES
8	sunny	72	95	False	NO
9	sunny	69	70	False	YES
10	rain	75	80	False	YES
11	sunny	75	70	True	YES

续表

No.	Outlook	Temperature	Humidity	Windy	Play
12	overcast	72	90	True	YES
13	overcast	81	75	False	YES
14	rain	71	80	True	NO

试选择一种属性选择标准,构建相应的决策树,并判断顾客在天气:①{sunny,68,80,False,?};②{overcast,77,95,False,?}是否会光顾俱乐部。

4. 试简述朴素贝叶斯的原理。

5. 根据表5-12,试利用朴素贝叶斯分类方法确定数据 $x=\{2,S\}^{\mathrm{T}}$ 的类标记。表中 $A=\{1,2,3\}$, $B=\{S,M,L\}$ 为数据的两种属性,$Y=\{-1,1\}$ 为数据对应的类标签。

表 5-12 某数据集的相关记录

	1	2	3	4	5	6	7	8	9	10	11	12	13	14	15
A	1	1	1	1	1	2	2	2	2	2	3	3	3	3	3
B	S	M	M	S	S	S	M	M	L	L	L	M	M	L	L
Y	-1	-1	1	1	-1	-1	-1	1	1	1	1	1	1	1	-1

6. 假设某分类器在一个测试集上分类结果的混淆矩阵见表5-13,其中两种类别:"+"表示正例,"-"表示反例。请计算该分类器的准确率、错误率、查准率、查全率和F-measure。

表 5-13 某分类器的分类结果

实际类别	预测类别	
	+	-
+	15	5
-	10	20

7. 分类器A对20个测试样本的预测结果见表5-14,请画出对应的ROC曲线和P-R曲线,并计算AUC和AUPRC。

表 5-14 分类器A的预测结果

No.	预测为正例的概率	真实类别
1	0.9	是
2	0.85	是
3	0.8	是
4	0.76	否
5	0.72	是
6	0.7	是

续表

No.	预测为正例的概率	真实类别
7	0.66	是
8	0.62	否
9	0.6	是
10	0.55	否
11	0.5	是
12	0.5	否
13	0.45	是
14	0.4	否
15	0.37	否
16	0.3	是
17	0.26	否
18	0.22	否
19	0.1	否
20	0.05	否

第6章 数值预测与回归分析

6.1 概　述

分类和预测都可以使用数据进行预测,用来确定未来的结果。分类用于预测数据对象的离散类别,需要预测的属性值是离散的、无序的。而数值预测则是用于预测数据对象是连续取值的,预测的属性值是连续的、有序的。数值预测的模型与分类模型类似,可以看作一个映射或者函数 $y=f(x)$,其中,x 是输入元组,y 是输出的值。与分类算法不同的是,数值预测算法所需要预测的 y 值是连续的、有序的。例如,在银行业务中,根据贷款申请者的信息来判断贷款者属于"安全"类还是"风险"类,属于分类任务。而分析给贷款人的贷款量就属于数值预测任务。

数值预测算法与分类算法一样,也是一个两步的过程。测试数据集与训练数据集在预测任务中是独立的。预测的准确率通过 y 的预测值与实际值的差来评估。

数值预测与分类的另一个区别是,分类用来预测数据对象的类标记,而预测则是估计某些空缺或未知值。例如,预测上证指数的收盘价格是上涨还是下跌是分类,但是,如果要预测上证指数的收盘价格是多少就是数值预测。

回归分析(regression analysis)是一种常用的数值预测建模技术,它一般用于处理两个或两个以上变量之间互相依赖的定量关系,这种定量关系并非确定的函数关系,而是通过一定的概率分布来描述。其中,变量之间的非严格函数关系是指变量 x、y 之间存在某种密切的联系,但并非严格的函数关系(非确定性关系)。

回归分析按照涉及的变量的多少,可分为一元回归和多元回归分析;按照自变量和因变量之间的关系类型,可分为线性回归分析和非线性回归分析;按因变量是否连续,又可分为线性回归(因变量为连续变量)和逻辑回归(因变量为逻辑变量)。在线性回归(linear regression)中,按照因变量的多少,可分为简单回归分析和多重回归分析。如果在回归分析中,只包括一个自变量和一个因变量,且二者的关系可用一条直线近似表示,这种回归分析称为一元线性回归分析;如果回归分析中包括两个或两个以上的自变量,且自变量之间存在线性相关,则称为多元线性回归分析。回归分析实际上就是利用样本(已知数据)产生拟合方程,从而(对未知数据)进行预测。

1. 回归模型的一般形式

随机变量 y 与相关变量 $x_1,x_2,\cdots,x_p$ 之间的概率模型为

$$y = f(x_1, x_2, \cdots, x_p) + \varepsilon \tag{6-1}$$

随机变量 y 称为隐变量，$x_1, x_2, \cdots, x_p$ 称为因变量，$f(x_1, x_2, \cdots, x_p)$ 为一般变量 x_1, $x_2, \cdots, x_p$ 的确定性关系，ε 为随机误差。当回归函数是线性函数时，有

$$y = \beta_0 + \beta_1 x_1 + \beta_2 x_2 + \cdots + \beta_p x_p + \varepsilon \tag{6-2}$$

其中：$\beta_0, \beta_1, \beta_2, \cdots, \beta_p$ 为未知参数，称为回归系数。

回归分析法主要解决的问题如下：

(1) 确定变量之间是否存在相关关系，若存在，则找出数学表达式；

(2) 根据一个或几个变量的值，预测或控制另一个或几个变量的值，且要估计这种控制或预测可以达到何种精确度。

2. 回归分析法的步骤

回归分析法的步骤如下：

(1) 根据自变量与因变量的现有数据以及关系，初步设定回归方程；

(2) 求出合理的回归系数；

(3) 进行相关性检验，确定相关系数；

(4) 在符合相关性要求后，即可根据已得的回归方程与具体条件相结合，来确定事物的未来状况，并计算预测值的置信区间。

6.2 一元线性回归

6.2.1 一元线性回归的概念

当自变量与因变量呈线性关系时，可以构造线性回归模型对因变量进行预测。对于一元线性回归，一般将变量 x（自变量）和随机变量 y 之间的相关关系表示为

$$y = f(x) + \varepsilon \tag{6-3}$$

其中：ε 是随机误差项，通常假设 $\varepsilon \sim N(0, \sigma^2)$ 的正态分布。由于 ε 存在随机性，所以当随机变量 y 所取点基本分布在一条直线附近时，说明两个变量之间存在线性相关关系。记 y 轴方向上的误差为 ε，相关关系可以表示为

$$y = \beta_0 + \beta_1 x_1 + \varepsilon \tag{6-4}$$

式(6-4)就是 y 关于 x 的一元线性回归公式。假定 x 为非随机变量，β_0、β_1 为未知参数，ε 为随机误差，通常假定

$$E(\varepsilon) = 0, \text{Var}(\varepsilon) = \sigma^2 \tag{6-5}$$

其中：E 为数学期望，Var 为方差，由数据 $(x_i, y_i), i = 1, 2, \cdots, n$，可以得到 β_0、β_1 的估计 $\hat{\beta}_0$、$\hat{\beta}_1$，称

$$\hat{y} = \hat{\beta}_0 + \hat{\beta}_1 x \tag{6-6}$$

为 y 关于 x 的经验回归函数，即回归方程，其图形为回归直线。当 $x = x_0$ 时，$\hat{y}_0 = \hat{\beta}_0 + \hat{\beta}_1 x_0$ 为回归值。对于 β_0 和 β_1 的估计，通常使用最小二乘估计(ordinary least squares estimate)计

算得到。所谓最小二乘法,就是寻找 β_0 和 β_1 的估计值 $\hat{\beta}_0$ 和 $\hat{\beta}_1$,使得 y_i 与其回归值 $\hat{y}_i$ 之间的离差二次方和最小。其数学表达形式为

$$Q(\hat{\beta}_0,\hat{\beta}_1)=\min\sum_i(y_i-\hat{y}_i)^2=\min\sum_i(y_i-\hat{\beta}_0-\hat{\beta}_1 x_i)^2 \tag{6-7}$$

其中:$\sum_i(y_i-\hat{\beta}_0-\hat{\beta}_1 x_i)^2$ 称为离差二次方和,该值最小时,得到一元线性回归模型的系数估计值 $\hat{\beta}_0$ 和 $\hat{\beta}_1$。

在进行未知参数的区间估计和假设检验时,还需假定

$$y \sim N(\beta_0+\beta_1 x,\sigma^2) \tag{6-8}$$

假定 $y_1,y_2,\cdots,y_n$ 相互独立,于是可得最常用的一元线性回归统计模型为

$$y_i=\beta_0+\beta_1 x_i+\varepsilon_i,i=1,2,\cdots,n \tag{6-9}$$

其中:各 ε_i 独立同分布,其分布为 $N(0,\sigma^2)$。

6.2.2 回归系数的最小二乘估计

通常采用最小二乘法对式(6-7)中的 β_0、β_1 进行最小二乘估计。可通过求偏导数并令其等于 0 得到。

对 β_0 求一阶偏导:

$$\frac{\partial Q}{\partial \beta_0}=-\sum_{i=1}^n 2(y_i-\beta_1 x_i-\beta_0)=-2\sum_{i=1}^n(y_i-\beta_1 x_i-\beta_0)=$$
$$-2(\sum_{i=1}^n y_i-\beta_1\sum_{i=1}^n x_i-\sum_{i=1}^n \beta_0)=-2(n\bar{y}-n\beta_1\bar{x}-n\beta_0)$$

对 β_1 求一阶偏导:

$$\frac{\partial Q}{\partial \beta_1}=\sum_{i=1}^n 2(y_i-\beta_1 x_i-\beta_0)(-x_i)=-2\sum_{i=1}^n(x_i y_i-\beta_1 x_i^2-\beta_0 x_i)=$$
$$-2(\sum_{i=1}^n x_i y_i-\beta_1\sum_{i=1}^n x_i^2-\sum_{i=1}^n \beta_0 x_i)=-2(\sum_{i=1}^n x_i y_i-\beta_1\sum_{i=1}^n x_i^2-\sum_{i=1}^n \beta_0 x_i)$$

令偏导等于 0,可得

$$-2(n\bar{y}-na\bar{x}-nb)=0 \rightarrow \beta_0=\bar{y}-\beta_1\bar{x}$$
$$-2(\sum_{i=1}^n x_i y_i-\beta_1\sum_{i=1}^n x_i^2-\sum_{i=1}^n \beta_0 x_i)=0$$

解方程可求得 β_0 和 β_1 的估计值 $\hat{\beta}_0$ 和 $\hat{\beta}_1$ 分别为

$$\left.\begin{array}{l}\hat{\beta}_1=\dfrac{s_{xy}}{s_{xx}}=\dfrac{\sum\limits_{i=1}^n(x_i-\bar{x})(y_i-\bar{y})}{\sum\limits_{i=1}^n(x_i-\bar{x})^2}\\[2ex]\hat{\beta}_0=\bar{y}-\hat{\beta}_1\bar{x}=\dfrac{1}{n}\sum\limits_{i=1}^n y_i-\hat{\beta}_1\times\dfrac{1}{n}\sum\limits_{i=1}^n x_i\end{array}\right\} \tag{6-10}$$

其中:s_{xx} 称为 x 的校正二次方和;s_{xy} 称为校正交叉乘积和;s_{yy} 称为 y 的校正二次方和。

6.2.3 回归方程的显著性检验

在使用回归方程之前,首先要判断所得回归方程是否有意义。若在回归方程 $y=\beta_0+\beta_1 x$ 中 $\beta_1=0$,这种情况下 y 为常数 β_0,所得回归方程就是没有意义的,称回归方程不显著。反之,当 $\beta_1 \neq 0$ 时,回归方程是显著的。即做以下显著性检验:

$$H_0:\beta_1=0 \quad vs \quad H_1:\beta_1 \neq 0 \tag{6-11}$$

拒绝 H_0 即表示回归方程显著。

一元线性回归中检验方法有很多,如 t 检验、F 检验、相关系数检验等,其目的是检验 $\hat{y}=\hat{\beta}_0+\hat{\beta}_1 x$ 是否真正描述了变量 y 与 x 之间的统计规律性。为了方便检验计算,一般假设 $\varepsilon_i \sim N(0,\sigma^2)$。

1. t 检验

用 t 检验来检验回归系数的显著性。采用的假设如下:

原假设 $H_0:\beta_1=0$(x 与 y 不存在线性关系),对立假设 $H_1:\beta_1 \neq 0$。

回归系数的显著性检验就是要检验自变量 x 对因变量 y 的影响程度是否显著。下面分析接受和拒绝原假设的意义。

(1)接受 $H_0:\beta_1=0$(x 与 y 不存在线性关系)。此时有两种情况:一种是无论 x 取值如何,y 都在一条水平线上下波动,即 $\hat{y}=\bar{y}$,如图 6-1(a)所示;另一种是 x 与 y 之间存在关系,但不是线性关系,如图 6-1(b)所示。

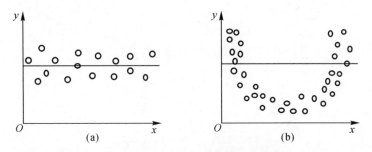

图 6-1 x 与 y 不存在线性关系

(2)拒绝 $H_0:\beta_1=0$(x 对解释 y 的方差是有用的),即接受备择假设 $H_1:\beta_1 \neq 0$。拒绝原假设也有两种情况:一种是直线模型就是合适的,如图 6-2(a)所示;另一种是存在 x 对 y 的线性影响,也可通过 x 的高阶多项式得到更好的结果,如图 6-2(b)所示。

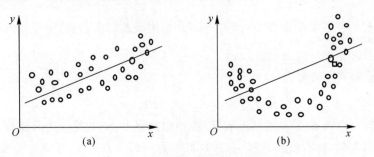

图 6-2 x 对解释 y 的方差是有用的

接下来对其进行假设检验：

因为 $\hat{\beta}_1 \sim N(\beta_1, \sigma^2/s_{xx})$，其中 s_{xx} 为 x 的校正二次方和。

所以当 $H_0: \beta_1 = 0$ 成立时，有 $\hat{\beta}_1 \sim N(0, \sigma^2/s_{xx})$，$\hat{\beta}_1$ 在零附近波动，可构造 t 统计量：

$$t = \frac{\hat{\beta}_1}{\sqrt{\sigma^2/L_{xx}}} = \frac{\hat{\beta}_1 \sqrt{s_{xx}}}{\sigma} \tag{6-12}$$

若原假设 $H_0: \beta_1 = 0$ 成立，则 $t \sim t(n-2)$，计算 $|t|$。根据 t 分布，如图 6-3 所示，若 $|t| \geqslant t_{\alpha/2}$，则拒绝 H_0；若 $|t| < t_{\alpha/2}$，则接受 H_0。

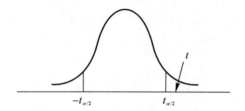

图 6-3　t 分布示意

2. F 检验

F 检验用于检验回归方程的显著性。F 检验根据二次方和分解式，直接从回归效果入手检验回归方程的显著性。二次方和分解式表示为

$$\sum_{i=1}^{n}(y_i - \bar{y})^2 = \sum_{i=1}^{n}(\hat{y}_i - \bar{y})^2 + \sum_{i=1}^{n}(y_i - \hat{y}_i)^2 + 2\sum_{i=1}^{n}(\hat{y}_i - \bar{y})(y_i - \hat{y}_i) \tag{6-13}$$

因为 $\sum_{i=1}^{n}(y_i - \hat{y}_i) = \sum_{i=1}^{n} e_i = 0$，$\sum_{i=1}^{n}\hat{y}_i e_i = 0$，故有

$$2\sum_{i=1}^{n}(\hat{y}_i - \bar{y})(y_i - \hat{y}_i) = 2\sum_{i=1}^{n}\hat{y}_i(y_i - \hat{y}_i) - 2\bar{y}\sum_{i=1}^{n}(y_i - \hat{y}_i) = 2\sum_{i=1}^{n}\hat{y}_i e_i - 2\bar{y}\sum_{i=1}^{n}e_i = 0$$

所以

$$\sum_{i=1}^{n}(y_i - \bar{y})^2 = \sum_{i=1}^{n}(\hat{y}_i - \bar{y})^2 + \sum_{i=1}^{n}(y_i - \hat{y}_i)^2$$

其中：$\sum_{i=1}^{n}(y_i - \bar{y})^2$ 记为总二次方和或观测值的校正二次方和，简写为 SST，其度量了观测值中总的变异性，刻画了 y 的波动程度；$\sum_{i=1}^{n}(\hat{y}_i - \bar{y})^2$ 记为回归二次方和，简写为 SSR，其刻画了由 x 的波动引起的 y 波动的部分；$\sum_{i=1}^{n}(y_i - \hat{y}_i)^2$ 记为残差二次方和，简写为 SSE，其刻画了未加控制的因素引起 y 波动的部分。

二次方和分解式可简写为

$$\text{SST} = \text{SSR} + \text{SSE}, \text{SSR} = \hat{\beta}_1 s_{xy} \tag{6-14}$$

总二次方和 SST 反映了 y 的波动程度，在回归模型中，SST 就分成两部分：一部分是由自变量 x 的波动引起的，即有回归方程引起的 SSR；另一部分是由 x 之外的不确定因素引起的 SSE。因此 SSR 越大时回归效果越好。

SST 的自由度分析:因为 $y_i - \bar{y}$ 约束 $\sum_{i=1}^{n}(y_i - \bar{y})$ 使 SST 丢掉了一个自由度,所以 $df_{\text{总}} = n-1$ 个自由度;由于 SSR 完全由 $\hat{\beta}_1$ 一个参数确定,所以 $df_{\text{回}} = 1$ 个自由度;另外估计 β_0 与 β_1 时对离差 $y_i - \hat{y}_i$ 施加了两个约束,所以 SSE 有 $n-2$ 个自由度。根据自由度的可加性,可得 $df_{\text{总}} = df_{\text{回}} + df_{\text{残}}$,因为总二次方和反映因变量 y 的波动程度或称不确定性,在建立了 y 对 x 的线性回归后,总二次方和 SST 就分解成回归二次方和 SSR 与残差二次方和 SSE 两部分,其中 SSR 是由回归方程确定的,也就是由自变量 x 的波动引起的,SSE 是不能用自变量解释的波动,是由 x 之外的未加控制的因素引起的。这样,总二次方和 SST 中,能够由自变量解释的部分为 SSR,不能由自变量解释的部分为 SSE,从而,回归二次方和 SSR 越大,回归的效果就越好,可以据此构造 F 检验统计量为

$$F = \frac{\text{SSR}/1}{\text{SSE}/(n-2)} \qquad (6-15)$$

在正态假设下,当原假设 $H_0: \beta_1 = 0$ 成立时,$F \sim f(1, n-2)$,当 $F > F_\alpha(1, n-2)$ 时,拒绝原假设。

3. 相关系数的显著性检验

因为一元线性回归方程讨论的是变量 x 与变量 y 之间的线性关系,所以变量 x 与 y 之间的相关系数可以用来检验回归方程的显著性。x 与 y 的简单相关系数(Pearson 相关系数)为

$$r = \frac{\sum_{i=1}^{n}(x_i - \bar{x})(y_i - \bar{y})}{\sqrt{\sum_{i=1}^{n}(x_i - \bar{x})^2}\sqrt{\sum_{i=1}^{n}(y_i - \bar{y})^2}} = \frac{s_{xy}}{\sqrt{s_{xx}s_{yy}}} = \hat{\beta}_1 \sqrt{s_{xx}/s_{yy}} \qquad (6-16)$$

r 的绝对值小于等于 1,根据相关系数的检验表,通常当 $|r|$ 大于表中 $\alpha = 0.05$ 相应的值时,认为 x 与 y 有显著的线性关系。缺点:接近于 1 的程度与数据组数 n 有关(n 较小时,相关系数的波动较大,$|r|$ 接近于 1,n 较大时,$|r|$ 易偏小,n 较小时,不能仅凭 r 判定 x 与 y 之间有密切的线性关系)。

对于一元线性回归来说,回归系数显著性的 t 检验、回归方程显著性的 F 检验、相关系数显著性的 t 检验,这三种检验是等价的。相关系数显著性的 t 检验与回归系数显著性的 t 检验是完全相等的,式(6-15) F 统计量则是这两个 t 统计量的二次方。对于一元线性回归只需要做一种检验即可,而对于多元线性回归,这三种检验考虑的问题不同,是三种不同的检验,并不等价。

6.2.4 应用回归方程进行预测

1. 预测值的点估计

当方程通过检验后,由已经求出的回归方程给定的某一个解释变量 x_0,可以求出此条件下的点预测值,输入 x_0 的值,则预测值为 $\hat{y}_0 = \hat{\beta}_0 + \hat{\beta}_1 x_0$。

2. 区间估计

为估计预测风险和给出置信水平(confidence level),应继续做区间估计(interval estimation),也就是在一定的显著性水平下,求出置信区间(confidence region),即求出一个正实数

δ，使得实测值 y_0 以 α 的概率落在区间 $(\hat{y}_0-\delta, \hat{y}_0+\delta)$ 内，满足 $P(\hat{y}_0-\delta, \hat{y}_0+\delta)=\alpha$。由于预测值和实际值都服从正态分布，所以预测误差 $y_0-\hat{y}_0$ 也服从正态分布，$\delta = t_{\frac{\alpha}{2}}(n-2) \times \sigma \times \sqrt{1+\frac{1}{n}+\frac{(x_0-\bar{x})^2}{s_{xx}}}$，$\sigma=\sqrt{(s_{yy}-b \times s_{xy})/n-2}$，求出 δ 后将得出结论：在 α 的概率下，预测范围为 $(\hat{y}_0-\delta, \hat{y}_0+\delta)$。

6.2.5 一元线性回归模型实例

表 6-1 给出的是 1991—2002 年某城市的水路货运量，下面将根据此表数据建立一元线性回归模型并对 2002 年以后的水路货运量进行预测。

表 6-1 1991—2002 年某城市的水路货运量

序号 x_i	年 份	水路货运量 y_i	序号 x_i	年 份	水路货运量 y_i
1	1991	1 659	7	1997	2 364
2	1992	1 989	8	1998	2 354
3	1993	2 195	9	1999	2 418
4	1994	2 255	10	2000	2 534
5	1995	2 329	11	2001	2 568
6	1996	2 375	12	2002	2 835

具体过程如下所示，其中在计算过程中所用到的中间数据均列入表 6-2。

(1) 计算 $\bar{x}, \bar{y}$：

$$\bar{x}=\frac{1}{n}\sum_{i=1}^{n}x_i=\frac{1}{12}(1+2+3+4+5+6+7+8+9+10+11+12)=6.5$$

$$\bar{y}=\frac{1}{n}\sum_{i=1}^{n}y_i=\frac{1}{12}(1\,659+1\,989+2\,195+2\,255+2\,329+2\,375+2\,364+2\,354+2\,418+2\,534+2\,568+2\,835)=6.5$$

表 6-2 1991—2002 年某城市水路货运量一元线性回归计算过程

序号 x_i	年份	$\bar{x}$	$(x_i-\bar{x})$	$(x_i-\bar{x})^2$	水路货运量 y_i	$\bar{y}$	$(y_i-\bar{y})$	$(y_i-\bar{y})^2$
1	1991	6.5	−5.5	30.25	1 659	2 323	−664	440 896
2	1992	6.5	−4.5	20.25	1 989	2 323	−334	111 556
3	1993	6.5	−3.5	12.25	2 195	2 323	−128	16 384
4	1994	6.5	−2.5	6.25	2 255	2 323	−68	4 624
5	1995	6.5	−1.5	2.25	2 329	2 323	6	36
6	1996	6.5	−0.5	0.25	2 375	2 323	52	2 704
7	1997	6.5	0.5	0.25	2 364	2 323	41	1 681
8	1998	6.5	1.5	2.25	2 354	2 323	31	961
9	1999	6.5	2.5	6.25	2 418	2 323	95	9 025

续表

序号x_i	年份	$\bar{x}$	$(x_i-\bar{x})$	$(x_i-\bar{x})^2$	水路货运量y_i	$\bar{y}$	$(y_i-\bar{y})$	$(y_i-\bar{y})^2$
10	2000	6.5	3.5	12.25	2 534	2 323	211	44 521
11	2001	6.5	4.5	20.25	2 568	2 323	245	60 025
12	2002	6.5	5.5	20.25	2 835	2 323	512	262 144

(2) 计算 s_{xx}, s_{yy}, s_{xy}：

$$s_{xx}=\sum_{i=1}^{n}(x_i-\bar{x})^2=30.25+20.25+12.25+6.25+2.25+0.25+0.25+$$
$$2.25+6.25+12.25+20.25+30.25=143$$

$$s_{yy}=\sum_{i=1}^{n}(y_i-\bar{y})^2=440\ 896+111\ 556+16\ 384+4\ 624+36+2\ 704+1\ 681+$$
$$961+9\ 025+44\ 521+60\ 025+262\ 144=954\ 557$$

$$s_{xy}=\sum_{i=1}^{n}(x_i-\bar{x})(y_i-\bar{y})=(-5.5)\times(-664)+(-4.5)\times(-334)+(-3.5)\times$$
$$(-128)+(-2.5)\times(-68)+(-1.5)\times 6+(-0.5)\times 52+0.5\times 41+1.5\times$$
$$31+2.5\times 95+3.5\times 211+4.5\times 245+5.5\times 512=3\ 652+1\ 503+448+170-$$
$$9-26+20.5+46.5+237.5+738.5+1\ 102.5+281=10\ 699.5$$

(3) 计算系数 $\hat{a}, \hat{b}$：

$$\hat{b}=\frac{l_{xy}}{l_{xx}}=\frac{10\ 699.5}{143}=74.822,\quad \hat{a}=\bar{y}-\hat{b}\bar{x}=2\ 323-74.822\times 6.5=1\ 836.657$$

所以此预测模型为

$$\hat{y}=\hat{a}+\hat{b}x=1\ 836.657+74.822x \tag{6-17}$$

(4) 一元线性回归方程的相关性检验：

相关系数为

$$R=\frac{s_{xy}}{\sqrt{s_{xx}s_{yy}}}=\frac{10\ 699.5}{\sqrt{143\times 954\ 557}}=0.915\ 8$$

因为相关系数 $R=0.915\ 8$，接近 $+1$，属于正相关，所以可以认为 x 和 y 之间存在显著的线性关系，式(6-17)可以作为预测模型。

(5) 预测分析。根据上面所求的一元线性预测模型 $y=1\ 836.657+74.822x$，如果要预测 2004 年货运量的点估计值和区间估计值，将 $x=14$ 代入式(6-17)，得

$$Y_{2004}=1\ 836.657+74.822x=1\ 836.657+74.822\times 14=2\ 884\text{(四舍五入结果)}$$

Y_{2004} 的 95% 的估计区间为

$$\sigma=\sqrt{(s_{yy}-b\times s_{xy})/n-2}=\sqrt{(954\ 557-74.822\times 10\ 699.5)/(12-2)}=124.096\ 3$$

$$\delta=t_{\frac{a}{2}}(n-2)\times\sigma\times\sqrt{1+\frac{1}{n}+\frac{(x_0-\bar{x})^2}{\sum_{i=1}^{n}(x_i-\bar{x})^2}}=$$

$$t_{0.025}(10)\times 287.645\times\sqrt{1+\frac{1}{12}+\frac{(14-6.5)^2}{143}}=$$

2.228 14×124.096 3×1.215 2=336

因此 Y_{2004} 的 95% 的估计区间为 $(2\,884-336, 2\,884+336)=(2\,548, 3\,220)$。

6.3 多元线性回归模型

6.3.1 多元线性回归的概念

多元回归分析就是用多个自变量来刻画一个响应变量，一元线性回归属于多元回归分析的一种特例。如果观测了 n 个案例，那么记录下这 n 个案例中所有变量的每一个数据。例如当自变量的个数为 p 时，那么多元线性回归方程可以表示为

$$y = \beta_0 + \beta_1 x_1 + \cdots + \beta_p x_p + \varepsilon \tag{6-18}$$

其中：β_0 称为回归常数；$\beta_1, \beta_2, \cdots, \beta_p$ 称为回归系数；$x_1, x_2, \cdots, x_p$ 是用来预测 y 的解释变量；y 为被解释变量；ε 为随机误差。与一元线性回归一样，对随机误差项常假定 $E(\varepsilon)=0$，$\text{Var}(\varepsilon)=\sigma^2$。对一个实际问题，如果获得 n 组观测数据 $(x_{i1}, x_{i2}, \cdots, x_{ip}; y_i), i=1,2,\cdots,n$，则线性回归模型式(6-18)可化为

$$\left. \begin{array}{l} y_1 = \beta_0 + \beta_1 x_{11} + \beta_2 x_{12} + \cdots + \beta_p x_{1p} + \varepsilon_1 \\ y_2 = \beta_0 + \beta_1 x_{21} + \beta_2 x_{22} + \cdots + \beta_p x_{2p} + \varepsilon_2 \\ \vdots \\ y_n = \beta_0 + \beta_1 x_{n1} + \beta_2 x_{n2} + \cdots + \beta_p x_{np} + \varepsilon_n \end{array} \right\} \tag{6-19}$$

写成矩阵形式为

$$\boldsymbol{y} = \boldsymbol{X\beta} + \boldsymbol{\varepsilon} \tag{6-20}$$

其中

$$\boldsymbol{y} = \begin{bmatrix} y_1 \\ y_2 \\ \vdots \\ y_n \end{bmatrix}, \boldsymbol{X} = \begin{bmatrix} 1 & x_{11} & \cdots & x_{1p} \\ 1 & x_{21} & \cdots & x_{2p} \\ \vdots & \vdots & & \vdots \\ 1 & x_{n1} & \cdots & x_{np} \end{bmatrix}, \boldsymbol{\beta} = \begin{bmatrix} \beta_1 \\ \beta_2 \\ \vdots \\ \beta_p \end{bmatrix}, \boldsymbol{\varepsilon} = \begin{bmatrix} \varepsilon_1 \\ \varepsilon_2 \\ \vdots \\ \varepsilon_n \end{bmatrix}$$

$\boldsymbol{X}$ 是 $n\times(p+1)$ 矩阵，称 $\boldsymbol{X}$ 为回归设计矩阵，为了方便地进行模型的参数估计，对方程式(6-19)有如下一些基本设定：

(1) 解释变量 $x_1, x_2, \cdots, x_p$ 是确定性变量，$\boldsymbol{X}$ 是一满秩矩阵。

(2) 随机误差项具有零均值和等方差，即满足 Gauss-Markov 条件：

$$\left. \begin{array}{l} E(\varepsilon_i)=0, i=1,2,\cdots,n \\ \text{Cov}(\varepsilon_i, \varepsilon_j) = \begin{cases} \sigma^2, & i=j \\ 0, & i\neq j \end{cases} (i,j=1,2,\cdots,n) \end{array} \right\} \tag{6-21}$$

(3) 随机误差项服从正态分布：

$$\varepsilon_i \sim N(0, \sigma^2), i=1,2,\cdots,n \tag{6-22}$$

对于多元线性回归的矩阵形式式(6-20)，这个条件为

$$\boldsymbol{\varepsilon} \sim N(0, \sigma^2 \boldsymbol{I}_n) \tag{6-23}$$

由上述假定和多元正态分布的性质可知，随机向量 $\boldsymbol{y}$ 服从 n 维正态分布：

$$\boldsymbol{y} \sim N(\boldsymbol{X\beta}, \sigma^2 \boldsymbol{I}_n) \tag{6-24}$$

6.3.2 多元线性模型的最小二乘估计

由样本数据得到回归参数 $\beta_0,\beta_1,\cdots,\beta_p$ 的估计值,常用的方法是最小二乘估计(Ordinary Least Square Estimation,OLSE)和极大似然估计(Maximum Likelihood Estmation,MLE)。需要注意的是,极大似然估计是在 $\varepsilon_i \sim N(0,\sigma^2)$ 的正态分布假设下完成的,而最小二乘估计对分布假设可以不作要求。下面只简单介绍最小二乘法。

对于式(6-20)矩阵形式表示的回归模型 $\boldsymbol{y} = \boldsymbol{X\beta} + \boldsymbol{\varepsilon}$,未知参数 $\beta_0,\beta_1,\cdots,\beta_p$ 的估计采用最小二乘法,即寻找参数 $\beta_0,\beta_1,\cdots,\beta_p$ 的估计值 $\hat{\beta}_0,\hat{\beta}_1,\cdots,\hat{\beta}_p$,使离差二次方和达到极小:

$$Q(\beta_1,\beta_2,\cdots,\beta_p) = \sum_{i=1}^{n}(y_i - \beta_0 - \beta_1 x_{i1} - \beta_2 x_{i2} - \cdots - \beta_p x_{ip})^2 \quad (6-25)$$

$$Q(\hat{\beta}_1,\hat{\beta}_2,\cdots,\hat{\beta}_p) = \min_{\beta_0,\beta_1,\cdots,\beta_p} \sum_{i=1}^{n}(y_i - \beta_0 - \beta_1 x_{i1} - \beta_2 x_{i2} - \cdots - \beta_p x_{ip})^2 \quad (6-26)$$

由式(6-26)求出的 $\hat{\beta}_0,\hat{\beta}_1,\cdots,\hat{\beta}_p$ 就称为回归参数 $\beta_0,\beta_1,\cdots,\beta_p$ 的最小二乘估计。由式(6-26)中求出 $\hat{\beta}_0,\hat{\beta}_1,\cdots,\hat{\beta}_p$ 是一个求极值问题。根据微积分中求极值的原理,$\hat{\beta}_0,\hat{\beta}_1,\cdots,\hat{\beta}_p$ 应满足下列方程组

$$\left. \begin{aligned} \frac{\partial Q}{\partial \beta_0} \bigg|_{\beta_0 = \hat{\beta}_0} &= -2\sum_{i=1}^{n}(y_i - \hat{\beta}_0 - \hat{\beta}_1 x_{i1} - \hat{\beta}_2 x_{i2} - \cdots - \hat{\beta}_p x_{ip}) = 0 \\ \frac{\partial Q}{\partial \beta_1} \bigg|_{\beta_1 = \hat{\beta}_1} &= -2\sum_{i=1}^{n}(y_i - \hat{\beta}_0 - \hat{\beta}_1 x_{i1} - \hat{\beta}_2 x_{i2} - \cdots - \hat{\beta}_p x_{ip}) x_{i1} = 0 \\ &\vdots \\ \frac{\partial Q}{\partial \beta_p} \bigg|_{\beta_p = \hat{\beta}_p} &= -2\sum_{i=1}^{n}(y_i - \hat{\beta}_0 - \hat{\beta}_1 x_{i1} - \hat{\beta}_2 x_{i2} - \cdots - \hat{\beta}_p x_{ip}) x_{ip} = 0 \end{aligned} \right\} \quad (6-27)$$

当 $(\boldsymbol{X'X})^{-1}$ 存在时,即得回归参数的最小二乘估计为

$$\hat{\boldsymbol{\beta}} = (\boldsymbol{X'X})^{-1}\boldsymbol{X'y} \quad (6-28)$$

称

$$\hat{y} = \hat{\beta}_0 + \hat{\beta}_1 x_1 + \hat{\beta}_2 x_2 + \cdots + \hat{\beta}_p x_p \quad (6-29)$$

为经验回归方程。

6.3.3 多元线性回归模型的检验

TSS: $\sum_{i=1}^{n}(y_i - \bar{y})^2$ 表示观察值 y_i 与其平均值的总离差二次方和。

ESS: $\sum_{i=1}^{n}(\hat{y}_i - \bar{y})^2$ 表示由回归方程中 x 的变化而引起的称为回归二次方和。

RSS: 为 TSS-ESS=$\sum_{i=1}^{n}(y_i - \hat{y}_i)^2$ 表示不能用回归方程解释的部分,是由其他未能控制的随机干扰因素引起的残差二次方和。

(1)拟合优度检验。拟合优度 R^2(goodness of fit):R^2 = ESS/TSS($0 \leqslant R^2 \leqslant 1$)。拟合优

度是衡量回归二次方和和在总离差二次方和中所占的比例大小。比例越大,线性回归效果越好,也就是 R^2 越接近 1,回归直线与样本观测值拟合得越好。拟合优度也称为决定系数或相关系数。

拟合优度的修正值 $\bar{R}^2 = 1 - (1-R^2)\frac{n-1}{n-m-1}$,其中 n 为样本总数,m 为自变量个数,$n-m-1$ 为 RSS 的自由度,$n-1$ 为 TSS 的自由度。

(2)F 检验。在多元线性回归模型中,所得回归方程的显著性检验(F 检验)是指回归系数总体的回归显著性。F 检验的步骤如下:

1)假设 $H_0: b_1 = b_2 = \cdots = b_k = 0$,备择假设:$H_1: b_j$ 不全为零 $(j=1,2,\cdots,k)$;

2)计算构造统计量 $F = \dfrac{\dfrac{ESS}{k}}{\dfrac{RSS}{n-k-1}}$($n$ 为样本总数,k 为自变量个数);

3)给定显著性水平 α,确定临界值 $F_\alpha(k, n-k-1)$;

4)把 F 与 $F_\alpha(k, n-k-1)$ 相比较,若 $F > F_\alpha(k, n-k-1)$ 则认为回归方程有显著意义,否则,判断回归方程预测不显著。

(3)t 检验。对引入回归方程的自变量逐个进行显著性检验的过程,称为回归系数的显著性检验(t-test or student-test),t 检验的步骤如下:

1)假设 $H_0: b_i = 0$,备择假设:$H_1: b_j \neq 0 (j=1,2,\cdots,k)$;

2)计算统计量 $|T_i|$,即

$$|T_i| = \frac{\hat{b}_i}{\sqrt{\dfrac{1}{n-k-1}\sum_{i=1}^{n}(y_i - \hat{y}_i)^2 (\boldsymbol{x}^T \boldsymbol{x})_{ii}^{-1}}} \tag{6-30}$$

3)给定显著性水平 α,确定临界值 $t_{\frac{\alpha}{2}}(n-k-1)$;

4)$|T_i|$ 与 $t_{\frac{\alpha}{2}}(n-k-1)$ 相比较,也就是统计量与临界值比较,若 $|T_i| > t_{\frac{\alpha}{2}}(n-k-1)$ 则认为回归系数 $\hat{b}_i$ 与零有显著差异,必须保留 x_i 在原回归方程中;否则,应去掉 x_i 重新建立回归方程。

6.3.4 应用回归方程进行预测

1. 预测值的点估计

当方程通过检验后,由已经求出的回归方程和给定的解释变量 $X_0 = (x_{01}, x_{02}, \cdots, x_{0k})$,可以求出此条件下的点预测值,输入 X_0 的值,则预测值 $\hat{y}_i = \hat{b}_0 + \hat{b}_1 x_{01} + \hat{b}_2 x_{02} + \cdots + \hat{b}_k x_{0k}$。

2. 区间估计

为估计预测风险和给出置信水平,应继续做区间估计,也就是在一定的显著性水平下,求出置信区间,即求出一个正实数 δ,使得实测值 y_0 以 α 的概率落在区间 $(\hat{y}_0 - \delta, \hat{y}_0 + \delta)$ 内,满足 $P(\hat{y}_0 - \delta, \hat{y}_0 + \delta) = \alpha$,其中 $\delta = t_{\frac{\alpha}{2}}(n-m-1) \times \sigma \times \sqrt{1 + X_0(\boldsymbol{X}^T\boldsymbol{X})^{-1}\boldsymbol{X}^T}$,$\sigma = \sqrt{RSS/n-m-1}$。

6.3.5 应用多元回归方程进行客运量预测的实例

为了简明,下面以仅含两个自变量(人口数及城市GDP)建立某城市水路客运量的二元线性回归预测模型问题为例,具体数据见表6-3。

表6-3 1991—2002年某城市的水路客运量、人口数及城市GDP

序 号	年 份	水路客运量 y	市人口数 x_1	城市 GDP x_2
1	1991	342	520	211.9
2	1992	466	522.9	244.6
3	1993	492	527.1	325.1
4	1994	483	531.5	528.1
5	1995	530	534.7	654.1
6	1996	553	537.4	733.1
7	1997	581.5	540.4	829.7
8	1998	634.8	543.2	926.3
9	1999	656.1	545.3	1 003.1
10	2000	664.4	551.5	1 110.8
11	2001	688.3	554.6	1 235.6
12	2002	684.4	557.93	1 406

具体预测过程如下,其中在计算过程中所用到的中间数据均列入表6-4。

表6-4 1991—20002年某城市水路货运量预测的二元线性回归预测模型计算过程

年 份	x_{1i}	$\bar{x}_1$	$x_{1i}-\bar{x}_1$	x_{2i}	$\bar{x}_2$	$x_{2i}-\bar{x}_2$	y_i	$\bar{y}$	$y_i-\bar{y}$
1991	520	538.88	-18.88	211.9	766.62	-554.72	342	564.625	-222.625
1992	522.9	538.88	-15.98	244.6	766.62	-522.02	466	564.625	-98.625
1993	527.1	538.88	-11.78	325.1	766.62	-441.52	492	564.625	-72.625
1994	531.5	538.88	-7.38	528.1	766.62	-238.52	483	564.625	-81.625
1995	534.7	538.88	-4.18	645.1	766.62	-121.52	530	564.625	-34.625
1996	537.4	538.88	-1.48	733.1	766.62	-33.52	553	564.625	-11.625
1997	540.4	538.88	1.52	829.7	766.62	63.08	581.5	564.625	16.875
1998	543.2	538.88	4.32	926.3	766.62	159.68	634.8	564.625	70.175
1999	545.3	538.88	6.42	1 003.1	766.62	236.48	656.1	564.625	91.475
2000	551.5	538.88	12.62	1 110.8	766.62	344.18	664.4	564.625	99.775
2001	554.6	538.88	15.72	1 235.6	766.62	468.98	688.3	564.625	123.675
2002	557.93	538.88	19.05	1 406	766.62	639.38	684.4	564.625	119.775

1. 参数估计

从表 6-4 中的数据出发,在 x_1, x_2 和 y 之间建立回归方程:$\hat{y}=\hat{b}_0+\hat{b}_1 x_1+\hat{b}_2 x_2$,其中回归系数的估计仍用最小二乘法解得 $\hat{b}_0=\bar{y}-\hat{b}_1\bar{x}_1-\hat{b}_2\bar{x}_2$,并且满足下述方程组:

$$\left.\begin{array}{l}l_{11}\hat{b}_1+l_{12}\hat{b}_2=l_{1y}\\ l_{21}\hat{b}_1+l_{22}\hat{b}_2=l_{2y}\end{array}\right\} \quad (6-31)$$

其中:$\bar{y}=\dfrac{1}{n}\sum_{i=1}^{n}y_i$;$\bar{x}_1=\dfrac{1}{n}\sum_{i=1}^{n}x_{1i}$;$\bar{x}_2=\dfrac{1}{n}\sum_{i=1}^{n}x_{2i}$。

令

$$l_{11}=\sum_{j=1}^{n}(x_{1j}-\bar{x}_1)^2, l_{22}=\sum_{j=1}^{n}(x_{2j}-\bar{x}_2)^2, l_{12}=l_{21}=\sum_{j=1}^{n}(x_{1j}-\bar{x}_1)(x_{2j}-\bar{x}_2)$$

$$l_{1y}=\sum_{j=1}^{n}(x_{1j}-\bar{x}_1)(y_i-\bar{y}), l_{2y}=\sum_{j=1}^{n}(x_{2j}-\bar{x}_2)(y_i-\bar{y}), l_{yy}=\sum_{j=1}^{n}(y_j-\bar{y})^2$$

解式(6-31)所示的方程组,得到

$$\hat{b}_1=\frac{l_{1y}l_{22}-l_{2y}l_{12}}{l_{11}l_{22}-l_{12}l_{21}}, \hat{b}_2=\frac{l_{2y}l_{11}-l_{1y}l_{21}}{l_{11}l_{22}-l_{12}l_{21}}$$

将表 6-4 中的数据代入式(6-31),得

$$l_{yy}=\sum_{j=1}^{n}(y_j-\bar{y})^2=125\,733.4, l_{11}=\sum_{j=1}^{n}(x_{1j}-\bar{x}_1)^2=1\,656.185$$

$$l_{22}=\sum_{j=1}^{n}(x_{2j}-\bar{x}_2)^2=1\,680\,550, l_{12}=l_{21}=\sum_{j=1}^{n}(x_{1j}-\bar{x}_1)(x_{2j}-\bar{x}_2)=52\,533.95$$

$$l_{1y}=\sum_{j=1}^{n}(x_{1j}-\bar{x}_1)(y_i-\bar{y})=13\,800.16, l_{2y}=\sum_{j=1}^{n}(x_{2j}-\bar{x}_2)(y_i-\bar{y})=433\,936.1$$

$$\hat{b}_1=\frac{l_{1y}l_{22}-l_{2y}l_{12}}{l_{11}l_{22}-l_{12}l_{21}}=\frac{13\,800.16\times 1\,680\,550-433\,936.1\times 52\,533.95}{1\,656.185\times 1\,680\,550-52\,533.95^2}=16.839$$

$$\hat{b}_2=\frac{l_{2y}l_{11}-l_{1y}l_{21}}{l_{11}l_{22}-l_{12}l_{21}}=\frac{433\,936.1\times 1\,656.185-13\,800.16\times 52\,533.95}{1\,656.185\times 1\,680\,550-52\,533.95^2}=-0.268$$

$$\hat{b}_0=\bar{y}-\hat{b}_1\bar{x}_1-\hat{b}_2\bar{x}_2=564.625-16.839\times 538.88+0.268\times 766.62=-8\,304.12$$

因此,所确定的二元回归方程为

$$y=-8\,304.12+16.839x_1-0.268x_2$$

2. 回归方程的显著性检验

回归方程的显著性检验计算过程所需数据均列入表 6-5 中。

(1)拟合优度检验。将表 6-5 中的数据代入模型检验参数中,拟合优度 $R^2=\text{ESS}/\text{TSS}=116\,009.766/125\,733.433=0.922\,6$;拟合优度修正值 $\bar{R}^2=1-(1-R^2)\dfrac{12-1}{12-2-1}=0.945\,4$。

表 6-5 1991—2002 年某城市水路货运量二元线性回归模型检验计算过程

年 份	x_{1i}	x_{2i}	$\hat{y}_i$	y_i	$\bar{y}$	$y_i - \bar{y}$	$\hat{y}_i - \bar{y}$	$y_i - \hat{y}_i$
1991	520	211.9	395.371	342	564.625	−222.625	−169.254	−53.371
1992	522.9	244.6	435.440	466	564.625	−98.625	−129.185	30.560
1993	527.1	325.1	484.590	492	564.625	−72.625	−80.035	7.410
1994	531.5	528.1	504.278	483	564.625	−81.625	−60.347	−21.278
1995	534.7	645.1	526.806	530	564.625	−34.625	−37.819	3.194
1996	537.4	733.1	548.688	553	564.625	−11.625	−15.937	4.312
1997	540.4	829.7	573.316	581.5	564.625	16.875	8.691	8.184
1998	543.2	926.3	594.576	634.8	564.625	70.175	29.951	40.224
1999	545.3	1 003.1	609.356	656.1	564.625	91.475	44.731	46.744
2000	551.5	1 110.8	684.894	664.4	564.625	99.775	120.269	−20.494
2001	554.6	1 235.6	703.649	688.3	564.625	123.675	139.024	−15.349
2002	557.93	1 406	714.055	684.4	564.625	119.775	149.430	−29.6555

(2) F 检验。$F = \dfrac{\dfrac{\text{ESS}}{2}}{\dfrac{\text{RSS}}{12-2-1}} = \dfrac{116\,009.766/2}{9\,723.656/9} = 53.688$,给定显著性水平 $\alpha = 0.05$, $F_\alpha(2, 12-2-1) = 4.256$, $F > F_\alpha(k, n-k-1)$ 则回归方程有显著意义。

(3) t 检验。给定显著性水平 $\alpha = 0.05$,临界值 $t_{\frac{\alpha}{2}}(n-k-1) = 2.262$,计算估计标准误差 s_y:

$$s_y = \sqrt{\dfrac{\text{RSS}}{n-m-1}} = \sqrt{\dfrac{9\,723.656}{12-2-1}} = 32.869$$

由公式 $|T_i| = \dfrac{\hat{b}_i}{\sqrt{\dfrac{1}{n-k-1}\sum\limits_{i=1}^{n}(y_i - \hat{y}_i)^2 (\boldsymbol{x}^{\mathrm{T}}\boldsymbol{x})_{ii}^{-1}}}$ 计算得 $|T_1| > t_{\frac{\alpha}{2}}(n-k-1)$ 并且 $|T_2| > t_{\frac{\alpha}{2}}(n-k-1)$,认为回归系数 $\hat{b}_1$ 和 $\hat{b}_2$ 与零有显著差异,保留 x_1 和 x_2 在原回归方程中。

3. 预测分析

根据上面所求的多元线性回归预测模型 $y = -8\,304.12 + 16.839x_1 - 0.268x_2$,预测 2004 年的货运量,将 $x_1 = 560$, $x_2 = 1\,546$ 代入上式,分别得到点估计值和区间估计值:

$$y_{2004} = -8\,304.12 + 16.839 \times 560 - 0.286 \times 1\,546 = 711.294$$

y_{2004} 的 95% 的估计区间为

$$(711.294 - 110.198, 711.294 + 110.198) = (601.096, 821.492)$$

6.4 其他回归方法

6.4.1 非线性回归

在此前的章节中,推导了线性回归问题的求解,而非线性回归实际上是线性回归的延伸。生活中,很多现象之间的关系往往不是线性关系,当回归函数不是自变量的线性函数时,传统常用方法是将之变换为线性函数,从而可以使用线性回归方法对其进行分析。

1. 确定可能的函数形式

首先绘制数据的散点图,当无法运用专业知识准确判断回归函数的形式时,可以将散点图与常见的几种函数关系图形进行比较,最终确定最为合适的曲线回归方程。例如,当散点图呈现明显上凸趋势时,可能选择的函数形式有以下几种:

$$\frac{1}{y}=a+\frac{b}{x} \tag{6-32}$$

$$y=a+b\ln x \tag{6-33}$$

$$y=a+b\sqrt{x} \tag{6-34}$$

$$y-c=a\mathrm{e}^{-x/b} \;(b>0) \tag{6-35}$$

2. 参数估计

以式(6-32)为例,可进行如下变换,令

$$u=\frac{1}{x}, v=\frac{1}{y}$$

于是函数就可以变换为线性函数:

$$v=a+bu$$

则回归方程变为

$$v_i=a+bu_i+\varepsilon_i$$

接下来即可使用一元线性回归的方法给出 a,b 的估计。

通过变量代换,可以将很多的非线性回归转化为线性回归。比如,假设存在非线性模型:$y=a_1x_1+a_2x_2^2+b$,那么令 $z_2=x_2^2$,则模型可被写为 $y=a_1x_1+a_2z_2+b$,这样就可以使用线性回归的方法解决非线性回归的问题,常见的转化模型见表6-6。

表6-6 常见的转化模型

曲线方程	变换公式	变换后的线性方程	曲线图形
$\dfrac{1}{y}=a+\dfrac{b}{x}$	$X=\dfrac{1}{x}$ $Y=\dfrac{1}{y}$	$Y=a+bX$	(a)$b>0$　(b)$b<0$

续表

曲线方程	变换公式	变换后的线性方程	曲线图形
$y=ax^b$	$X=\ln x$ $Y=\ln y$	$Y=a'+bX\ (a'=\ln x)$	(a)$b>0$ (b)$b<0$
$y=a+b\ln x$	$X=\ln x$ $Y=y$	$Y=a+bX$	(a)$b>0$ (b)$b<0$
$y=a\mathrm{e}^{bx}$	$X=x$ $Y=\ln y$	$Y=a'+bX\ (a'=\ln x)$	(a)$b>0$ (b)$b<0$
$y=a\mathrm{e}^{\frac{b}{x}}$	$X=\dfrac{1}{x}$ $Y=\ln y$	$Y=a'+bX\ (a'=\ln x)$	(a)$b>0$ (b)$b<0$

6.4.2 多项式回归

多项式回归是线性回归的推广，如果回归方程不仅仅是 x 的一次方，比如增加二次方，那么模型就变成了多项式回归。如回归模型：

$$y_i=\beta_0+\beta_1 x_i+\beta_{11} x_i^2+\varepsilon_i \tag{6-36}$$

称为一元二次多项式模型，其回归函数是一条抛物线，通常称为二项式回归系数。其中回归系数 β_1 为线性效应系数，β_{11} 为二次效应系数。

回归模型：

$$y_i=\beta_0+\beta_1 x_i+\beta_{11} x_i^2+\beta_{111} x_i^3+\varepsilon_i \tag{6-37}$$

称为一元三次多项式模型。当自变量 x 的次数大于 3 时,对于回归系数的估计将会变得十分困难,对应回归函数也不稳定,因此通常不会使用幂次超过 3 的多项式回归模型。

回归模型:
$$y_i = \beta_0 + \beta_1 x_{i1} + \beta_2 x_{i2} + \beta_{11} x_{i1}^2 + \beta_{22} x_{i2}^2 + \beta_{12} x_{i1} x_{i2} + \varepsilon_i \tag{6-38}$$

称为二元二次回归模型。回归系数中含有两个自变量线性项系数和两个二次项系数,交叉乘积项表示 x_1 和 x_2 的交互作用,交叉乘积项系数 β_{12} 称为交互影响系数。

6.4.3 样条回归

前面所介绍的多项式回归是针对所有数据的,也就是说,所有用来拟合的数据都符合计算的多项式的规律。然而,如果有的数据可能在小于某个值之前是直线关系,到了这个值之后,开始成了二次项关系。这时候所有数据不能用一种关系来表示,因此,研究人员提出了"样条回归"的概念。首先看图 6-4 中的数据。

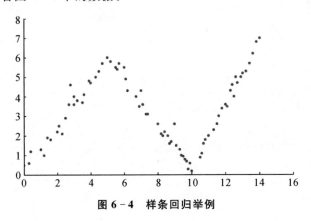

图 6-4 样条回归举例

若要使用多项式回归的方法拟合这组数据,因为这组数据有两个拐点,可以考虑用 3 次项回归,三次项拟合效果如图 6-5 所示。

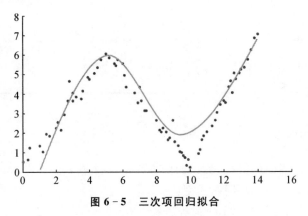

图 6-5 三次项回归拟合

可以看出,基本能反映出大概的趋势,但仍有不足。如果可以换种思路,就可以考虑:图 6-4 就像是有 3 段数据,分别是横坐标 1~5、6~10、11~15,可以看出,在每一段内,都是一个比较明显的直线关系,那就可以考虑用样条回归,样条回归的拟合效果如图 6-6 所示。

可以看出,样条回归的拟合效果优于 3 次项回归。从以上示例可以看出,样条回归可以看作是一个逐段回归或分段回归,通俗点说,就是把数据分为几段,在每一段内分别进行拟合,每一段内可以拟根据实际情况而定的多种多项式模型。

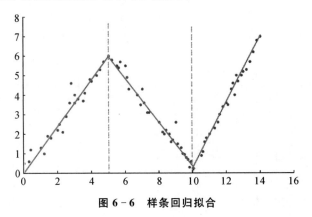

图 6-6 样条回归拟合

6.4.4 非参数回归

若没有现成的恰当变换形式,或者说,没有一个现成的表达式能够描述因变量与自变量的关系,因为它可能跟对数、二次项等看起来都不是特别吻合,没有一个函数能够把这条线表达出来,但是从另一方面来说,图 6-7(a)的拟合效果可能要好于图 6-7(b)。

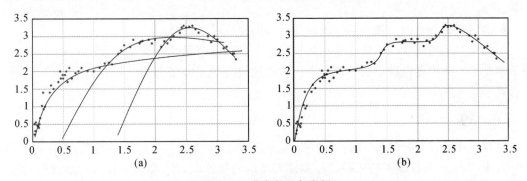

图 6-7 非参数回归举例

这是因为,凡是能用表达式描述的,必定会有一定限制,如二次项,一定是先高后低(或先低后高)的形式,只是幅度不同而已。而图 6-7(a)不局限于某种表达方式,只是在寻找更贴近点的曲线,其拟合效果更好,对于这种拟合方式,一般统称为非参数回归,也就是说不用估计参数。前面所说的非线性回归仍属于参数回归的范畴,因为最终仍能估计出回归系数(参数估计值)。而非参数回归则没有回归系数可估计,只是在寻找一条拟合效果相对较好的曲线。

广义可加模型以探索和预测为主,因为它不像广义线性模型一样可以给出参数估计值,只能给出一条拟合效果最好的曲线,但这条曲线往往无法用一个函数表示出来,因此它无法给出一个像广义线性模型那样的表达式,它是一种自由灵活的统计模型,它可以用来探测到非线性回归的影响,它的模型一般可以表示为

$$y = f_1(x_1) + f_2(x_2) + \cdots + f_n(x_n) \qquad (6-39)$$

其中:$f_i(\cdot)$是非参数光滑函数,它可以是光滑样条函数、核函数或者局部回归光滑函数,它的非参数形式使得模型非常灵活,揭示出自变量的非线性效应。

6.5 思考与练习

1. 图 6-8 是我国 2008—2014 年生活垃圾无害化处理量的折线图。

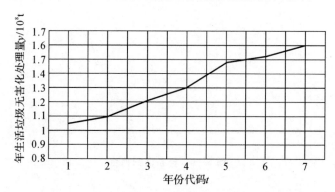

图 6-8　我国 2008—2014 年生活垃圾无害化处理数量

注:年份代码 1—7 对应年份 2008—2014

(1)由折线图看出,可用线性回归模型拟合 y 与 t 的关系,请用相关系数加以说明。

(2)建立 y 关于 t 的回归方程(系数精确到 0.01),预测 2016 年我国生活垃圾无害化处理量。

2. 简述多元线性回归模型与一元线性回归模型有哪些区别。

3. 假设要求你建立模型来说明在学校跑道上慢跑一英里或一英里以上的人数,以便决定是否修建第二条跑道以满足所有锻炼者。你通过整个学年收集数据,得到两个可能的解释性方程:

方程 A:$\hat{Y}=125.0-15.0X_1-1.0X_2+1.5X_3$,　　$\bar{R}^2=0.75$

方程 B:$\hat{Y}=123.0-14.0X_1-5.5X_2-3.7X_4$,　　$\bar{R}^2=0.75$

其中:Y 是某天慢跑者的人数,X_1 是该天降雨的英寸数,X_2 是该天日照的小时数,X_3 是该天的最高温度(按华氏温度),X_4 是第二天需交学期论文的班级数。

请回答下列问题:

(1)这两个方程你认为哪个更合理些,为什么?

(2)为什么用相同的数据去估计相同变量的系数得到不同的符号?

第7章 聚类分析

7.1 概 述

聚类与分类类似,都是将数据进行分组。但与分类不同的是,聚类中的组不是预先定义的,而是根据实际数据的特征按照数据之间的相似性来定义的,因此聚类方法也被称为无监督学习(unsupervised learning),即数据样本事先的标签是未知的。有些学者认为聚类是一种特殊类型的分类,但多数人认为聚类与分类是不同的。聚类(clustering)是一个将数据集划分为若干类(class)或簇(cluster)的过程,并使得同一个簇内的数据对象具有较高的相似度,而不同簇中的数据对象尽量不相似。数据对象的相似度是基于数据描述属性的取值来确定的,通常就是利用(各对象间)距离来进行表示的。分类(classification)则是把不同的数据划分开,其过程是通过训练数据集获得一个分类器,再通过分类器去预测未知数据,分类是一种监督学习(supervised learning)方法。

聚类分析已被应用到许多领域,其中包括模式识别、数据分析、图像处理和市场分析等。通过聚类,人们可以辨认出空旷和拥挤的区域,进而发现整个的分布模式,以及数据属性之间所存在有价值的相关关系。在许多应用中,一个聚类中所有的对象常常被当作一个对象来进行处理或分析等操作。

聚类分析的典型应用主要包括以下几方面:①在商业方面,聚类分析可以帮助市场人员发现顾客群中所存在的不同特征的组群,并可以利用购买模式来描述这些不同特征的顾客组群;②在生物学中,聚类能用于推导植物和动物的分类,对基因进行分类,获得对种群中固有结构的认识;③聚类在地球观测数据库中相似地区的确定、汽车保险单持有者的分组,以及根据房子的类型、价值和地理位置对一个城市中房屋的分组中也可以发挥作用;④此外还可以帮助分类识别互联网上的文档,以便进行信息发现。

作为数据挖掘的一项功能,聚类分析还可以作为一个单独使用的工具来帮助分析数据的分布、了解各数据类的特征、确定所感兴趣的数据类,以便作进一步分析。而且,聚类分析可以作为其他算法(如特征和分类等)的预处理步骤,这些算法可以在生成的簇上进行处理。另外,聚类分析可用于异常点或孤立点挖掘。许多数据挖掘算法试图使孤立点影响最小化,或者排除它们。然而孤立点本身可能是非常有用的。如在欺诈探测中,异常点可能预示着欺诈行为。

聚类是一个富有挑战性的研究领域,它的潜在应用提出了各自特殊的要求。

(1)异常点(孤立点)的处理。所谓异常点是指不属于任何簇的成员。虽然它们可以被视为孤立的簇,但是如果一个聚类算法试图发现较大的簇,则这些异常点可能被迫归入某些簇中。由于将两个簇合并到一起并且保留了异常点,可能会导致聚类的效果不好。

(2)有些数据是动态更新的,这意味着聚类关系也要随时间变化。

(3)对每个簇的语义进行解释是困难的。在分类问题中,类别的标签是事先知道的,但作为无监督学习的聚类,其标签是事先未知的。因此,当聚类过程结束后产生了一些簇,每个簇的精确含义并不明确。在这种情况下,需要由领域专家对每一个簇进行解释或者为每一个簇给出一个标签。

(4)聚类问题一般没有完全正确的答案,也可能存在很多答案。需要领域专家的参与来获得簇的精确数目,相似度衡量标准的不同也会导致聚类的结果不尽相同。例如,通过野外考察获得了一些关于植物的数据,如果没有任何关于植物分类的先验知识而试图将得到的数据分组,则对于聚类后能够产生多少个簇并不清楚。

(5)哪些数据可以用于聚类事先可能并不明确,同样需要借助领域专家知识。

通过上述分析,可以总结出聚类的一些基本特征:

(1)簇的数目是事先不知道的;

(2)关于每个簇可能没有任何先验知识;

(3)聚类的结果是动态的。

聚类的一般过程可以描述如下。

(1)数据准备:特征标准化和降维;

(2)特征选择:从最初的特征中选择出有效的特征,并将其存储在向量中;

(3)特征提取:通过对选择的特征进行转换形成新的突出特征;

(4)聚类:基于某种距离函数进行相似度度量,获取簇;

(5)聚类结果评估:分析聚类结果,如距离误差和残差二次方和(SSE)等。

传统的聚类分析计算方法主要有如下几种:分裂法(partitioning methods)、层次法(hierarchical methods)、基于密度的方法(density-based methods)、基于网格的方法(grid-based methods)、基于模型的方法(model-based methods)。

1. 分裂法(partitioning methods)

分裂法又称划分方法,给定一个有 N 个元组或者记录的数据集,分裂法将构造 k 个分组,每一个分组就代表一个聚类,其中 $k<N$。而且这 k 个分组满足下列条件:①每一个分组至少包含一个数据记录;②每一个数据记录属于且仅属于一个分组;③对于给定的 k,算法首先给出一个初始的分组方法,然后通过反复迭代来改变分组,使得每一次改进之后的分组方案都较前一次更好,而所谓好的标准就是,同一分组中的记录越近越好,而不同分组中的记录越远越好。使用这个基本思想的算法有 k-means 算法、k-medoids 算法、CLARANS 算法等。

大部分划分方法采用距离来计算相似度。传统的划分方法可以扩展到子空间聚类,而不是搜索整个数据空间。当存在很多属性并且数据稀疏时,这是有用的。为了达到全局最优,基于划分的聚类可能需要穷举所有可能的划分,计算量很大,因此,大多数应用都采用了启发式方法(如 k-means 和 k-medoids)渐近地提高聚类质量,逼近局部最优解。这些启发式聚类方法很适合发现中小规模的数据集中的球状簇。

2. 层次法(hierarchical methods)

这种方法对给定的数据集进行层次性的分解,直到某种条件满足为止。具体又可分为"自底向上"和"自顶向下"两种方案。例如在"自底向上"方案中,初始时每一个数据记录都组成一个单独的组,在接下来的迭代中,它把那些相互邻近的组合并成一个组,直到所有的记录组成一个分组或者某个条件满足为止。代表算法有 BIRCH 算法、CURE 算法、CHAMELEON 算法等。

层次聚类方法可以是基于距离的或基于密度或连通性的。层次聚类方法的一些扩展也考虑了子空间聚类。层次方法的缺陷在于,一旦一个步骤(合并或分裂)完成,就不能被撤销。这个严格规定是有用的,因为不用担心不同选择的组合数目,并将产生较小的计算开销。然而这种技术不能更正错误的决定。

3. 基于密度的方法(density-based methods)

基于密度的方法与其他方法的一个根本区别是,它不是基于各种各样的距离的,而是基于密度的。这样就能克服基于距离的算法只能发现"类圆形"的聚类的缺点。这个方法的指导思想就是,只要一个区域中的点的密度大过某个阈值,就把它加到与之相近的聚类中去。代表算法有 DBSCAN 算法、OPTICS 算法、DENCLUE 算法等。

4. 基于网格的方法(grid-based methods)

这种方法首先将数据空间划分成为有限个单元(cell)的网格结构,所有的处理都是以单个的单元为对象的。这么处理的一个突出的优点就是处理速度很快,通常这是与目标数据集中记录的个数无关的,它只和把数据空间分割为多少单元个数有关。代表算法有 STING 算法、CLIQUE 算法、WAVE-CLUSTER 算法。

很多空间数据挖掘问题,使用网格通常都是一种有效的方法。因此,基于网格的方法可以和其他聚类方法集成。

5. 基于模型的方法(model-based methods)

基于模型的方法给每一个聚类假定一个模型,然后去寻找能够很好地满足这个模型的数据集。这样一个模型可能是数据点在空间中的密度分布函数或者其他。它的一个潜在的假定就是:目标数据集是由一系列的概率分布所决定的。通常有两种尝试方向:统计的方案和神经网络的方案。

传统的聚类已经比较成功地解决了低维数据的聚类问题。但是由于实际应用中数据的复杂性,在处理许多问题时,现有的算法经常失效,特别是对于高维数据和大型数据的情况。因为传统聚类方法在高维数据集中进行聚类时,主要遇到两个问题:①高维数据集中存在大量无关的属性使得在所有维中存在簇的可能性几乎为零;②高维空间中数据较低维空间中数据分布要稀疏,其中数据间距离几乎相等是普遍现象,而传统聚类方法是基于距离进行聚类的,因此在高维空间中通常无法基于距离来构建簇。

高维聚类分析已成为聚类分析的一个重要研究方向,同时高维数据聚类也是聚类技术的难点。技术的进步使得数据收集变得越来越容易,导致数据集规模越来越大、复杂性越来越高,如各种类型的贸易交易数据、Web 文档、基因表达数据等,它们的维度(属性)通常可以达到成百上千维,甚至更高。但是,受"维度效应"的影响,许多在低维数据空间表现良好的聚类方法运用在高维空间上往往无法获得好的聚类效果。高维数据聚类分析是聚类分析中一个非常活跃的领域,同时也是一个具有挑战性的工作。

7.2 聚类分析中的数据类型

本节主要介绍聚类分析研究中常见的数据类型，以及在聚类分析之前应该如何对它们进行数据预处理。部分数据预处理的内容已经在第2章进行了描述，它们同样适用于聚类分析，本节只介绍和聚类相关的一些数据预处理内容。假设一个要进行聚类分析的数据集包含 n 个对象，这些对象可以是人、房屋、文件等。聚类算法通常都采用以下两种数据结构。

1. 数据矩阵

数据矩阵(data matrix)或称为对象与变量结构，它用多个变量（也称为度量或属性）来表现一个对象，例如使用年龄、身高、体重、性别、种族等多个属性来表现一个对象"人"。这种数据结构是关系表的形式，或者看成 $n\times p$（n 个对象 $\times p$ 个变量）的矩阵，如下式所示。其中矩阵的每行代表一个对象，矩阵的每一列代表对象所具有的属性值：

$$\begin{bmatrix} x_{11} & \cdots & x_{1f} & \cdots & x_{1d} \\ \vdots & & \vdots & & \vdots \\ x_{i1} & \cdots & x_{if} & \cdots & x_{id} \\ \vdots & & \vdots & & \vdots \\ x_{n1} & \cdots & x_{nf} & \cdots & x_{nd} \end{bmatrix} \quad (7-1)$$

2. 差异矩阵

差异矩阵(dissimilarity matrix)是一个对象-对象结构，存储个 n 对象两两之间的相似性，表现形式是一个 $n\times n$ 维的矩阵，如下式所示。其中，$d(i,j)$ 表示对象 i 和对象 j 之间的差异（或不相似程度）。通常 $d(i,j)$ 为一个非负数，当对象 i 和对象 j 彼此"接近"时，$d(i,j)$ 接近 0，$d(i,j)$ 值越大，就表示对象 i 和对象 j 越不相似。由于对象两两之间的相似性是对称的，即 $d(i,j)=d(j,i)$ 且 $d(i,i)=0$，因此可以写成下三角（或上三角）矩阵：

$$\begin{bmatrix} 0 & & & & \\ d(2,1) & 0 & & & \\ d(3,1) & d(3,2) & 0 & & \\ \vdots & \vdots & \vdots & \ddots & \\ d(n,1) & d(n,2) & d(n,3) & \cdots & 0 \end{bmatrix} \quad (7-2)$$

许多聚类算法是以相异度矩阵为基础的，如果数据是用数据矩阵的形式表现的，则在使用该算法之前要将数据矩阵转化为相异度矩阵。那么"如何计算相异度 $d(i,j)$？"。下面的内容将给出区间标度变量、二元变量、标称变量、序数型变量和比例属性变量或这些变量类型的组合的计算，用来描述的对象的相异度或相似度。

3. 区间标度变量

区间标度变量是一个粗略的线性标度的连续度量。典型例子包括重量和高度、经度和纬度坐标，以及大气温度等。

区间标度变量对象间的相异度 $d(i,j)$ 是基于对象间的距离来计算的，最常用的距离度量方法是欧几里德距离，即

$$d(i,j)=\sqrt{|x_{i1}-x_{j1}|^2+|x_{i2}-x_{j2}|^2+\cdots+|x_{ip}-x_{jp}|^2} \tag{7-3}$$

其中:$i=(x_{i1},x_{i2},\cdots,x_{ip})$和$j=(x_{j1},x_{j2},\cdots,x_{jp})$是两个$p$维的数据对象。

另一个著名的度量方法是曼哈顿距离,定义如下:

$$d(i,j)=|x_{i1}-x_{j1}|+|x_{i2}-x_{j2}|+\cdots+|x_{ip}-x_{jp}| \tag{7-4}$$

上面的两种距离度量方法都满足对距离函数的如下要求:

(1)$d(i,j)\geqslant 0$,距离是一个非负的数值;

(2)$d(i,i)=0$,一个对象与自身的距离是0;

(3)$d(i,j)=d(j,i)$,距离函数具有对称性;

(4)$d(i,j)\leqslant d(i,h)+d(h,j)$,从对象$i$到对象$j$的直接距离不会大于途经任何其他对象$h$的距离(三角不等式)。

明考斯基距离是欧几里得距离和曼哈顿距离的概化,定义如下:

$$d(i,j)=(|x_{i1}-x_{j1}|^q+|x_{i2}-x_{j2}|^q+\cdots+|x_{ip}-x_{jp}|^q)^{1/q} \tag{7-5}$$

其中:q是一个正整数。当$q=1$时,它表示曼哈顿距离;当$q=2$时,它表示欧几里得距离。

例7-1 对于一个4维向量$\boldsymbol{X}_1=\{1,0,1,0\}$和$\boldsymbol{X}_2=\{2,1,-3,-1\}$,两个向量间的曼哈顿距离$=1+1+4+1=7$,欧几里得距离$=(1+1+16+1)^{1/2}=4.36$。

计算距离需要注意:当不同属性的取值范围相差很大时,取值范围大的属性对距离的贡献会大于取值范围小的属性。因此,在计算距离之前应该将各个属性的取值范围规范化到同一区间。

距离可以直接作为相异度的度量,如果作为相似度度量则需要进行相应的转换,对象o_i,o_j之间的相似度表示为$s(o_i,o_j)$,常用的转换方法有如下几种:

(1)采用负指数函数将距离转换为相似性度量:

$$s(o_i,o_j)=e^{-d(o_i,o_j)} \tag{7-6}$$

(2)采用距离的倒数作为相似性度量,分母加1是为了避免分母为0:

$$s(o_i,o_j)=\frac{1}{1+d(o_i,o_j)} \tag{7-7}$$

(3)若距离在0~1之间,可采用与1的差作为相似系数:

$$s(o_i,o_j)=1-d(o_i,o_j) \tag{7-8}$$

除了使用距离计算相似度之外,还可以采用余弦相似度、皮尔森相关系数等来衡量两个样本之间的相似度。

余弦相似度:假设两个对象o_i和o_j对应的向量分别为$\boldsymbol{x}=(x_{i1},x_{i2},\cdots,x_{im})$和$\boldsymbol{y}=(x_{j1},x_{j2},\cdots,x_{jm})$,则余弦相似度$\cos(o_i,o_j)$的计算公式为

$$\cos(o_i,o_j)=\frac{\sum_{k=1}^{m}(x_{ik}x_{jk})}{\sqrt{\sum_{k=1}^{m}x_{ik}^2}\sqrt{\sum_{k=1}^{m}x_{jk}^2}}=\frac{\boldsymbol{x}}{\|\boldsymbol{x}\|}\cdot\frac{\boldsymbol{y}}{\|\boldsymbol{y}\|} \tag{7-9}$$

余弦相似度和基于距离的相似度有以下区别:

(1)余弦相似度忽略了向量的大小,即各个属性取值的绝对大小,这是与距离不同的。

(2)两个向量中,只要有一个对象在某维度(属性)的取值为0,则该维度相当于被忽略,因

为乘积为 0。这使得余弦相似度特别适合于具有大量零值维度的情况。

(3) 余弦相似度忽略各向量的绝对长度,着重从形状方面考虑它们之间的关系,取值范围在区间 $[-1,1]$ 内。当两个向量方向相近时,夹角余弦值较大,反之则较小。特别地,当两个向量平行时,夹角余弦值为 1,而正交时余弦值为 0。

皮尔森相关系数:对象 $o_i=(x_{i1},x_{i2},\cdots,x_{im})$ 和 $o_j=(x_{j1},x_{j2},\cdots,x_{jm})$ 的皮尔森相关系数 $\text{corr}(o_i,o_j)$ 的计算公式为

$$\text{corr}(o_i,o_j)=\frac{\frac{1}{m-1}\sum_{k=1}^{m}(x_{ik}-\overline{x}_i)(x_{jk}-\overline{x}_j)}{\sqrt{\frac{1}{m-1}\sum_{k=1}^{m}(x_{ik}-\overline{x}_i)^2\times\frac{1}{m-1}\sum_{k=1}^{m}(x_{jk}-\overline{x}_j)^2}} \qquad (7-10)$$

其中:$\overline{x}_i=\frac{1}{m}\sum_{k=1}^{m}x_{ik};\overline{x}_j=\frac{1}{m}\sum_{k=1}^{m}x_{jk}$。相关系数是向量标准化后的夹角余弦,$\text{corr}(o_i,o_j)$ 的取值范围为 $[-1,1]$。取值为 1 时说明两个对象正相关,也最相似,取值为 -1 时说明两个对象负相关,也最不相似。

4. 二元变量

一个二元变量只有两个状态:0 或 1,0 表示该变量为空,1 表示该变量存在。如果二元变量的两个状态是同等价值的,并有相同的权重,那么该二元变量是对称的,也就是两个取值 0 或 1 没有优先权。例如,属性"性别"就是这样的一个例子,它有两个值:"女性"和"男性"。如果两个状态的输出不是同样重要,那么该二元变量是不对称的。例如对疾病的检查,结果为"阳性"比结果"阴性"的指标要重要得多。给定两个不对称的二元变量,两个都取值为 1 的情况被认为比两个都取值为 0 的情况更有意义。

二元变量的取值可以使用二元变量的可能性表来表示,见表 7-1。

表 7-1 二元变量的可能性表

		对象 q		
		1	0	合计
对象 p	1	n_{11}	n_{10}	$n_{11}+n_{10}$
	0	n_{01}	n_{00}	$n_{01}+n_{00}$
	合计	$n_{11}+n_{01}$	$n_{10}+n_{00}$	

在表 7-1 中,对象 $o_i=(x_{i1},x_{i2},\cdots,x_{im})$ 和 $o_j=(x_{j1},x_{j2},\cdots,x_{jm})$ 的 m 个二值属性取值中,假设两个对象取值都为 1 的属性个数为 n_{11},取值都为 0 的属性个数为 n_{00},取值一个为 1 另一个为 0 的属性个数为 n_{10},取值一个为 0 另一个为 1 的属性个数为 n_{01}。

对于对称的二元变量来说,评价两个对象 i 和 j 之间相异度的最著名的是简单匹配系数,其定义如下:

$$s(o_i,o_j)=\frac{n_{11}+n_{00}}{n_{11}+n_{10}+n_{01}+n_{00}} \qquad (7-11)$$

对于非对称的二元变量,最著名的评价系数是 Jaccard 比系数,在它的计算中,负匹配的

数目 n_{00} 被认为是不重要的,因此被忽略:

$$s(o_i,o_j)=\frac{n_{11}}{n_{11}+n_{10}+n_{01}} \tag{7-12}$$

5. 标称变量

标称变量是二元变量的推广,它可以具有多于两个的状态值。例如,map_color 是一个标称变量,它可能有五个状态:红色、黄色、绿色、紫色和蓝色。

假设对象 $o_i=(x_{i1},x_{i2},\cdots,x_{im})$ 和 $o_j=(x_{j1},x_{j2},\cdots,x_{jm})$ 的第 k 个属性是标称属性,则基于此属性的两对象相似度,记为 $s_k(o_i,o_j)$:

$$s_k(o_i,o_j)=\begin{cases}1, & \text{若 } x_{ik}=x_{jk} \\ 0, & \text{否则}\end{cases} \tag{7-13}$$

两个标称变量对象 i 和 j 之间相异度可以用简单匹配方法来计算:

$$d(i,j)=\frac{p-m}{p} \tag{7-14}$$

其中:m 是匹配的数目,即对 i 和 j 取值相同的变量的数目;p 是全部变量的数目。

6. 序数型变量

一个离散的序数型变量类似于标称变量,但序数型变量的 M 个状态是以有意义的序列排序的。序数型变量对记录那些难以客观度量的主观评价是非常有用的。例如,职业的排列经常按某个顺序,如助理、副职、正职。

一个连续的序数型变量看起来像一个未知标度的连续数据的集合,也就是说,值的相对顺序是必要的,而其实际的大小则不重要。例如,在某个比赛中的相对排名(如金牌、银牌和铜牌)经常比事实的度量值更为必需。

假设对象 $o_i=(x_{i1},x_{i2},\cdots,x_{im})$ 和 $o_j=(x_{j1},x_{j2},\cdots,x_{jm})$ 的第 k 个属性是序数属性,有 p 个不同取值,首先将其取值排序,按照顺序映射为整数 $0\sim(p-1)$,并用此序号代替原来的取值,则基于此属性的两对象相似度 $s_k(o_i,o_j)$ 定义为

$$s_k(o_i,o_j)=1-\frac{|x_{ik}-x_{jk}|}{p-1} \tag{7-15}$$

7. 比例属性变量

比例属性变量在非线性的标度取正的度量值,例如指数标度,近似地遵循公式 Ae^{Bt} 或 Ae^{-Bt},这里的 A 和 B 是正的常数。典型的例子包括细菌数目的增长或者放射性元素的衰变。

一般采用以下两种方法来计算比例标度型变量对象之间的相异度:

(1)对比例标度型变量进行对数变换,例如对象 i 的 f 变量的值 X_{if} 被变换为 Y_{if},$Y_{if}=\log(X_{if})$。变换得到的 Y_{if} 值可以采用区间标度变量的方法来处理。

(2)将 X_{if} 看作连续的序数型数据,将其映射作为区间标度的值来对待。

8. 混合类型的变量

前面研究了区间标度变量、二元变量、标称变量、序数型变量和比例属性变量,在许多真实的数据库中,可能包含上述全部变量类型。那么,混合类型变量描述的对象之间的相似度应该如何计算?一般首先将不同类型的变量进行标准化,然后根据其不同的特点分别按照不同的

属性类型进行相似度的计算,最后组合在单个相异度矩阵中,具体见算法 7-1。

算法 7-1　混合类型属性变量相似度计算

输入:$o_i=(x_{i1},x_{i2},\cdots,x_{im})$, $o_j=(x_{j1},x_{j2},\cdots,x_{jm})$。
(1) $k=1, c=0, s(o_i,o_j)=0$。
(2)按照第 k 个属性的类型分别进行如下计算。
1)对于非对称二值属性,若 $x_{ik}=x_{jk}=0$,转至第(3)步;否则,按照标称属性处理。
2)若为对称二值属性,按照标称属性处理。
3)对于标称属性,直接计算 $s_k(o_i,o_j)$:$s_k(o_i,o_j)=\begin{cases}1, 若\ x_{ik}=x_{jk}\\0, 否则\end{cases}$。

4)若为序数属性,用序号代替原值,$s_k(o_i,o_j)=1-\dfrac{|x_{ik}-x_{jk}|}{p-1}$。

5)若为数值属性,计算 $s_k(o_i,o_j)$:$s_k(o_i,o_j)=\dfrac{1}{1+|x_{ik}-x_{jk}|}$。

　　$c=c+1, s(o_i,o_j)=s(o_i,o_j)+s_k(o_i,o_j)$
(3)若 $k=m$,则 $s(o_i,o_j)=s(o_i,o_j)/c$,停止;否则,$k=k+1$,转至第(2)步。

7.3　常用的聚类方法

7.3.1　基于划分的聚类方法

给定一个包含 n 个数据对象的数据集,以及要生成的簇的数目 k,一个划分类的聚类算法是将数据对象组织为 $k(k\leqslant n)$ 个划分,其中每个划分代表一个簇,并同时满足:
(1)每个簇至少包含一个样本;
(2)每个样本属于且仅属于一个簇。

通常会采用一个划分准则(称为相似度函数),如距离,以衡量在同一个簇中的对象是"相似的",而不同簇中的对象是"相异的"。典型的划分方法有 k-means 和 k-medoids 算法以及它们的变种。下面重点介绍 k-means 算法和 k-medoids 方法的典型算法 PAM(围绕中心点)算法。

1. k-means 算法

k-means 算法的相似度计算根据一个簇中对象的平均值来进行,它的处理流程如下:首先,随机地选择 k 个对象,每个对象初始地代表了一个簇的质心;对剩余的每个对象,根据其与各个质心的距离(一般用欧氏距离),将它赋给最近的簇;然后重新计算每个簇的质心。这个过程不断重复,直到准则函数最小。通常,采用二次方误差准则,其定义如下:

$$E=\sum_{i=1}^{k}\sum_{p\in c_i}|p-m_i|^2 \tag{7-16}$$

其中:E 是数据集中所有对象的二次方误差总和;p 表示给定的数据对象;m_i 是簇 C_i 的质心。设簇的集合为 $C=\{C_1,C_2,\cdots,C_k\}$,$C_i=\{o_{i1},o_{i2},\cdots,o_{ih}\}\subseteq D$,$D=\{o_i=(x_{i1},x_{i2},\cdots,$

$x_{ih}), i = 1, 2, \cdots, n\}$。第 i 个簇的质心用点 $m_i(y_{i1}, y_{i2}, \cdots, y_{ih})$ 表示为

$$y_{ij} = \frac{1}{|C_i|} \sum_{o_l \in C_i} x_{lj} \tag{7-17}$$

例 7-2 $C_i = \{o_{i1}, o_{i2}, o_{i3}\}, o_{i1} = (3, 4), o_{i2} = (4, 5), o_{i3} = (3, 6)$,则有 $(3+4+3)/3 = 10/3, (4+5+6)/3 = 5$,即 $m(3.33, 5)$。

式(7-16)这个准则使生成的簇尽可能地紧凑和独立。

算法 7-2 给出了 k-means 算法过程的概述。

算法 7-2 k-means 算法

算法:k-means,划分的 k-means 算法基于簇中对象的平均值。
输入:簇的数目 k 和包含 n 个对象的数据集。
输出:k 个簇,使二次方误差准则最小。
方法:
  (1)任意选择 k 个对象作为初始的簇中心;
  (2)repeat;
  (3)根据簇中对象的平均值,将每个对象(重新)赋给最类似的簇;
  (4)更新簇的平均值,即计算每个簇中对象的平均值;
  (5)until 不再发生变化。

算法尝试找出使二次方误差函数值最小的 k 个划分。当结果簇是密集的,而簇与簇之间区别明显时,它的效果较好。对处理大数据集,该算法是相对可伸缩的和高效率的,因为它的复杂度是 $O(nkt)$,其中,n 是对象个数,k 为聚类个数,t 是迭代的次数。通常,$k << n$,且 $t << n$。

但是,k-means 算法不适合用于发现非凸面形状的簇,或者大小差别很大的簇。而且,它对于"噪声"和孤立点数据是敏感的,少量的该类数据能够对平均值产生极大的影响。

例 7-3 用二维坐标表示 5 个点 $\{X_1, X_2, X_3, X_4, X_5\}$,作为一个聚类分析的二维样本:$X_1 = (0, 2), X_2 = (0, 0), X_3 = (1.5, 0), X_4 = (5, 0), X_5 = (5, 2)$。

假设要求的簇的数量 $k=2$。应用 k-means 算法。

第 1 步:任意选择 k 个对象作为初始的簇中心,这两个簇的质心 M_1 和 M_2 分别为 $M_1 = X_1 = (0, 2), M_2 = X_2 = (0, 0)$。

第 2 步:对剩余的每个对象,根据其与各个簇中心的距离(采用欧氏距离),将它赋给最近的簇。

对 $X_3: d(M_1, X_3) = [(0-1.5)2 + (2-0)2]1/2 = 2.5, d(M_2, X_3) = [(0-1.5)2 + (0-0)2]1/2 = 1.5 \to X_3 \in C_2$;

对 $X_4: d(M_1, X_4) = 5.39$ 和 $d(M_2, X_4) = 5 \to X_4 \in C_2$;

对 $X_5: d(M_1, X_5) = 5$ 和 $d(M_2, X_5) = 5.39 \to X_5 \in C_1$;

更新,得到新簇 $C_1 = \{X_1, X_5\}$ 和 $C_2 = \{X_2, X_3, X_4\}$;

计算二次方误差准则,由式(7-16),单个方差是 $E_1 = [(0-0)2 + (2-2)2] + [(0-5)2 + (2-2)2] = 25, E_2 = 27.25$;总体二次方误差是 $E = E_1 + E_2 = 25 + 27.25 = 52.25$;

第 3 步:计算新的质心 $M_1 = ((0+5)/2, (2+2)/2) = (2.5, 2), M_2 = ((0+1.5+5)/3,$

$(0+0+0)/3)=(2.17,0)$；

重复第2步、第3步，各点与新质心 $M_1(2.5,2)$，$M_2(2.17,0)$ 的距离分别为

对 X_1：$d(M_1,X_1)=[(2.5-0)2+(2-2)2]/2=2.5$，$d(M_2,X_1)=[(2.17-0)2+(0-2)2]/2=2.95 \rightarrow X_1 \in C_1$；

对 X_2：$d(M_1,X_2)=3.2$ 和 $d(M_2,X_2)=2.17 \rightarrow X_2 \in C_2$；

对 X_3：$d(M_1,X_3)=2.23$ 和 $d(M_2,X_3)=0.67 \rightarrow X_3 \in C_2$；

对 X_4：$d(M_1,X_4)=3.2$ 和 $d(M_2,X_4)=2.83 \rightarrow X_4 \in C_2$；

对 X_5：$d(M_1,X_5)=2.5$ 和 $d(M_2,X_5)=3.46 \rightarrow X_5 \in C_1$；

更新，得到新簇 $C_1=\{X_1,X_5\}$ 和 $C_2=\{X_2,X_3,X_4\}$，质心为 $M_1(2.5,2)$，$M_2(2.17,0)$，相应的方差分别是 $E_1=[(0-2.5)2+(2-2)2]+[(2.5-5)2+(2-2)2]=12.5$，$E_2=13.15$；总体二次方误差是 $E=E_1+E_2=25.65$。

可以看出第一次迭代后，总体误差显著减小（值从52.25到25.65）。在这个简单的例子中，第一次迭代同时也是最后一次迭代，因为如果继续分析新中心和样本间的距离，样本将会全部分给同样的簇，不重新分配，算法停止。

图7-1为 k-means 算法示意图，假设空间数据对象分布如图7-1(a)所示，设 $k=3$。首先从数据集中任意选择3个对象作为初始聚类中心（标注为"+"），其余对象则根据与这3个聚类中心（对象）的距离和最近距离原则，逐个分别聚类到这3个聚类中心所代表的（3个）聚类中，由此获得了如图7-1(a)所示的3个聚类（以虚线圈出）。在完成第一轮聚类之后，各聚类中心发生了变化，继而更新3个聚类的聚类中心[见图7-1(b)]，即分别根据各聚类中的对象计算相应聚类的（对象）均值。根据所获得的3个新聚类中心，以及各对象与这3个聚类中心的距离，（根据最近距离原则）对所有对象进行重新归类。有关变化情况如图7-1(b)所示（以粗虚线圈出）。再次重复上述过程就可获得如图7-1(c)所示的聚类结果（以实线圈出）。这是由于各聚类中的对象（归属）已不再变化，整个聚类操作结束。

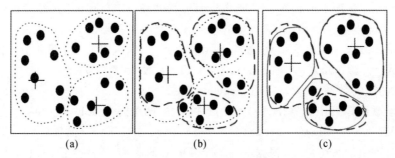

图 7-1　k-means 算法示意图

k-means 算法描述容易，实现简单、快速，但存在以下不足：

(1) 簇个数 k 需要预先指定，但实际上难以确定；

(2) 算法对初始值的选取依赖性极大，以及算法常陷入局部最优解；

(3) 由于簇的质心（即均值）作为簇中心进行新一轮聚类计算，孤立点和噪声点会导致簇质心偏离真正的数据密集区，所以 k-means 算法对噪声点和孤立点很敏感；

(4) 不能用于发现非凸形状的簇，或具有各种不同大小或密度的簇。例如图7-2所示的两个簇，用 k-means 划分方法不能正确识别，原因在于它们所采用的簇的表示及簇间相似性度量不能反映这些自然簇。

(5) 只能用于处理数值属性(定量属性)的数据集,不能处理包含分类属性(定性属性)特征的数据集。

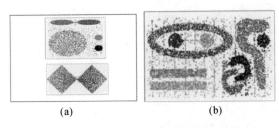

图 7-2　k-means 算法不适合的图形

2. 围绕中心点的划分(Partitioning Around Medoid,PAM)算法

PAM 算法不采用簇中对象的质心作为参照点,而选用簇中位置最中心的对象,即中心点。PAM 算法的基本策略是:首先为每个簇随意选择一个代表对象,剩余的对象根据其与代表对象的距离分配给最近的一个簇。然后反复地用非代表对象来替代代表对象,以改进聚类的质量。聚类结果的质量用一个代价函数来估算,该函数度量对象与其参照对象之间的平均相异度。一般判定一个非代表对象 O_random 是否是当前一个代表对象 O_j 的好的替代,对于每一个非中心点对象 p,下面的四种情况被考虑:

(1) 若 p 当前隶属于中心点对象 O_j。如果 O_j 被 O_random 代替作为中心点,且 p 离一个 O_i 最近,$i \neq j$,那么 p 被重新分配给 O_i。

(2) 若 p 当前隶属于中心点对象 O_j。如果 O_j 被 O_random 代替作为中心点,且 p 离一个 O_random 最近,那么 p 被重新分配给 O_random。

(3) 若 p 当前隶属于中心点对象 $O_i,i \neq j$。如果 O_j 被 O_random 代替作为中心点,而 p 仍然离 O_i 最近,那么对象的隶属不发生变化。

(4) 若 p 当前隶属于中心点对象 $O_i,i \neq j$。如果 O_j 被 O_random 代替作为中心点,且 p 离 O_random 最近,那么 p 被重新分配给 O_random。

每当重新分配发生时,E 所产生的误差对代价函数会有影响。因此,如果一个当前的中心点对象被非中心点对象代替,代价函数计算二次方误差值所产生的差别。替换的总代价是所有的非中心点对象所产生的代价之和,如果总代价是负的,那么实际的二次方误差将会减小,O_j 可以被 O_random 替代。如果总代价是正的,则当前的中心点对象 O_j 被认为是可接受的,在本次迭代中没有变化发生。算法 7-3 给出了 PAM 算法过程的概述。

算法 7-3　PAM 算法

算法:PAM,基于中心点或中心对象的划分的聚类算法。
输入:结果簇的数目 k,包含 n 个对象的数据集。
输出:k 个簇,使得所有对象与其最近中心任务点的相异度总和最小。
方法:
　　(1) 随机选择 k 个代表对象作为初始的中心点;
　　(2) repeat;
　　(3) 指派每个剩余对象给离它最近的中心点所代表的簇;
　　(4) 随机地选择一个非中心点对象 O_random;
　　(5) 计算用 O_random 代替 O_j 的总代价 S;
　　(6) 如果 $S<0$,则用 O_random 代替 O_j,形成新的 k 个中心点的集合;
　　(7) until 不发生变化。

例子：空间有 5 点 $\{A,B,C,D,E\}$，各点之间的距离关系见表 7-2，根据 PAM 算法进行聚类分析。

表 7-2 PAM 算法举例（案例来源：https://blog.csdn.net/shuaishuai3409/article/details/50016013）

样本点	A	B	C	D	E
A	0	1	2	2	3
B	1	0	2	4	3
C	2	2	0	1	5
D	2	4	1	0	3
E	3	3	5	3	0

假设分为 2 类，以 A、B 为中心点，初始聚类为 $\{A,C,D\}$ 和 $\{B,E\}$。令 TC_{ij} 表示用非中心点 j 替换中心点 i 所产生的代价。接下来进行交换（以非代表对象代替代表对象），需要计算 TC_{AC}、TC_{AD}、TC_{AE}、TC_{BC}、TC_{BD}、TC_{BE}。

计算 TC_{AC}：当 A 被 C 替换后。

先看 A 是否变化：C 成为中心点后，A 离 B 比离 C 近，故 A 被划分到 B 簇里，所产生的代价为 $d(A,B)-d(A,A)=1$，$d(i,j)$ 表示 i 划分到中心点 j 的距离，差值表示属于新的中心点-属于旧的中心点产生的代价。

看 B 是否变化：C 成为中心点后，B 离自身最近，不变。

看 C 是否变化：C 成为中心点后，C 划分到 C 簇里，代价为 $d(C,C)-d(C,A)=-2$。

看 D 是否变化：C 成为中心点后，D 离 C 最近，故划分到 C 里，代价为 $d(D,C)-d(D,A)=-1$。

看 E 是否变化：C 成为中心点后，E 离 B 最近，代价为 0。

TC_{AC} 就等于上述的代价之和，为 $1+0-2-1+0=-2$。

同理需要计算 $TC_{AD}=-2$、$TC_{AE}=-1$、$TC_{BC}=-2$、$TC_{BD}=-2$、$TC_{BE}=-2$。

然后选取代价最小的替换，这里有多个选择，随便选择一个就行。选 C 的话，新的簇为 $\{C,D\}$ 和 $\{A,B,E\}$。新的簇中心为 C,B，继续迭代计算直到收敛。

PAM 方法是最初提出的 k-medoids 聚类算法之一。它在初始选择 k 个聚类中心对象之后，不断循环对每两个对象（一个为非中心对象，一个为中心对象）进行分析，以便选择出更好的聚类中心代表对象，并根据每组对象分析计算所获得的聚类质量。若一个中心对象 O_j 被替换后导致方差迅速减少，那么就进行替换。从复杂度分析可见，仅一次替换的复杂度就为 $k(n-k)^2$，对于较大的 n 与 k 值这样的计算开销也非常大。PAM 在处理小数据集时非常有效，但在处理大数据集时不会令人满意。为了处理较大的数据集合，可以采用一个基于选择的方法 CLARA（Clustering Large Applications）。

CLARA 的主要思想是：不考虑整个数据集合，选择实际数据的一小部分作为数据的样本，然后用 PAM 方法从样本中选择中心点。由于 CLARA 算法数据样本的选择存在差异，如果样本发生偏斜，基于样本的一个好的聚类不一定代表整个数据集合的一个好的聚类。CLARANS（Clustering Large Application based upon Randomized Search）是对 CLARA 的聚类质量和可伸缩性的改进。

CLARANS 的主要思想与 CLARA 不同,CLARANS 在搜索和每一步以随机的方式抽取一个样本。聚类过程可以被描述为对一个图的搜索,图中每个节点都代表潜在的解决方案(一组聚类中心代表),替换一个中心对象所获得新聚类就称为当前聚类的邻居。随机产生的聚类邻居数由用户所设置的参数所限制。若发现一个更好的邻居(具有较低的方差),CLARANS 方法移动到这一邻居节点然后再开始搜索。否则当前节点就形成了一个局部最优。若发现局部最优,CLARANS 方法则随机选择一个节点以便重新开始搜索(一个新的局部最优)。

7.3.2 层次聚类

层次聚类方法将数据对象组成一棵聚类的树。根据层次分解是自底向上还是自顶向下形成,层次的聚类方法可以进一步分为凝聚的和分裂的层次聚类。

凝聚的层次聚类:采用自底向上的策略首先将每个对象作为一个簇,然后合并这些原子簇为越来越大的簇,直到所有的对象都在一个簇中,或者某个终结条件被满足。绝大多数层次聚类方法属于这一类,只是在簇间相似度的定义上有所不同。

分裂的层次聚类:与凝聚的层次聚类相反,采用自顶向下的策略首先将所有对象置于一个簇中,然后逐渐细分为越来越小的簇,直到每个对象自成一簇,或都达到了某个终结条件,例如达到了某个希望的簇数目,或者两个最近的簇之间的距离超过了某个阈值。

在凝聚或者分裂的层次聚类方法中,四个广泛采用的簇间距离度量方法如下:

最小距离为

$$d_{\min}(C_i, C_j) = \min_{p \in c_i, p' \in c_j} |p - p'| \tag{7-18}$$

最大距离为

$$d_{\max}(C_i, C_j) = \max_{p \in c_i, p' \in c_j} |p - p'| \tag{7-19}$$

平均值距离为

$$d_{\mathrm{mean}}(C_i, C_j) = |m_i - m_j| \tag{7-20}$$

平均距离为

$$d_{\mathrm{avg}}(C_i, C_j) = \frac{1}{n_i n_j} \sum_{p \in c_i} \sum_{p' \in c_j} |p - p'| \tag{7-21}$$

其中:$|p-p'|$ 是两个对象 p 和 p' 之间的距离;m_i 是簇 C_i 的均值;n_i 是簇 C_i 中对象的数目。

凝聚层次聚类的算法描述如下:

算法 7-4　凝聚层次聚类

---

(1)初始化:计算包含每对样本间距离(如欧氏距离)的相似矩阵,把每个样本作为一个簇。

(2)选择:使用相似矩阵查找最相似的两个簇。

(3)更新:将两个簇合并为一个簇,簇的个数通过合并被更新;同时更新相似矩阵,将两个簇的两行(两列)距离用 1 行(1 列)距离替换反映合并操作。

(4)重复:执行 $n-1$ 次步骤(2)和步骤(3)。

(5)结束:当所有样本都合并成一个簇或满足指定的簇的数目时,整个过程结束。

在凝聚层次聚类中,判定簇间距离的两个标准方法就是单连接(single linkage)和全连接

(complete linkage)。单连接是计算每一对簇中最相似的两个样本间的距离,并合并距离最近的两个样本所属簇。全连接是通过比较找到分布于两个簇中最不相似的样本(距离最远),从而完成簇的合并。此外还有平均距离和质心距离等。下面介绍4种最常用的方法:最小距离、最大距离、平均距离和质心距离。

最小距离(minimum distance),即单连接:基于来自两个簇中的节点之间的最小距离来衡量两个簇的相似度,即 $dis(C_i, C_j) = \min(o_{ip}, o_{jq})$;

最大距离(maximum distance),即全连接:基于来自两个簇中的节点之间的最大距离来衡量两个簇的相似度,即 $dis(C_i, C_j) = \max(o_{ip}, o_{jq})$;

平均距离(average distance):基于来自两个簇中的节点之间的平均距离来衡量两个簇的相似度,这是最小距离和最大距离的折中,即 $dis(C_i, C_j) = \text{avg}(o_{ip}, o_{jq})$;

质心距离:计算两个簇的质心之间的距离来衡量两个簇的相似度,距离越小,两个簇的相似度越大,即 $dis(C_i, C_j) = dis(c_i, c_j)$。

这4种不同的方法的示意图如图7-3所示。

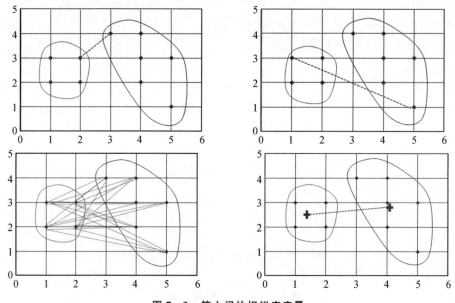

图7-3 簇之间的相似度度量

1. 单连接算法

两个簇之间的相似度由这两个不同簇中距离最近的数据点对的相似度来确定。例如,如果簇 C_1 中的一个对象和簇 C_2 中的一个对象之间的距离是所有属于不同簇的对象间欧氏距离中最小的,C_1 和 C_2 将被合并。聚类的合并过程反复进行,直到所有的对象最终合并形成一个簇,或者最近的两个类的距离超过某个任意给定的阈值。

例7-4 有表7-3所示的5个样本,先将5个样本分别看成是一个簇,由式(7-18)计算它们的簇间距离,见表7-3右侧表格,最靠近的两个簇是3和4,因为它们具有最小的簇间距离 $D(3,4)=5.0$。

表 7-3　单连接算法举例

	x_1	x_2		1	2	3	4	5
1	10	5	1	0.00				
2	20	20	2	18.0	0.00			
3	30	10	3	20.6	14.1	.00		
4	30	15	4	22.4	11.2	5.00	0.00	
5	5	10	5	7.07	18.0	25.0	25.5	0.00

第一步：合并簇 3 和 4，得到新的簇集合 {1, 2, (3, 4), 5}，如图 7-4 所示。更新距离矩阵：

$D(1, (3, 4)) = \min(D(1,3), D(1,4)) = \min(20.6, 22.4) = 20.6$；

$D(2, (3, 4)) = \min(D(2,3), D(2,4)) = \min(14.1, 11.2) = 11.2$；

$D(5, (3, 4)) = \min(D(3,5), D(4,5)) = \min(25.0, 25.5) = 25.0$。

原有簇 1, 2, 5 间的距离不变，合并簇 3 和 4 后的距离矩阵见表 7-4 左侧表格，在四个簇 1, 2, (3, 4), 5 中，最靠近的两个簇是 1 和 5，它们具有最小簇间距离 $D(1, 5) = 7.07$。

第二步：合并簇 1 和 5，得到新簇集合 {2, (3, 4), (1, 5)}。更新距离矩阵：$D(2, (1, 5)) = 18.0$；$D((3, 4), (1, 5)) = 20.6$。

原有簇 2, (3, 4) 间的距离不变，修改后的距离矩阵见表 7-4 中间表格，在三个簇 2, (3, 4), (1, 5) 中，最靠近的两个簇是 2 和 (3, 4)，它们具有最小簇间距离 $D(2, (3, 4)) = 11.2$。

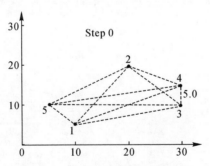

图 7-4　单连接算法：样本及合并

表 7-4　单连接算法举例

	1	2	5	(34)
1	0.00			
2	18.0	0.00		
5	7.07	18.0	0.00	
(34)	20.6	11.2	250	0.00

	2	(34)	(15)
2	0.00		
(34)	11.2	0.00	
(15)	18.0	20.6	0.00

	(15)	(34)
(15)	0.00	
234	18.0	0.00

第三步：合并簇 2, (3, 4)，得到新簇集合 {(2, 3, 4), (1, 5)}。更新距离矩阵：$D((2, 3, 4), (1, 5)) = 18.0$。

修改后的距离矩阵如图 7-5(c) 所示，只剩二个簇 (2, 3, 4), (1, 5)，它们具有最小簇间距

离 $D((2,3,4),(1,5))=18.0$。

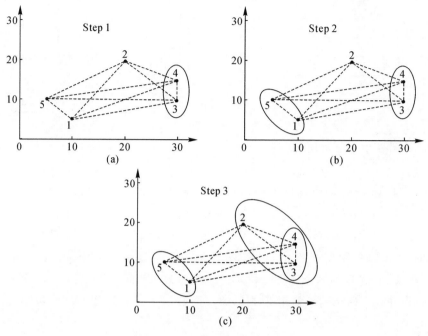

图 7-5　单连接算法:样本及合并

第四步:合并簇(2,3,4),(1,5)得到新簇集合{(2,3,4,1,5)},如图 7-6(a)所示,图 7-6(b)是一棵完整的单连接树。

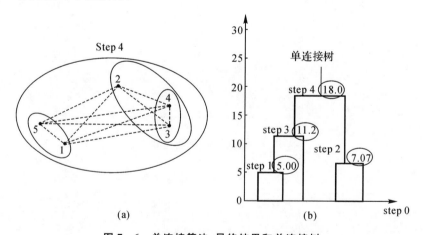

图 7-6　单连接算法:最终结果和单连接树

层次的方法缺陷在于,一旦一个步骤(合并或分裂)完成,它就不能被撤销。这个严格的规定是有用的,由于不用担心组合数目的不同选择,计算代价会较小。但是,该技术的一个主要问题是它不能更正错误的决定。有两种方法可以改进层次聚类的结果:

(1)在每层划分中,仔细分析对象间的"联接",如 CURE 和 Chameleon 算法。

(2)综合层次凝聚和迭代的重定位方法,首先用自底向上的层次算法,然后用迭代的重定位来改进结果,如 BIRCH 算法。

2. CURE(Clustering Using Representatives)算法

CURE 算法将层次方法与划分方法结合到了一起。它克服了偏向发现大小相似和圆形形状聚类的问题,同时在处理异常数据时也表现得更加鲁棒。CURE 算法属于(自下而上)聚合方法与(自上而下)分解的中间做法。它不是仅用一个聚类中心或对象来描述一个聚类,而是选用固定数目有代表性的空间点来表示一个聚类。表示聚类的代表性点是首先通过选择分布较好的聚类对象来产生,然后根据指定的速率(收缩因子)将它们"收缩"或移向聚类的中心。算法的每一步,就是对拥有分别来自两个不同聚类两个最近(代表性)点所涉及的两个聚类进行合并。每个聚类包含多于一个的代表性点将有助于 CURE 方法调整好自己的非圆状边界。聚类的收缩或压缩将有助于帮助压制异常数据。因此 CURE 方法对异常数据表现得更加鲁棒,同时它也能识别具有非圆形状和不同大小的聚类。此外,CURE 方法在不牺牲聚类质量的情况下,对大数据集的处理也具有较好的可扩展性。

为了处理大数据集,CURE 方法利用了随机采样和划分方法,即首先对随机采样(集合)进行划分,每个划分都是部分聚类,然后这些部分聚类在第二遍扫描中继续进行聚类以获得所期望的最终聚类结果。

CURE 算法的主要处理步骤说明如下:

(1)进行随机采样并获得集合 S,它包含 s 个对象;
(2)将采样集合 S 划分为 p 个划分,每个划分大小为 s/p;
(3)将各划分部分聚类成 s/pq 个聚类,其中 $q>1$;
(4)通过随机采样消除异常数据,即若一个聚类增长太慢,就去除它;
(5)对部分聚类再次进行聚类,落在每个新获得的聚类中的代表性点,则根据收缩因子 α,"收缩"或移向聚类的中心,这些点将要用于代表并描绘出聚类的边界;
(6)对聚类中的数据标记上相应聚类号。

CURE 算法回避了用所有点或单个质心来表示一个簇的传统方法,将一个簇用多个代表点来表示,使 CURE 可以适应非球形的几何形状。另外,收缩因子降低了噪声对聚类的影响,从而使 CURE 对孤立点的处理更加健壮,而且能识别非球形和大小变化比较大的簇。CURE 的复杂度是 $O(n)$,n 是对象的个数。

3. BIRCH 综合层次聚类方法

BIRCH (Balanced Iterative Reducing and Clustering using Hierarchies)方法是一个集成的层次聚类方法。它包含两个重要概念:聚类特征(Clustering Feature,CF)和聚类特征树(CF tree)。这两个概念用于对聚类描述进行概要总结。聚类特征树帮助聚类方法获得较好的聚类速度并具有良好的可扩展性以便对大数据集进行处理。此外,BIRCH 方法在进行增量和动态聚类时也是很有效的。

聚类特征(CF)是有关对象子集概要信息的一个三元组。设一个子聚类(subcluster)包含 N 个 d-维数据或对象 O_i,这个子聚类的 CF 就定义为

$$CF=(N,\vec{LS},SS) \qquad (7-22)$$

其中:N 为子类中点的个数;$\vec{LS}$ 是 N 个点的和,即 $\sum_{i=1}^{N}\vec{\sigma_i}$;SS 是数据点的二次方和,即 $\sum_{i=1}^{N}\vec{\sigma_i}^2$。

聚类特征基本上就是对给定子聚类统计信息的总结,它包含了聚类计算和空间存储利用所需要的关键信息。

CF 树是一个具有两个参数分支因子 B 和阈值 T 的高度平衡树,它存储了层次聚类的聚类特征。图 7-7 就是一个 CF 树示意描述。根据定义,CF 树中非叶节点存放其子女节点的 CF 值。一个 CF 树有两个主要参数:分支系数 B 和阈值 T。分支系数 B 指定了每个非叶节点的最大子女数;而阈值 T 则指定了存放在叶节点中子聚类的最大直径。这两个参数影响所获 CF 树的大小。

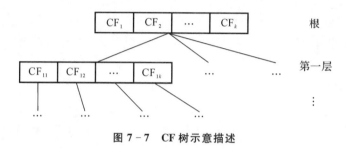

图 7-7 CF 树示意描述

BIRCH 方法工作主要包括以下两个阶段:

(1)BIRCH 扫描数据集,建立一个初始存放于内存的 CF 树,它可以被看作数据的多层压缩,试图保留数据内在的聚类结构。

(2)BIRCH 选择某个聚类算法对 CF 树的叶节点进行聚类。

在第一阶段,CF 树根据不断插入的对象而动态建立。因此,BIRCH 方法是增量式聚类。一个对象被插入与它最接近的叶节点中。若一个叶节点的子聚类直径在插入一个新对象后大于阈值 T,那么该叶节点和其他节点就要进行分解;而在插入一个新对象之后,有关(它)的信息将上传到根节点。通过修改阈值 T 可以改变 CF 树的大小。如果存放 CF 树所需要的内存大于现有内存,那就要指定较小的阈值 T 并重建 CF 树:重建工作将从原来 CF 树的叶节点开始。因此,CF 树的重建工作将无须重新读入所有的数据。这一点与构造 B^+ 树时的插入与分解过程类似。因此构造 CF 树时,数据只需要读一遍;而利用一些启发式方法则可以通过重复读入数据来帮助处理异常数据以改善 CF 树质量。

在构造完 CF 树后,(第二阶段)可利用任何聚类算法,主要是划分聚类方法,对所获得的 CF 树进行聚类分析。

BIRCH 方法努力在现有资源条件下产生最好的聚类。面对有限的内存,一个重要考虑就是如何使得 I/O 时间最小。BIRCH 方法利用多阶段处理方式:先扫描一遍数据获得一个基本理想的聚类;再次扫描一遍数据以帮助改善(所获)聚类的质量。BIRCH 算法通过一次扫描就可以进行较好的聚类,故该算法的计算复杂度是 $O(n)$,n 是对象的数目。

7.3.3 密度聚类

基于密度的方法将簇看作是数据空间中被低密度区域分割开的高密度对象区域。基于密度方法能够帮助发现具有任意形状的聚类。常用的密度聚类算法有 DBSCAN、MDCA、OPTICS、DENCLUE、DPC 等,下面主要介绍 DBSCAN 和 DPC 算法。

1. DBSCAN (Density-Based Spatial Clustering of Application with Noise)

DBSCAN 是一个基于密度的聚类算法。该算法可将高密度的区域划分为簇,并可以在带有"噪声"的空间数据库中发现任意形状的聚类,它定义簇为密度相连的点的最大集合。

基于密度的聚类的基本思想及相关定义如下:

(1) ε-邻域:给定对象半径 ε 内的区域称为该对象的 ε-邻域。对于 $x^{(j)} \in D$,其 ε-邻域包含 D 中与 $x^{(j)}$ 的距离不大于 ε 的所有样本。

(2) 核心对象:如果一个对象的 ε-邻域至少包含最小数目 MinPts 个对象,则称该对象为核心对象。其中,MinPts 为 ε-邻域内样本个数的最小值。

(3) 直接密度可达(directly density-reachable):若 $x^{(j)}$ 位于 $x^{(i)}$ 的 ε-邻域中,且 $x^{(i)}$ 是核心对象,则称 $x^{(j)}$ 由 $x^{(i)}$ 密度直达。密度直达关系通常不满足对称性,除非 $x^{(j)}$ 也是核心对象。

(4) 密度可达(density-reachable):对 $x^{(i)}$ 与 $x^{(j)}$,若存在样本序列 $p_1, p_2, \cdots, p_n$,其中 $p_1 = x^{(i)}, p_n = x^{(j)}, p_1, p_2, \cdots, p_{n-1}$ 均为核心对象且 p_{i+1} 从 p_i 密度直达,则称 $x^{(j)}$ 由 $x^{(i)}$ 密度可达。密度可达关系满足直递性,但不满足对称性。

(5) 密度相连(density-connected):对 $x^{(i)}$ 与 $x^{(j)}$,若存在 $x^{(k)}$ 使得 $x^{(i)}$ 与 $x^{(j)}$ 均由 $x^{(k)}$ 密度可达,则称 $x^{(i)}$ 与 $x^{(j)}$ 密度相连。密度相连关系满足对称性。

密度可达是直接密度可达的传递闭包,这种关系是非对称的。只有核心对象之间是相互密度可达的,而密度相连是一个对称的关系。一个基于密度的簇是基于密度可达性的最大的密度相连对象的集合,不包含在任何簇中的对象被认为是"噪声"。

DBSCAN 通过检查数据集中每个点的 ε-邻域来寻找聚类。如果一个点 p 的 ε-邻域包含多于 MinPts 个点,则创建一个以 p 作为核心对象的新簇。然后,DBSCAN 反复地寻找从这些核心对象直接密度可达的对象,这个过程可能涉及一些密度可达簇的合并。当没有新的点可以被添加到任何簇时,该过程结束。

如图 7-8 所示,ε 用一个相应的半径表示,设 MinPts=3。根据以上概念,由于有标记的各点 M、P、O 和 R 的 ε-近邻均包含 3 个以上的点,所以它们都是核心对象;M 是从 P "直接密度可达";而 Q 则是从 M "直接密度可达";基于上述结果,Q 是从 P "密度可达";但 P 从 Q 无法"密度可达"(非对称)。类似的,S 和 R 从 O 是"密度可达"的;O、R 和 S 均是"密度连接"的。基于密度聚类就是一组"密度连接"的对象,以实现最大化的"密度可达"。不包含在任何聚类中的对象就为噪声数据。算法 7-5 给出了 DBSCAN 算法的基本步骤。

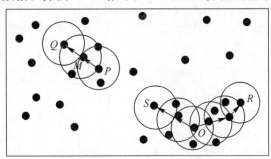

图 7-8 "直接密度可达"和"密度可达"概念示意描述

算法 7-5　DBSCAN 算法步骤

给定数据集 D、半径 ε 和密度阈值 MinPts：
(1) 初始时将 n 个对象的状态都标记为 0，$i=1$。
(2) 从 D 中随机选取一个状态为 0 的对象 p，并将其状态更改为 1。
(3) 如果对象 p 的密度不小于 MinPts，则创建一个新的簇 C_i 并把 p 加入此簇中，令集合 $N=\mathrm{neighbor}(p,\varepsilon)$，对于 N 中的每个对象 q，做如下两步操作：
　　1) 若 q 的状态为 0，改为 1，若 q 是个核心点，将其所有的 ε 邻居加入集合 N；
　　2) 如果 q 不属于已有的任何一个簇 C_j，$1\leqslant j\leqslant i$，将 q 放入 C_i。
(4) 如果对象 p 的密度小于 MinPts，标记 p 的状态为 3；如果所有对象的状态都为 1，则输出所有簇，不属于任何簇的对象为噪声，停止，否则，令 $i=i+1$，转至步骤(2)。

图 7-9 给出了 DBSCAN 算法示例。假设半径 $\varepsilon=1$，密度阈值 MinPts $=3$：
(1) a 的密度为 3，满足要求，创建簇 C_1，a 的邻居和 a 本身加入此簇。
(2) 处理邻居点 $(1,3)$ 时，因为该点也是一个核心点，其邻居 $(2,3)$ 也加入此簇。
(3) 最终位于两个圆圈内和圈之上的 4 个点被分配到簇 C_1 中。
(4) 如果选择点 $b(3,4)$，b 的密度为 2，不满足最小密度为 3 的要求，因此不创立新簇。
(5) 若选择 $c(4,3)$ 点，创建簇 C_2，则两个圆圈所覆盖的点本分到簇 C_2。
(6) 最后处理点 $(5,1)$，该点不满足密度阈值，最终成为噪声点。

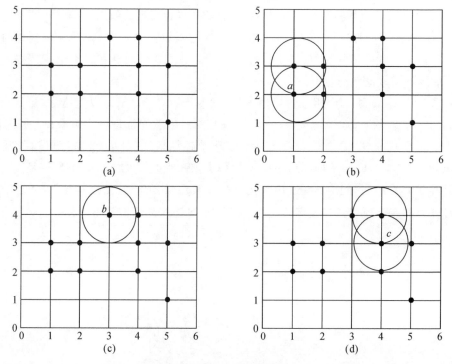

图 7-9　DBSCAN 算法示例
(a) 初始数据集；(b) 处理对象 $a(1,2)$；(c) 处理对象 $b(3,4)$；(d) 处理对象 $c(4,3)$

DBSCAN 的计算复杂度为 $O(n\log n)$,其中 n 为数据集中对象的个数。DBSCAN 算法对用户所要设置的参数敏感。

2. DPC (Clustering by fast search and find of Density Peaks)算法

DPC (Clustering by fast search and find of Density Peaks)算法也称密度峰值算法,由 Alex Rodriguez 和 Alessandro Laio 于 2014 年在 Science 上提出。它是一种基于密度的聚类算法,由于其简单高效的优势受到了学术界的广泛关注。DPC 的核心内容在于准确找到聚类中心,它基于以下两个假设确定聚类中心:①类簇中心点的密度大于周围邻居点的密度;②类簇中心点与更高密度点之间的距离相对较大。聚类中心确定后 DPC 再把剩下的点顺序分配。DPC 思想简单新颖,所需参数少,不需要迭代求解。DPC 算法还可以识别各种形状的类簇,具有优异的聚类性能。

在 DPC 算法中,每个样本需要计算两个变量值:局部密度 ρ 和最小距离 δ(比当前点密度值大且距离其最近的数据点的距离),通过对所有样本点的两个变量值的分析来确定聚类中心。具体定义如下。

(1)截断核局部密度:给定一个数据对象集合 $X=\{x_1, x_2, \cdots, x_n\}$,样本 x_i 的截断核局部密度计算公式为

$$\rho_i = \sum_j \chi(d_{ij} - d_c) \quad (7-23)$$

其中:d_{ij} 是样本 x_i 和 x_j 间的欧式距离,$i, j \in [1, 2, \cdots, n]$;当 $d_{ij} - d_c \leqslant 0$ 时,$\chi(d_{ij} - d_c) = 0$,否则 $\chi(d_{ij} - d_c) = 1$;d_c 是截断距离参数,可以根据一定的先验知识得到。

(2)高斯核局部密度:给定一个数据对象集合 $X=\{x_1, x_2, \cdots, x_n\}$,样本 x_i 的高斯核局部密度计算公式为

$$\rho_i = \sum_j \exp\left(-\frac{d_{ij}^2}{d_c^2}\right) \quad (7-24)$$

式(7-23)的截断核局部密度往往适合大规模数据集,因为某些点的密度值是一样的,能取得好的时间复杂度。式(7-24)的高斯核局部密度则更加适合处理一些小数据集,因为其对局部密度的测算值都是不一样的,对类簇中心点的选取更加精确。

(3)最小距离:给定一个数据对象集合 $X=\{x_1, x_2, \cdots, x_n\}$,样本 x_i 到更高局部密度点的最小距离的计算公式为

$$\delta_i = \begin{cases} \min_{j:\rho_j > \rho_i}(d_{ij}), & \text{若} \exists \rho_j, \rho_j > \rho_i \\ \max d_{ij}, & \text{否则} \end{cases} \quad (7-25)$$

(4)决策图:给定一个数据对象集合 $X=\{x_1, x_2, \cdots, x_n\}$,以样本的局部密度值为横坐标,以最小距离值为纵坐标在坐标图中描绘所有点,得到该数据集 X 的决策图。

图 7-10 为一个数据集对应的决策图,横坐标代表样本局部密度值,纵坐标对应样本的最小距离值。

(5)Gamma 值:给定一个数据对象集合 $X=\{x_1, x_2, \cdots, x_n\}$,样本 x_i 的 Gamma 值定义为局部密度 ρ_i 和最小距离 δ_i 的乘积:

$$\gamma_i = \rho_i \delta_i \quad (7-26)$$

DPC 算法的具体流程如下:首先计算每个数据点的局部密度和最小距离;其次构造决策图后在图的右上角中选取合适的聚类中心,或者计算所有数据点的 Gamma 值,降序排序后选

取前 k 个作为聚类中心;最后 DPC 把剩下的非中心点按照密度降序顺序,依次把它分配给密度比值高且距离最近的数据点所属的簇。该算法的伪代码算法如下所示。

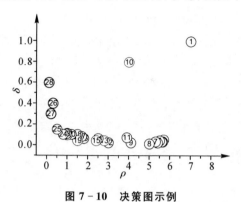

图 7 - 10 决策图示例

算法 7 - 6 DPC 算法

输入:数据对象集合 X。
输出:聚类结果 $C = \{C_1, C_2, \cdots, C_k\}$。
(1)对数据 X 进行预处理,计算距离矩阵。
(2)Repeat:
1)按照式(7 - 23)或者式(7 - 24)计算每个数据点的局部密度值;
2)按照式(7 - 24)计算每个数据点的最小距离值。
(3)until 所有数据点计算完毕。
(4)构造决策图或者计算 Gamma 值,确定聚类中心。
(5)将剩下的非中心数据点按局部密度降序的顺序排列。
(6)Repeat。
(7)将非中心数据点分配给密度比它高且距离最近的数据点所属的簇。
(8)until 所有数据点都遍历完毕。

DPC 思想简洁新颖,所需参数相对较少,在扩大适用数据范围的同时也避免了较大的计算量,因此 DPC 自被提出后就受到了研究学者的广泛关注。然而 DPC 也存在一些缺点,比如在局部密度的计算公式中,截断距离 d_c 需要人为设置,且不同取值对实验结果的影响较大。DPC 还存在聚类标签错误传播问题,即在非中心点的分配过程中,样本点按照密度降序依次聚类。一旦某个点被归类到错误的簇中,则可能导致密度比它小的点都会被分配到同一个错误的簇中,产生连锁反应,影响聚类效果。

7.3.4 基于网格的方法

基于网格的聚类方法采用一个多分辨率的网格数据结构。它将空间量化为有限数目的单元,这些单元形成了网格结构,所有的聚类操作都在网格上进行。本节只对基于网格的聚类方法做简单的描述,具体内容请参考相关文献。

STING (Statistical Information Grid)是一种基于网格的多分辨率聚类技术,它将空间区域划分为矩形单元,针对不同级别的分辨率,通常存在多个级别的矩形单元,这些单元形成了一个层次结构:每个高层的单元被划分为多个低一层的单元。关于每个网格单元属性的统计信息(如平均值、最大值和最小值)被预先计算和存储。

统计信息的使用可以按照自顶向下的基于网格的方法:在层次结构中选定一层作为查询处理的开始点。通常,该层包含少量的单元。对当前层次的每个单元,计算置信度区间(或者估算其概率范围),用以反映该单元与给定查询的关联程度。不相关的单元就不再考虑。低一层的处理就只检查剩余的相关单元。这个处理过程反复进行,直到达到底层。此时,如果查询要求被满足,那么返回相关单元的区域。否则,检索和进一步地处理落在相关单元中的数据,直到它们满足查询要求。

STING 的一个有趣性质是:如果粒度趋向于 0(即朝向非常低层的数据),则它趋向于 DBSCAN 的聚类结果。换言之,使用计数和单元大小信息,使用 STING 可以近似地识别稠密的簇。因此,STING 也可以看作基于密度的聚类方法。

与其他聚类算法相比,STING 有以下几个优点:①基于网格的计算是独立于查询的,因为存储在每个单元中的统计信息提供了单元中数据汇总信息,不依赖于查询;②网格结构有利于并行处理和增量更新;③该方法的主要优点是效率高,STING 扫描数据库一次来计算单元的统计信息,因此产生聚类的时间复杂度是 $O(n)$,其中 n 是对象数,在层次结构建立后,查询处理时间是 $O(g)$,其中 g 是最底层网格单元的数目,通常远远小于 n。

由于 STING 采用了一种多分辨率的方法来进行聚类分析,所以 STING 的聚类质量取决于网格结构最底层的粒度。如果最底层的粒度很细,则处理的代价会显著增加;然而,如果网格结构最底层的粒度太粗,则会降低聚类分析的质量。此外,STING 在构建一个父亲单元时没有考虑子女单元和其相邻单元之间的联系。因此,结果簇的簇边界不是水平的,就是竖直的,没有斜的分界线。尽管该技术有较快的处理速度,但可能降低簇的质量和精确性。

7.3.5 基于模型聚类的方法

基于模型的方法为每个簇假定了一个模型,寻找数据对给定模型的最佳拟合。一个基于模型的算法可能通过构建反映数据点空间分布的密度函数来定位聚类。它也基于标准的统计数字自动决定聚类的数目,考虑"噪声"数据或孤立点,从而产生健壮的聚类方法。基于模型的方法一般基于假设:数据是根据潜在的概率分布生成的。聚类方法主要有两种:统计学方法和神经网络方法。

概率模型即概率生成模型,是假设数据是由潜在的概率分布产生的,典型的算法是高斯混合模型(Gaussian Mixture Models, GMM);而来自芬兰的神经网络专家提出的自组织映射(Self Organized Maps, SOM)是典型的神经网络模型。对类簇而言,基于模型的聚类算法是用概率形式呈现,每个类的特征也可以直接用参数表示,但是与其他聚类方法相比,这类聚类方法在样本数据量大的时候执行率较低,不适合大规模聚类场合。

1. 基于统计的聚类方法

大多数概念聚类都采用了统计方法,也就是利用概率参数来帮助确定概念或聚类。每个所获得的聚类通常都是由概率描述来加以表示。

COBWEB 是一种流行的简单增量概念聚类算法。它的输入对象用分类属性-值对来描述。它以一个分类树的形式创建层次聚类。分类树的每个节点对应一个概念,包含该概念的一个概率描述,概述被分在该节点下的对象。在分类树某个层次上的兄弟节点形成了一个划分。为了用分类树对一个对象进行分类,采用了一个部分匹配函数沿着"最佳"匹配节点的路径在树中向下移动,寻找可以分类该对象的最好节点。这个判定基于将对象临时置于每个节点,并计算结果划分的分类效用。产生最高分类效用的位置应当是对象节点一个好的选择。但如果对象不属于树中现有的任何概念,则为该对象创建一个新类。

CORWEB的优点在于:它不需要用户输入参数来确定分类的个数,可以自动修正划分中类的数目。缺点是它基于这样一个假设:在每个属性上的概率分布是彼此独立的。由于属性间经常是相关的,这个假设并不总是成立。此外,聚类的概率分布表示使得更新和存储类相当昂贵。因为时间和空间复杂度不只依赖于属性的数目,而且取决于每个属性的值的数目,所以当属性有大量的取值时情况尤其严重。而且,分类树对于偏斜的输入数据不是高度平衡的,它可能导致时间和空间复杂性的剧烈变化。

2. 基于神经网络的聚类方法

神经网络聚类方法是将每个簇描述成一个标本。标本作为聚类的一个"原型",它不一定对应一个特定的数据实例或对象。可以根据新对象与哪个标本最相似(基于某种距离计算方法)而将它分派到相应的聚类中,可以通过聚类的标本来预测分派到该聚类的一个对象的属性。由于本书中没有介绍神经网络计算的相关概念,基于神经网络聚类方法的请参考相关文献。

7.3.6 几种常用算法的性能比较

基于上述分析,下面对聚类方法中的一些常用聚类算法(划分方法中的CLARANS、层次方法中的CURE和BIRCH、基于密度方法的DBSCAN、基于网格方法的STING和基于模型方法的COBWEB)的性能从可伸缩性、发现聚类的形状、对"噪声"的敏感性、对数据输入顺序的敏感性、高维性和算法效率六个方面进行比较,结果见表7-5。

表7-5 聚类算法比较

算法	对 比					
	可伸缩性	发现聚类的形状	对"噪声"的敏感性	对数据输入顺序的敏感性	高维性	算法效率
CALRANS	好	凸形或球形	不敏感	非常敏感	一般	较低
CURE	较差	任意形状	不敏感	敏感	好	较高
BIRCH	较差	凸形或球形	一般	不太敏感	好	高
DBSCAN	较好	任意形状	不敏感	敏感	一般	一般
STING	好	任意形状	不敏感	不敏感	好	高
COBWEB	较好	任意形状	一般	敏感	好	较低

由于数据挖掘在不同领域的应用对聚类算法提出了各自特殊的要求,表7-5则可以给聚类算法的研究和应用的选择提供参考。

另外,对于中小规模比较均的数据聚类,划分方法就可以得到局部最优,而且划分方法在易理解性、易实施性和通用性等方面优于其他的聚类方法。

7.3.7 异常点处理

异常点可能说明数据中存在错误(例如一个发生故障的传感器记录下的不正确的数据值);异常点也可能是一些正确的数据值,只不过这些数值与其他数据相比,非常不同。一个身高 2.5 m 的人与多数人相比显得过高了。在分析个人身高时,这个数值就可视为异常点。

考虑图 7-11 中的聚类问题,如果要发现三个簇(实线),则异常点自成一簇。但如果要发现两个簇,则两个明显不同的数据集合将聚成一个簇。这是因为它们之间的距离要比到异常点的距离更近一些。由于许多聚类算法都要求将期望发现簇的数目作为输入,所以这个问题是较难处理的。为了保证聚类效果,聚类算法可以发现并剔除异常点。但在实际剔除异常点时一定要谨慎。例如,假设数据挖掘问题是水灾预报。与正常水位值相比,非常高的水位值很少发生,因此可视为异常点。但如果剔除异常点,则数据挖掘算法就不能有效地预报水灾,这是因为反映水灾即将发生的数据已经被剔除了。异常点检测或异常点挖掘是指在数据集中标识出异常点的过程。发现异常点后,利用聚类或者其他数据挖掘算法可以剔除它们或者按不同方式处理。许多异常点检测是基于统计技术的。通常假设数据集服从一个已知的分布,然后通过不一致性检验来检测出异常点。但是由于现实世界数据集不一定服从简单的数据分布,所以这种方法对于真实数据是不适用的。另外,大多数统计检验都假设使用单属性数值,而现实世界数据集中的数据都是多属性的。采用基于距离测度的检测技术可能是一条可行的途径。

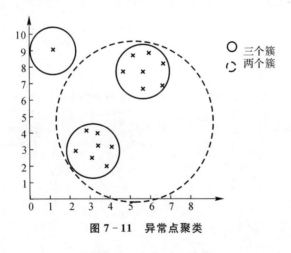

图 7-11 异常点聚类

7.4 聚类常用的评价指标

前面介绍了多种聚类算法,从前面的介绍可知聚类分析大多是在无监督的情况进行的,在对数据进行聚类分析之后,如何判断聚类的结果是不是满足分析的目标就是聚类结果检验研究的目的。通常定义一个好的聚类结果是指簇类中对象结合紧密,簇间关系稀疏,显然这只是感性的认识。在科学计算中有必要采用数字量化的方式来评价聚类结果的好坏,聚类有效性(cluster validity)是指对聚类算法结果进行量化评估的方法,目前主要分为外部检验方法(external validation measures)和内部检验方法(internal validation measures)两类。外部检验方法是指在检验聚类结果时依赖数据集合本身正确的分类信息来判断聚类结果的好坏;内部检验方法是指在检验聚类结果时不依赖额外的信息,只依赖数据集合本身的信息来判断聚类结果的好坏。显然,外部检验方法一般用于精确评测聚类算法,在这种情况下评测使用的数据一般是公认的已知正确分类信息的数据集;相反,内部检验方法一般用于判断聚类结果是否跟数据自身的自然簇结构一致。如果一个簇内的数据具有较高的相似程度,而不同簇内的数据差异度较高,就认为这个聚类的质量较好,通常使用凝聚度或分离度以及它们的组合来对聚类结果进行评价。

7.4.1 外部评价标准

外部评价标准是首先给定一个基准,根据这个基准对聚类结果进行评价。下面介绍 3 个外部评价指标。

1. Purity

$$\text{Purity}(\Omega, C) = \frac{1}{N} \sum_k \max_j |w_k \cap c_j| \tag{7-27}$$

其中:N 表示总样本个数;$\Omega = \{w_1, w_2, \cdots, w_K\}$ 表示采用某种聚类算法得到的聚类簇(cluster)的划分;$C = \{c_1, c_2, \cdots, c_J\}$ 表示样本数据的真实类别(class)划分。Purity 指标指的是首先给每个聚类簇分配一个类别,然后和真实类别(class)取交集,交集最大的类标签即为该簇的真实标签,最后计算所有 K 个聚类簇的和再进行归一化。Purity$\in [0,1]$,越接近 1 表示聚类结果越好。

例 7-5 如图 7-12 所示,cluster 1 中×的数目最多且有 5 个,在 cluster 2 中○数目最多为 4,在 cluster 3 中◇数目最多为 3。因此有

$$\text{Purity} = \frac{1}{17} \times (5+4+3) \approx 0.705\ 9$$

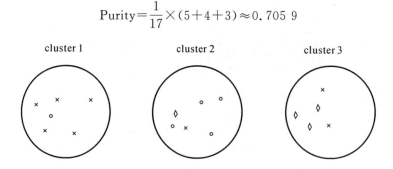

图 7-12 Purity 计算举例

2. NMI 标准化互信息

NMI(Normalized Mutual Information)即标准化互信息。互信息是信息论里一种有用的信息度量,衡量的是随机变量之间相互依赖程度。它可以看成是一个随机变量中包含的关于另一个随机变量的信息量,或者说是一个随机变量由于已知另一个随机变量而减少的不肯定性。标准化是将互信息归一化到[0,1]之间,容易评价算法的好坏。

互信息的定义为:假设存在一个随机变量 X 和另外一个随机变量 Y,那么它们的互信息是 $I(X;Y) = H(X) - H(X|Y)$,其中 $H(X)$ 是 X 的信息熵,$H(X|Y)$ 是已知 Y 情况下,X

带来的信息熵(条件熵)。

直观理解是,假如存在两个随机事件 X,Y,其中一个随机事件 X 带来的不确定性为 $H(X)$。如果 X,Y 存在关联,当 Y 已知时,X 带来的不确定性会变化,这个变化值就是 X 的信息熵减去当已知 Y 时 X 的条件熵,就是互信息。

从概率角度来看,互信息是由随机变量 X,Y 的联合概率分布 $p(x,y)$ 和边缘概率分布 $p(x),p(y)$ 得出的。互信息可写为如下公式:

$$I(X;Y) = \sum_{y \in y} \sum_{x \in x} P(x,y) \log \frac{P(x,y)}{P(x)P(y)} \tag{7-28}$$

对于聚类来说,如果 $P(w_k)$ 是样本属于聚类簇 w_k 的概率,$P(c_j)$ 是样本属于类别 c_j 的概率,$P(w_k \cap c_j)$ 是样本同时属于两者的概率,则有

$$I(\Omega;C) = \sum_k \sum_j P(w_k \cap c_j) \log \frac{P(w_k \cap c_j)}{P(w_k)P(c_j)} =$$
$$\sum_k \sum_j \frac{|w_k \cap c_j|}{N} \log \frac{N|w_k \cap c_j|}{|w_k||c_j|} \tag{7-29}$$

对其进行归一化,归一化后的互信息公式如下:

$$\text{NMI}(\Omega,C) = \frac{I(\Omega;C)}{[H(\Omega)+H(C)]/2} \tag{7-30}$$

其中:I 表示互信息(mutual information);H 为信息熵。H 的等价式子可由概率的极大似然估计推导而来:

$$H(\Omega) = -\sum_k P(w_k) \log P(w_k) = -\sum_k \frac{|w_k|}{N} \log \frac{|w_k|}{N} \tag{7-31}$$

互信息 $I(\Omega;C)$ 表示给定类信息 C 的前提条件下,类别信息 Ω 的增加量,或者说其不确定度的减少量。互信息还可以写为如下形式:

$$I(\Omega;C) = H(\Omega) - H(\Omega|C) \tag{7-32}$$

互信息的最小值为 0,当 Ω 相对于类别 C 只是随机的,也就是说两者独立的情况下,Ω 对于 C 未带来任何有用的信息;如果得到的 Ω 与 C 关系越密切,那么 $I(\Omega;C)$ 值越大。如果 Ω 完整重现了 C,此时互信息最大,值为 1,此时有

$$I(\Omega;C) = H(\Omega) = H(C) \tag{7-33}$$

例 7-6 计算序列 gnd 和 $grps$ 的 NMI 值,其中 gnd 是已知聚类的标签,$grps$ 表示采用某种算法聚类后的所得到的标签。

$$gnd = [\underbrace{111111}_{6}, \underbrace{222222}_{6}, \underbrace{33333}_{5}]$$
$$grps = [\underbrace{121111}_{4}, \underbrace{122223}_{4}, \underbrace{11333}_{3}]$$

(1)先计算联合概率分布 $p(grps, gnd)$,见表 7-6。

表 7-6 联合概率分布

$grps \downarrow gnd \rightarrow$	1	2	3
1	$P(1,1)=5/17$	$P(1,2)=1/17$	$P(1,3)=2/17$
2	$P(2,1)=1/17$	$P(2,2)=4/17$	$P(2,3)=0/17$
3	$P(3,1)=0/17$	$P(3,2)=1/17$	$P(3,3)=3/17$

(2)计算边际分布：

$$P(gnd)=\left(\frac{6}{17},\frac{6}{17},\frac{5}{17}\right), P(grps)=\left(\frac{8}{17},\frac{5}{17},\frac{4}{17}\right)$$

(3)计算熵和互信息：

$$\begin{cases}H(gnd)=1.58\\H(grps)=1.522\\H(gnd|grps)=1.014\\I(gnd;grps)=H(gnd)-H(gnd|grps)=0.564\end{cases}$$

(4)计算 NMI：

$$\text{NMI}=\frac{2I(gnd;grps)}{H(gnd)+H(grps)}\approx 0.3649$$

3. RI 兰德指数

兰德指数(Rand Index，RI)是将聚类看成是一系列的决策过程，即对数据集中所有 $N(N-1)/2$ 个"样本对"进行决策。当且仅当两个样本相似时，将它们归入同一簇中。RI 可通过混淆矩阵进行计算。

正确决策：TP 将两个相似的样本归入到同一簇(正确的正例)，TN 将两个不相似的样本归入不同的簇(正确的负例)。

错误决策：FP 将两个不相似的样本归入同一簇(错误的正例)，FN 将两个相似的样本归入不同簇(错误的负例)。

RI 则是计算"正确决策"的比率(准确率，Accuracy)：

$$\text{RI}=\frac{\text{TP}+\text{TN}}{\text{TP}+\text{FP}+\text{TF}+\text{FN}}=\frac{\text{TP}+\text{TN}}{C_N^2} \tag{7-34}$$

例 7-7 已知混淆矩阵见表 7-7。

表 7-7 RI 计算举例

	Same Cluster	Different Cluster
Same Class	TP = 20	FN = 24
Different Class	FP = 20	TN = 71

则有

$$\text{RI}=\frac{20+72}{20+20+24+72}\approx 0.68$$

4. ARI 调整兰德指数

调整兰德指数(Adjusted Rand Index，ARI)，RI 的问题在于对两个随机的划分，其 RI 值不是一个接近于 0 的常数。ARI 则是针对该问题对 RI 的修正。

要计算该值，先计算出列联表(contingency table)(见表 7-8)，表中每个值 n_{ij} 表示某个样本同时位于 cluster(Y)和 class(X)的个数，再通过该表计算 ARI 值即可：

$$\text{ARI}=\frac{\sum_{ij}\binom{n_{ij}}{2}-\left[\sum_i\binom{a_i}{2}\sum_j\binom{b_j}{2}\right]/\binom{n}{2}}{\frac{1}{2}\left[\sum_i\binom{a_i}{2}+\sum_j\binom{b_j}{2}\right]-\left[\sum_i\binom{a_i}{2}\sum_j\binom{b_j}{2}\right]/\binom{n}{2}} \tag{7-35}$$

ARI∈[-1,1],值越大,意味着聚类结果与真实情况越吻合。

表 7-8 列联表

	Y_1	Y_2	...	Y_s	Sum
X_1	n_{11}	n_{12}	...	n_{1s}	a_1
X_2	n_{21}	n_{22}	...	n_{2s}	a_2
⋮	⋮	⋮	⋮	⋮	⋮
X_r	n_{r1}	n_{r2}	...	n_{rs}	a_r
Sum	b_1	b_2	...	b_s	

Purity,NMI,RI 等上述指标均需要给定样本的真实标签才能对聚类结果进行评价,但是均不要求后者的类标与前者一致。那什么时候需要进行类标签的最佳匹配呢?例如,如果需要对预测结果和真实值之间统计聚类正确的比例时就需要进行最佳类标的重现分配,这样才能保证统计的正确。

5. AC 聚类精确度

聚类精确度(Accuracy,AC)用于比较聚类算法所得到的类标签和数据提供的真实类标签之间的比率,其定义为

$$AC = \frac{\sum_{i=1}^{n}\delta(s_i,\text{map}(r_i))}{n} \tag{7-36}$$

其中:r_i、s_i 分别表示数据 x_i 所对应的获得的标签和真实标签;n 为数据总的个数;δ 表示指示函数:

$$\delta(x,y)=\begin{cases}1, & \text{如果 } x=y \\ 0, & \text{否则}\end{cases} \tag{7-37}$$

而式(7-36)中的 map 则表示最佳类标的重现分配,以保证统计的正确。一般的最佳重分配可以通过匈牙利算法(Kuhn-Munkres or Hungarian Algorithm)实现,从而在多项式时间内求解该任务(标签)分配问题。

7.4.2 内部评价标准

内部指标是根据数据自身的特点来对聚类结果进行评价,如果一个簇内的数据具有较高的相似程度,而不同簇内的数据差异度较高,就认为这个聚类的质量较好。通常用凝聚度或分离度以及它们的组合来对聚类结果进行评价。

1. 凝聚度(cohesion)

凝聚度用于衡量簇内对象的紧密程度。设簇的集合为 $C=\{C_1,C_2,\cdots,C_k\}$,凝聚度有以下两种定义方式:

$$\text{cohesion}(C) = \sum_{i=1}^{k}\frac{1}{|C_i|}\text{cohesion}(C_i) = \sum_{i=1}^{k}\frac{1}{|C_i|}\sum_{o_i\in C_i,o_j\in C_i}\text{similarity}(o_i,o_j) \tag{7-38}$$

$$\text{cohesion}(C) = \sum_{i=1}^{k}\text{cohesion}(C_i) = \sum_{i=1}^{k}\sum_{o_j\in C_i}\text{similarity}(o_j,c_i) \tag{7-39}$$

其中:$|C_i|$ 为类 C_i 内的对象数量;c_i 为类 C_i 的质心。

2. 分离度(separation)

分离度用于衡量簇间各对象的相异程度。设簇的集合为 $C=\{C_1,C_2,\cdots,C_k\}$，有以下两种定义方式：

$$\text{separation}(C) = \sum_{i=1}^{k} \sum_{o_k \in C_i, o_l \in C_j, j \neq i} \text{similarity}(o_k, o_l) \tag{7-40}$$

$$\text{separation}(C) = \sum_{i=1}^{k} [|C_i| \times \text{similarity}(c_i, c)] \tag{7-41}$$

其中：c_i 为类 C_i 的质心；c 是所有对象的质心。

3. 轮廓系数(silhouette coefficient)

轮廓系数是将凝聚度和分离度相结合的一种度量，假设对象 o_i 属于簇 C_i，则有

$$\left.\begin{aligned}
\text{sc}(o_i) &= \frac{b_i - a_i}{\max(b_i, a_i)} \\
b_i &= \frac{1}{n - |C_i|} \sum_{j=1, j \neq i}^{k} \sum_{o_j \in C_j} d(o_i, o_j) \\
a_i &= \frac{1}{|C_i| - 1} \sum_{o_j \in C_i, o_j \neq o_i} d(o_i, o_j)
\end{aligned}\right\} \tag{7-42}$$

其中：n 为对象的总个数；b_i 是它与其他簇中所有对象距离的均值；a_i 是它与同簇中其他所有对象距离的均值。轮廓系数的取值范围是 $[-1,1]$，当 $a_i=0$ 时，轮廓系数取最大值 1。轮廓系数越大越好。将所有点的轮廓系数求平均可以用于衡量聚类质量。

7.5 思考与练习

1. 简述聚类分析的基本思想和基本步骤。
2. 一个好的聚类算法应该具备哪些特性？
3. 简述划分聚类方法的主要思想。
4. 简述凝聚的层次聚类方法的主要思路。
5. 说出划分聚类与层次聚类的主要特点。
6. 在表 7-9 中给定的样本上运行 AGNES 算法，假定算法的终止条件为三个簇，初始簇为 $\{1\},\{2\},\{3\},\{4\},\{5\},\{6\},\{7\},\{8\}$。

表 7-9

序号	属性1	属性2	序号	属性1	属性2
1	2	10	5	7	5
2	2	5	6	6	4
3	8	4	7	1	2
4	5	8	8	4	9

第8章 商务智能可视化

可视化技术是指利用计算机图形学和图像处理技术,将数据转换成图形或图像在屏幕上显示出来,并进行交互处理的技术。现代的数据可视化技术综合运用计算机图形学、图像处理、人机交互等技术,将采集或模拟的数据转换为可识别的图形符号、图像、视频或动画,并以此向用户呈现有价值的信息。

图形图像承载的信息量远多于语言文字,人类从外界获得的信息约有80%以上来自于视觉系统。来源于人、机器和互联网本身的数据并不能为管理人员和其他决策者提供有价值的见解,必须整理、规范和进一步解释数据,然后进行分析和采取行动,才能提供有意义的价值。可视化借助于人眼快速的视觉感知和人脑的智能认知能力,可以起到清晰有效地传达、沟通并辅助数据分析的作用。用户通过对可视化的感知,使用可视化交互工具进行数据分析,获取知识,从而进行辅助决策。对于结构复杂、规模较大的数据,已有的统计分析或数据挖掘方法往往是对数据的简化和抽象,这样会隐藏数据集的真实结构,而数据可视化则可还原乃至增强数据中的全局结构和具体细节。

随着计算机技术的发展,可视化技术的应用范围已大大扩展,它被人们用来研究人机界面、数据表示、算法处理、显示方式等一系列问题,已逐渐成为人们分析自然现象、社会经济发展形势,认识客观事物本质和变化规律的得力助手。可视化技术的实现过程分为数据预处理、映射、绘制和显示四个步骤。在数据预处理阶段,针对不同的可视化方法和内容,对原始数据做变换处理,设置数据格式和标准,进行数据压缩和解压缩等工作。在映射阶段,针对不同类型的应用数据,采用不同的映射技术将数值数据转换成几何数据。在绘制阶段,运用多种技术,将几何数据绘制成图像。最终在显示阶段,将绘制生成的图像数据按用户指定的要求进行输出。在这一系列过程中,映射功能实质上完成的是数据建模功能,它是可视化技术的核心。

数据可视化允许组织领导者实时访问和解释数据,以便他们能够快速做出明智的决策。数据可视化工具为技术、管理人员和其他知识工作者提供了新方法,可以显著地提高他们掌握隐藏在数据中的信息的能力。

总的来说,数据可视化为决策者及其组织提供的十大优势如下:
(1)加强商业信息传递效率;
(2)快速访问相关业务见解;
(3)更好地理解运营和业务活动;
(4)快速识别最新趋势;
(5)准确的客户情感分析;

(6) 与数据直接交互；
(7) 预测销售分析；
(8) 深入销售分析；
(9) 轻松理解数据；
(10) 定制数据可视化。

本章将介绍与商务智能有关的各种常用可视化技术或工具。根据侧重点不同,可视化技术可以分为两个分支:科学计算可视化技术和信息可视化技术。

1. 科学计算可视化技术

科学计算可视化的基本含义是运用计算机图形学或者一般图形学的原理和方法,将科学与工程计算等产生的大规模数据转换为图形、图像等形式直观地表示出来。它涉及标量、矢量、张量的可视化,流场的可视化,数值模拟及计算的交互控制,海量数据的存储、处理及传输,图形及图像处理的向量及并行算法等。

2. 信息可视化技术

信息可视化是随着计算机网络的广泛应用而提出来的,主要研究如何利用图形图像方面的技术与方法帮助人们理解和分析多维数据以及大规模非数值型的信息资源的视觉呈现。与科学计算可视化相比,信息可视化则侧重于抽象数据集,如非结构化文本或者多维数据中的歧异点、边缘点等。通过信息可视化技术,可以发现大量金融、通信和商业数据中隐含的规律,从而为决策提供依据,这也是可视化技术中新的热点。

计算机科学的迅猛发展为利用可视化技术辅助商务智能提供了基础。一般来说,数据可视化的优点就是动作快、建设性讨论结果、理解运行和结果的联系、看清新兴的走向、做好数据的交互。同时,当今的商务环境在不断地改变并且变得越来越复杂。组织、个人、公众都面临着巨大的压力,这些压力迫使他们要对变化的环境做出快速的反应,同时还要求他们在运作方法上有创新精神。因此,可视化技术被广泛用于商务智能软件中。

8.1 商务智能可视化的类型

可视化技术分类的方法有很多,如科学可视化、教育可视化、产品可视化等。本章按照其在商务智能系统中应用对象的不同,将其分为数据可视化、过程可视化及结果可视化。

数据的可视化是将数据库或者数据仓库中的多维数据从不同的抽象层次或者是将属性、维度进行联合之后,以各种图表的形式展现在用户的面前,使用户能观察数据,并在较高的层次上找出数据间可能的关系。通过数据的可视化,用户可以识别出值得进一步观察的数据段。常见的数据可视化方法有散点图、直方图、雷达图、平行坐标、chernoff 脸图、标签云图等。

过程可视化是用可视化形式描述各种挖掘过程,从中用户可以看出数据是从哪个数据仓库或数据集中抽取出来,以及怎样进行预处理和进行数据挖掘的。一个数据挖掘算法往往只能在某些有限的知识领域有好的效果,不能适用于全部的应用领域,通过可视化的手段,商务智能处理过程在算法没有得到最终的结果时就给出某些中间结果的可视化信息,使用户能监控算法运行进度,及时发现问题,做出调整,如动态地调整参数值和可视化方法。用户的参与避免了"黑箱"挖掘的缺点,这样不但可以提高数据挖掘模式的可信度,而且能加深用户对处理结果的理解。需要指出的是,商务智能处理过程的可视化比较复杂,实现起来比较困难。如何做到与用户的充分交互,保证算法的中间结果实时显示,是过程可视化的难点。

结果可视化是将数据进行商务智能处理后得到的知识和结果以某种图形的形式展现出来,包括柱状图、条形图、时间序列图、饼图、高低区域图等表示决策树、关联规则、簇、孤立点、规则等。可视化的结果表示能使用户轻松地理解所得到的信息,发现其中隐藏的特征、关系、模式和趋势等。其主要是利用各种直观图像,表达一些抽象的知识。通过该过程,可以让用户更加快捷地理解知识,从而使用户更好地评价和利用知识。

简而言之,可视化是一种知识发现的手段,它既是一门艺术也是一门科学。其主要是通过一些可视化的图表、技术等手段将数据以合适的形式展现给用户,通过人的视觉处理提取其中的特点,有时甚至可以发现计算机发现不了的模式,带来意想不到的结果。

8.2 数据可视化

散点图(scatter plot)、折线图(line chart)、条形图(bar chart)等图形,这些都是商务智能中经常用到的图形,通过这些图形,可以更加直观地发现数据之间的关系。

散点图又称散点分布图,图形中属性值对(代数坐标对)以散点的形式出现在平面上,分析人员可以很简便地观察双变量数据在平面上的分布情况,从而很容易得出应变量和自变量间的线性相关性,以及相关的方向、模式、趋势、点的聚类和孤立点等。根据这些信息,用户可以选择合适的函数对数据点进行拟合,该图形被广泛地应用于统计分析和回归分析中。模块实现的散点图相较于普通散点图可以任意选择 X、Y 轴属性,数据样本的百分比,样本点的大小以及样本点的颜色等。

图 8-1 展示了一个二维散点图,其中横轴代表的是销售额,纵轴代表的是利润。图 8-2 则绘制了一个代表萼片长度、萼片宽度和花瓣长度三者之间的关系一个三维散点图,不同灰度和大小的原点代表的是不同品种的花,因此每个图可以表示三个属性的信息,三维散点图则可以表示最多 4 个维度的信息。

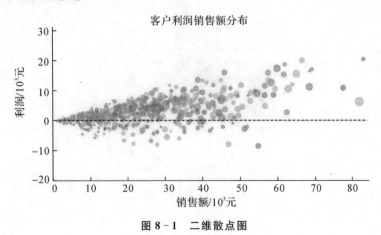

图 8-1 二维散点图

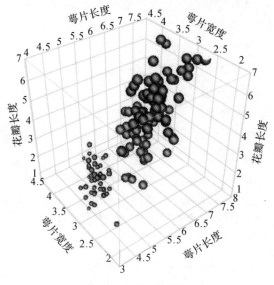

图 8-2 三维散点图

折线图是用一个单位长度表示一定的数量,根据数量的多少描出各点,然后把各点用线段顺次连接起来的图形。在折线图中,数据的递增递减规律,增减的幅度、速率,图形的峰值等都可以清晰地反映出来。因此,折线图常用来分析数据随时间的变化趋势,也可用来分析多组数据随时间变化的相互作用和相互影响。折线图和条形图相比,条形图主要用于多个分类间的数据(大小、数量)的对比,折线图主要用于时间或者连续数据上的趋势。图 8-3 和图 8-4 分别展示了一个三维条形图和一个二维折线图,在三维条形图中展示的是区域和产品类别对利润的影响,折线图展现的是地区和气温的关系,这两个图放在一起对比,可以清楚地看到两种图形的优、缺点。

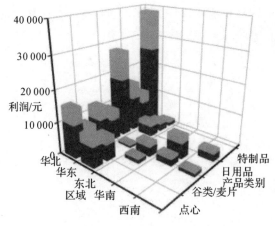

图 8-3 三维条形图

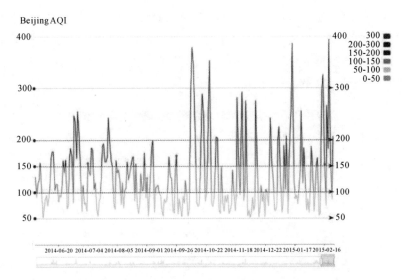

图 8-4 二维折线图

图 8-5 是一个二维条形图。

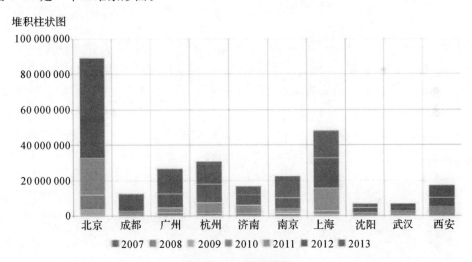

图 8-5 二维条形图

饼图是目前应用最为广泛的统计图形之一,用来显示数据集中各项占数据总额的百分比,是一种概化数据的图形表示方法。图 8-6 实现了复合饼图表示,用户可以任意选取属性,实现饼图个数的动态添加,并同时比较若干维的统计信息。饼图中的扇形以不同灰度标示且都给出了占总体份额的百分比。

盒图(见图 8-7)根据五数概括绘制,分布的五数概括(five-number summary)由中位数,四分位数

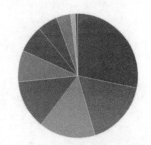

图 8-6 饼图

Q_1 和 Q_3，最小和最大观测值组成。盒图在度量数据的离散度方面效果明显，用户通过对图形的观察可直观明了地观察数据是否具有对称性、分散的程度等，以及识别数据集中的异常值、偏态和尾重等。当几维数据的盒图并行排列时，这几维数据的中位数、尾长、异常值、分布区间等形状信息就直观地显示出来了，方便用户进行比较和分析。

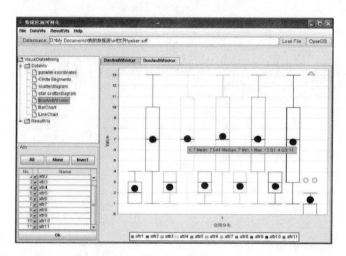

图 8-7　盒图

雷达图（radar chart），又称 Kiviat 图、蜘蛛图、星图、蜘蛛网图、不规则多边形、极坐标图等，它相当于平行坐标图，轴径向排列，可以在同一坐标系内展示多指标的分析比较情况。它是由一组坐标和多个同心圆组成的图表。雷达图分析法是综合评价中常用的一种方法，尤其适用于对多属性体系结构描述的对象做出全局性、整体性评价。特点：适用于多维（三维以上）数据，且每个维度的数据是有序的。图 8-8 的雷达图展示了 Apple、Google、Facebook、Tencent 等公司在几个国家部分抽样人群中的了解程度。

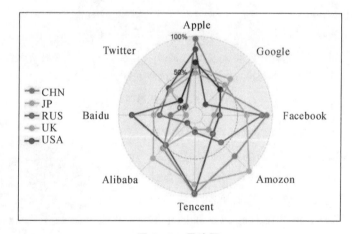

图 8-8　雷达图

平行坐标（parallel coordinates）表示是一种把多维空间的数据点映射到二维空间的可视化方法。它将 N 维的数据点映射为平行坐标轴中首尾相连的 $N-1$ 条折线，这些折线与平行坐标轴的交点即为多维空间中的数据点的每一维数据值。平行坐标主要用于对高维几何和多元数据的可视化。为了表示在高维空间的一个点集，在 N 条平行的线的背景下（一般这 N 条线都竖直且等距），一个在高维空间的点被表示为一条拐点在 N 条平行坐标轴的折线，在第 K 个坐标轴上的位置就表示这个点在第 K 个维的值。图 8-9 展示了最经典的 iris 数据集上用平行坐标进行绘制的结果，三种不同深浅的线分别代表三种品种，四个纵坐标分别代表四个特征变量。使用平行坐标图就能将这三种品种大致区分开。

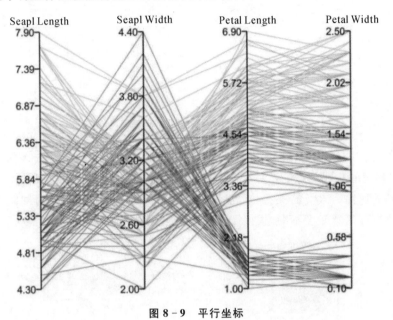

图 8-9 平行坐标

切尔诺夫脸谱图（chernoff faces）由 Herman Chernoff 于 1973 年发明，以人脸的形式展现多种类型的数据。用眼、鼻子、嘴巴、表情等多种人脸表情表示数据维度。该想法的起因是因为人们对于人脸表情能够毫不费力地识别差异，切尔诺夫脸谱图对各种变量以不同图谱表示。按照切尔诺夫 1973 年提出的画法，采用 15 个指标表达至少 18 个属性的取值，各指标代表的面部特征为：1 表示脸的范围；2 表示脸的形状；3 表示鼻子的长度；4 表示嘴的位置；5 表示笑容曲线；6 表示嘴的宽度；7~11 分别表示眼睛的位置、分开程度、角度、形状和宽度；12 表示瞳孔的位置；13~15 分别表示眼眉的位置、角度及宽度。这样，按照各变量的取值，根据一定的数学函数关系，就可以确定脸的轮廓、形状及五官的部位、形状，每一个样本点都用一张脸谱来表示。图 8-10 就是这样一个例子。

图 8-10 切尔诺夫脸谱图

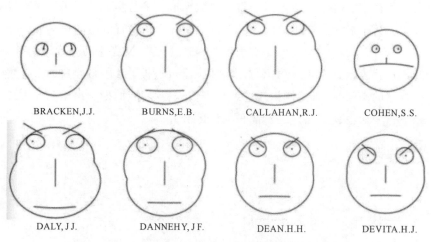

续图 8-10 切尔诺夫脸谱图

切尔诺夫脸谱图是使用人脸特征编码不同变量的值,人的每个部位都代表不同属性,图 8-11 为美国各州的犯罪类型的数据变量。例如脸的形状、高度和宽度,眼的高度和宽度等都可以代表不同的属性。人类的视觉和大脑擅长人脸识别,能够观察脸部的细微变化。人对脸部的各个部位特征的感知度不同,根据属性的优先级选择人脸的映射部位。

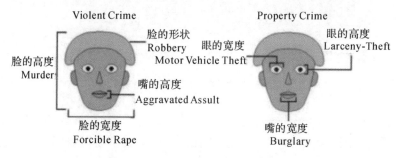

图 8-11 切尔诺夫脸谱的变量对应

图 8-12 展示了美国各州的犯罪类型的切尔诺夫脸谱图,同时将脸的大小和头发的多少映射到渐变颜色。可以很明显地观察到:District of Columbia 和 Alaska 两个州的脸部颜色和大小尤为显著,说明 District of Columbia 的谋杀(murder)的犯罪情况尤为多,而 Alaska 的强奸(forcible rape)的犯罪情况尤为多。

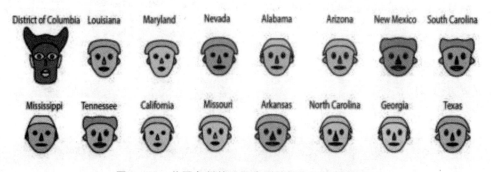

图 8-12 美国各州的犯罪类型的切尔诺夫脸谱图

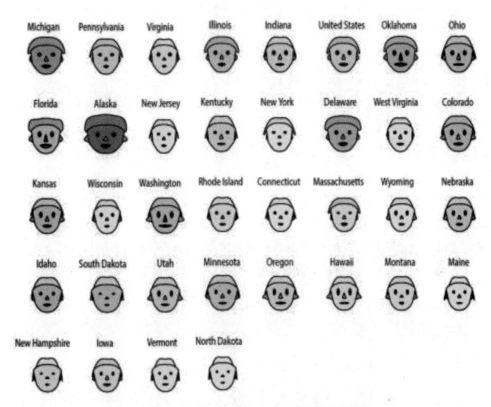

续图 8-12　美国各州的犯罪类型的切尔诺夫脸谱图

标签云(tag cloud)，又称文字云，用于汇总用户生成的标签或一个网站的文字内容。标签一般是独立的词汇，常常按字母顺序排列，其重要程度又能通过改变字体大小或颜色来表现，因此标签云可以灵活地依照字序或热门程度来检索一个标签。标签云的概念首次以"潜意识文档"(subconscious files)的名字出现于 1995 年出版的道格拉斯·柯普兰(Douglas Coupland)的《微软信徒》(*Microserfs*)一书中。照片分享社区 Flickr 是首个使用标签云的知名网站，其标签云由网站共同创立者、界面交互设计师斯图尔特·巴特菲尔德(Stewart Butterfield)设计创造。根据标签云的作用(而非样式)，在应用中可以将其分成三大类。其中：第一类用于描述网站中的每个独立条目；第二类则着力于从整体上刻画网站所有条目的标签情况；第三类用于表示在整个集合中里各个项目的数据量的大小。

标签云以直观和视觉上有吸引力的方式描述了在文本中经常出现的单词。这样的呈现方式有助于用户了解在正文中呈现的主题的数量和种类。通常，这个呈现形式是将描述的标签的字体大小与单词的频率关联起来。当用这种方式使用标签云可视化时，"标签"就是来自文本的单词。标签云的基本思想是根据文本单词的含义、权重以及与其他单词的关系以"标签"的形式表示文本中的单词。标签云可视化技术要用合适的字体大小和颜色去表示文本中关键的信息。

根据文本的特点以及实现方式，标签云的实现可以分为以下几种方法：

(1)标签单词以英文单词首字母顺序排序,通过适当的字体大小突出最重要或频繁的单词。

(2)标签单词以英文单词首字母顺序排序,所有的词都有相同的字体大小,运用字体颜色或背景颜色高亮程度来显示频次较高或者重要程度高的术语。

(3)标签单词按其重要性或频率进行排序。字体大小和颜色都可以用来强调单词的重要性,比如英文文本中频次越高的单词字体字号越大,颜色灰度越强。

(4)标签单词不用字母顺序进行排序。同样的,用字体大小和颜色都可以用来强调单词的重要性。

(5)标签单词按其相似性排序。相似的两个单词以它们之间的相似程度排在一起,彼此相邻,其他的字体、颜色可以通过每个单词的频次或重要程度来区分。

标签云可视化的具体实现可以由用户根据需求设定合理的方式来进行。图8-13为显示世界各国人口数量的数据云,颜色用以区分国家,而字体大小则象征各国的人口数。

图8-13 标签云

树映射图(treemappping)是一种复杂的、基于区域的数据可视化,用于复杂层次结构的数据,可能难以精确解释。在许多情况下,最好使用更简单的可视化效果(如条形图)。

树映射图是用于大型分层数据的数据可视化技术。它们捕获数据中的两种信息:①单个数据点的值;②层次结构。树形图是分层数据的可视化。它们由一系列嵌套矩形组成,这些矩形的大小与相应的数据值成比例。大矩形代表数据树的一个分支,然后细分为较小的矩形,这些矩形代表该分支内每个节点的大小。例如,图8-14中所示的是苹果iTunes排名前100首歌曲的曲风的层次关联关系,最外层的每个矩形框代表一大类曲风,矩形框的大小代表歌曲在排行榜中的位置,颜色代表位置在24 h内的变化,如下降、不变、上升、新出现等。大类下面又细分为子类,嵌套在矩形框内的矩形框与外部矩形框是上下层关系。

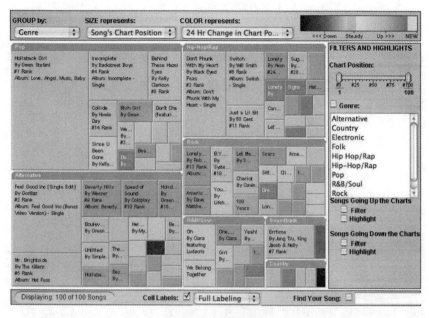

图 8-14　树映射图

8.3　过程可视化

商务智能过程可视化是将构建商务智能应用中的每个步骤用可视化的形式表示，反映了数据从数据源到预处理再到分析等关键步骤的逻辑关系。下面以 IBM SPSS Modeler 为例，说明过程可视化的应用。

1. IBM SPSS Modeler 简介

作为 IBM 分析与预测解决方案的重要组成部分，IBM SPSS Modeler 是一组数据挖掘工具，通过这些工具可以采用商业技术快速建立预测性模型，并将其应用于商业活动，从而改进决策过程。随着 2010 年 IBM SPSS 新版本 14.1 的发布，其名字也由 PASW Modeler 更名为现在的 IBM SPSS Modeler。

IBM SPSS Modeler 是一款以图形化"语法"为用户界面的数据挖掘软件，拥有丰富的数据挖掘算法，操作简单易用，分析结果直观易懂，图形功能强大，支持与数据库之间的数据和模型交换，可以使用户方便快捷地实现数据挖掘。

IBM SPSS Modeler 提供了各种借助机器学习、人工智能和统计学的建模方法。通过建模选项板中的方法，可以根据数据生成新的信息来开发各种预测模型。每种方法各有所长，同时适用于解决特定类型的问题。其操作与数据分析的一般流程相吻合。数据分析通常通过数据收集、数据预处理、模型建立、模型评价等环节。Modeler 形象地将这些环节表示成若干个节点，将数据分析过程看作数据在各个节点之间的流动，并通过图形化的数据流方式，直观表示整个数据挖掘的各个环节。Modeler 的设计思想是尽量用简单的方式进行数据挖掘，尽可能地屏蔽数据挖掘算法的复杂性及软件操作的烦琐性，使数据挖掘分析员可以将更多的精力放在使用先进的数据挖掘技术解决商业问题而不是软件操作本身。IBM SPSS Modeler 软件的界面如图 8-15 所示,除了任何软件都有的菜单栏、工具栏、状态条之外,IBM SPSS Modeler 的界面主要由以下四个部分构成。

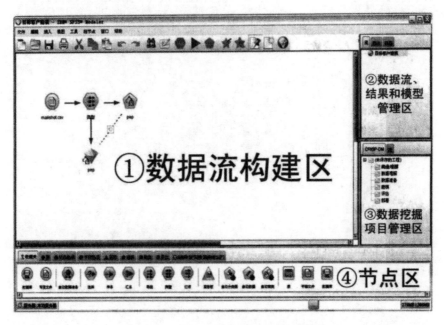

图 8-15 IBM SPSS Modeler 软件的界面

(1)数据流构建区。该区域用来进行数据探索性分析、数据整理和构建数据挖掘模型,是分析员构建数据挖掘模型最重要的工作区域。IBM SPSS Modeler 通过将节点依次连接来完成这些过程,这样的设计使得分析员可以清晰地看到数据是如何一步一步被加工处理的,而且也方便分析员有选择地执行部分数据处理过程或全部数据处理流程。

(2)数据流、结果和模型管理区。该区域包含 3 个选项卡,可以对数据流、结果和数据挖掘模型进行有效管理。

1)流:SPSS Modeler 进行的数据挖掘重点关注通过一系列节点运行数据的过程,将这一过程称为数据流。这一系列节点代表要对数据执行的操作,而节点之间的链接指示数据的流动方向。分析员可以同时设计和执行多个数据流,也可以在多个数据流之间进行切换。

2)结果:在 IBM SPSS Modeler 中,结果主要包含数据表、图形和特定功能结果(如模型评价结果、统计指标度量、均值比较结果等)。在该选项卡中,分析员可以对结果进行切换查询,也可以根据需要把特定的结果保存在硬盘中,供以后查看。

3)模型:是管理器选项卡中功能最强大的选项卡。该选项卡中包含所有模型块,如当前会话中生成的模型、通过 PMML 导入的模型等。这些模型可以直接从模型选项卡上浏览或将其添加到工作区的流中进行数据分析。分析员可以在该选项卡中对模型进行查看、保存或者将模型放在数据流构建区,从而实现模型验证或者模型应用。

(3)数据挖掘项目管理区。在 IBM SPSS Modeler 的数据挖掘项目管理区,分析员可以对数据挖掘的各个步骤进行管理,将相应的数据流、结果、节点、模型、文档等内容放入不同的项目阶段,并将其保存为一个数据挖掘项目,这样当下次打开这个数据挖掘项目时,所有相关内容都将出现在该区域中,可以方便地进行查看、修改和运行。

(4)节点区。该区域包含了构建数据流的关键要素,分析员正是通过把该区域的节点拖动到"数据流构建区"并进行组合连接来构建数据挖掘过程的。节点按照其在数据流中的相对位置可以分为三类:第一类是起始节点,该类节点只能是一个数据流的起点,之前不能再连接其他节点;第二类是中间节点,该类节点往往代表数据处理的一个步骤,之前和之后可以且必须连接其他节点;第三类是终端节点,该类节点代表一个数据流(分支)的终结,之后不能再连接其他节点。一个完整的数据流至少应该包含一个起始节点和一个终端节点。为了方便分析员理解和使用这些节点,IBM SPSS Modeler 把这些节点分成了若干类别,分别放到不同的选项卡下。

1)源:属于起始节点。在该选项卡下包含各种数据源类型,通过该类节点,可以读取各种不同的数据。此类节点可将数据导入 IBM SPSS Modeler,如数据库、文本文件、SPSS Statistics 数据文件、Excel、XML 等。图 8 - 16 为源节点选项卡的主要内容和图标。

图 8 - 16 "源"选项卡

2)记录选项:属于中间节点。在该选项卡下包含对记录进行处理的各种方法,该选项卡下提供的节点主要是对数据从行的角度进行处理。此类节点可对数据记录执行操作,如选择、合并和追加等。图 8 - 17 为记录选项卡的主要内容和图标。

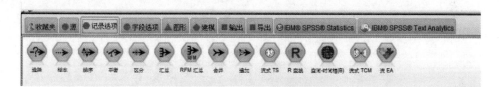

图 8 - 17 "记录选项"选项卡

3)字段选项:属于中间节点。在该选项卡下包含对字段(变量)进行处理的各种方法,该选项卡下提供的节点主要是对数据从列的角度进行处理。此类节点可对数据字段执行操作,如过滤、导出新字段和确定给定字段的测量级别等。图 8 - 18 为字段选项卡的主要内容和图标。

图 8 - 18 "字段选项"选项卡

4)图形:属于终端节点。在该选项卡下提供了各种图形功能,使用它们可以通过图形的方式对数据进行展示,从而方便进行探索性分析或者对模型的效果进行评估与比较。此类节点可在建模前后以图表形式显示数据。图形包括散点图、直方图、网络节点和评估图表等。图

8-19为图形选项卡的主要内容和图标。

图 8-19 "图形"选项卡

5)建模:属于终端节点。在该选项卡下提供了各种数据挖掘模型。当这些节点运行后,生成的模型称为"已生成的模型",这些"已生成的模型"除了自动出现在模型构建区外,还将出现在前述的模型管理区中,这些"已生成的模型"属于中间节点,用户可以把它们拖动到模型构建区进行使用。此类节点可使用 SPSS Modeler 中提供的建模算法,如神经网络、决策树、聚类算法和数据排序等,包含了丰富的数据挖掘模型,提供了一系列的数据挖掘技术,用来进行预测、聚类、关联、分类等,可满足数据挖掘的应用需求。图 8-20 为建模选项卡的主要内容和图标。

图 8-20 "建模"选项卡

6)输出:属于终端节点。该选项卡下提供了数据表、交叉表、报告等多种功能,使用这些节点可以对数据及相关分析结果进行查看。节点生成数据、图表和可在 SPSS Modeler 中查看的模型等多种输出结果。输出不仅仅是 ETL 过程,还包括了对数据的统计分析报告输出,如表、矩阵、分析、数据审核、变换、统计量等。图 8-21 为输出选项卡的主要内容和图标。

图 8-21 "输出"选项卡

7)导出:属于终端节点。该选项卡下提供了数据接口,用户可以把数据流生成的数据结果写为各种数据格式进行保存。节点生成可在外部应用程序(如 IBM SPSS Data Collection 或 Excel)中查看的多种输出。导出的格式与"源"选项卡类似,包含数据库、Excel、SAS 导出、Statistics 导出等,用来对处理后的结果输出成相应格式。图 8-22 为导出选项卡的主要内容和图标。

图 8-22 "导出"选项卡

8) IBM © SPSS © Statistics(P):属于终端节点。用户可以通过该选项卡下提供的节点调用 IBM SPSS Statistics 的统计分析功能。为了提高客户日常工作的效率,将 IBM SPSS Statistics 数据导入或导出为 SPSS Statistics 数据,以及运行 SPSS Statistics 提供的功能。设置该节点便于模型结果的再利用,从而实现与 SPSS Statistics 的兼容。图 8-23 为 IBM © SPSS © Statistics(P)选项卡的主要内容和图标。

图 8-23　IBM © SPSS © Statistics(P)选项卡

9) Text Analytics 文本挖掘选项卡:如果 SPSS Modeler 没有安装文本挖掘模块,则工具栏上将没有该工具,该节点是为了实现文本挖掘而添加的。图 8-24 为 Text Analytics 文本挖掘选项卡的主要内容和图标。

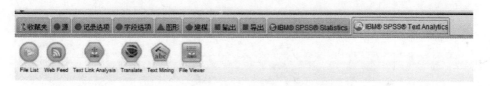

图 8-24　Text Analytics 文本挖掘选项卡

另外,在节点区,IBM SPSS Modeler 还提供了一个收藏夹选项卡,分析员可以把常用的节点放入该选项卡下方便使用。图 8-25 为收藏夹选项卡的主要内容和图标。

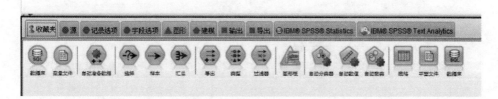

图 8-25　"收藏夹"选项卡

2. IBM SPSS Modeler 过程可视化案例

IBM SPSS Modeler 的功能涵盖了整个数据挖掘流程,一个典型的数据挖掘过程包括建立模型、模型检验和模型应用 3 个步骤。这里以一个典型的数据挖掘应用来说明这 3 个步骤。

如图 8-26 所示,其中 id 代表客户编号,age 代表年龄,sex 代表性别,region 代表客户所在地区,income 代表客户收入水平,married 代表客户的婚姻状态,children 代表孩子数量,save_act 代表客户是否有储蓄账户,current_act 代表客户是否有活期账户,mortgage 代表客户是否有抵押贷款,pep 代表客户是否对直邮响应,YES 为响应,NO 为不响应。

	id	age	sex	region	income	married	children	car	save_act	current_act	mortgage	pep
1	ID12101	48	FEMALE	INNER_CITY	17546...	NO	1	NO	NO	NO	NO	YES
2	ID12102	40	MALE	TOWN	30085...	YES	3	Y...	NO	YES	YES	NO
3	ID12103	51	FEMALE	INNER_CITY	16575...	YES	0	Y...	YES	YES	NO	NO
4	ID12104	23	FEMALE	TOWN	20375...	YES	3	NO	NO	YES	NO	NO
5	ID12105	57	FEMALE	RURAL	50576...	YES	0	NO	YES	NO	NO	NO
6	ID12106	57	FEMALE	TOWN	37869...	YES	2	NO	YES	YES	NO	YES
7	ID12107	22	MALE	RURAL	8877.0...	NO	0	NO	NO	YES	NO	YES
8	ID12108	58	MALE	TOWN	24946...	YES	0	Y...	YES	YES	NO	NO
9	ID12109	37	FEMALE	SUBURBAN	25304...	YES	2	Y...	NO	NO	NO	NO
10	ID12110	54	MALE	TOWN	24212...	YES	2	Y...	YES	YES	NO	NO
11	ID12111	66	FEMALE	TOWN	59803...	YES	0	NO	YES	YES	NO	NO
12	ID12112	52	FEMALE	INNER_CITY	26658...	NO	0	Y...	YES	YES	YES	NO
13	ID12113	44	FEMALE	TOWN	15735...	YES	1	NO	YES	YES	YES	YES
14	ID12114	66	FEMALE	TOWN	55204...	YES	1	Y...	YES	YES	YES	YES
15	ID12115	36	MALE	RURAL	19474...	YES	0	NO	YES	YES	YES	NO
16	ID12116	38	FEMALE	INNER_CITY	22342...	YES	0	Y...	YES	YES	YES	NO
17	ID12117	37	FEMALE	TOWN	17729...	YES	2	NO	NO	NO	YES	NO
18	ID12118	46	FEMALE	SUBURBAN	41016...	YES	0	NO	YES	NO	YES	NO

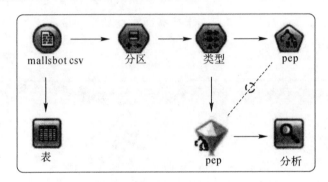

图 8-26　直邮客户目标案例定位表

(1)建立模型。这里应用决策树 C5.0 模型以客户是否对直邮响应作为目标变量,建立预测性分类模型,数据流如图 8-27 所示,得到的模型如图 8-28 所示。

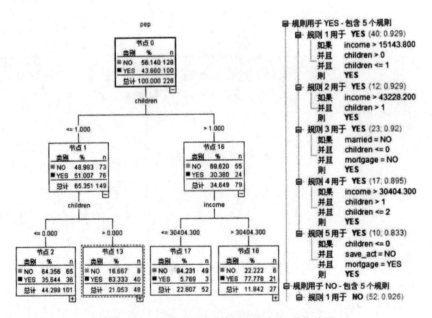

图 8-27　建立直邮营销目标客户模型数据流

图 8-28　部分 C5.0 决策树结果与规则集结果

(2)模型检验。建立的模型效果如何、是否可用是在实际应用模型前必须关注的问题。IBM SPSS Modeler 提供了丰富的方法来对模型效果进行检验,如图 8 - 29 所示。

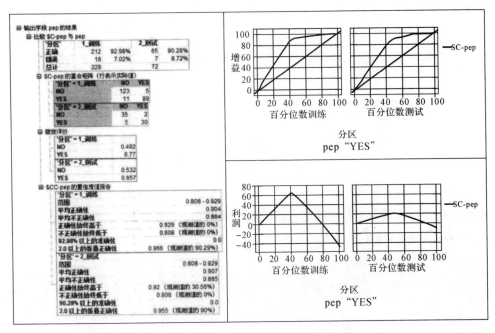

图 8 - 29　直邮营销目标客户模型检验

(3)模型应用。建立数据挖掘模型就是为了应用新的数据进行预测,对于新的数据,没有客户是否响应的变量,对新数据应用模型的数据流和结果如图 8 - 30 所示,从结果中可以看到,数据中多了最后一列——响应可能性,它就是经过数据挖掘给出的结果。

	id	age	sex	region	income	married	children	car	save_act	current_act	mortgage	响应可能性
1	ID12380	40	MALE	TOWN	36972....	YES	1	NO	NO	YES	YES	0.964
2	ID12377	46	FEMALE	SUBURBAN	28702....	NO	1	NO	YES	YES	YES	0.964
3	ID12161	42	FEMALE	INNER_CITY	24763....	YES	1	NO	YES	YES	YES	0.964
4	ID12362	40	FEMALE	TOWN	28882....	YES	1	NO	YES	YES	YES	0.964
5	ID12133	45	MALE	SUBURBAN	23443....	YES	1	Y...	YES	YES	NO	0.964
6	ID12352	45	FEMALE	TOWN	36057....	YES	1	Y...	YES	YES	YES	0.964
7	ID12184	35	MALE	INNER_CITY	16394....	YES	1	NO	YES	YES	NO	0.964
8	ID12201	54	MALE	INNER_CITY	26707....	YES	1	NO	YES	YES	YES	0.964
9	ID12312	58	MALE	TOWN	33123....	YES	1	Y...	YES	YES	NO	0.964
10	ID12215	56	MALE	INNER_CITY	43228....	YES	1	Y...	YES	YES	NO	0.964
11	ID12114	66	FEMALE	TOWN	55204....	YES	1	Y...	YES	YES	YES	0.964
12	ID12101	48	FEMALE	INNER_CITY	17546....	NO	1	NO	NO	NO	NO	0.964
13	ID12269	37	FEMALE	TOWN	26707....	NO	0	Y...	YES	YES	NO	0.960
14	ID12209	23	MALE	INNER_CITY	12681....	NO	0	NO	YES	YES	NO	0.960
15	ID12311	61	MALE	INNER_CITY	24474....	NO	0	Y...	NO	NO	NO	0.960
16	ID12393	51	MALE	RURAL	46323....	YES	2	Y...	YES	YES	YES	0.956
17	ID12253	63	MALE	TOWN	54618....	YES	2	NO	YES	NO	YES	0.956
18	ID12175	64	FEMALE	INNER_CITY	52674....	NO	2	Y...	YES	YES	NO	0.956
19	ID12327	67	MALE	INNER_CITY	50474....	YES	2	Y...	YES	YES	NO	0.956
20	ID12194	61	MALE	INNER_CITY	42579....	YES	2	Y...	YES	YES	NO	0.947

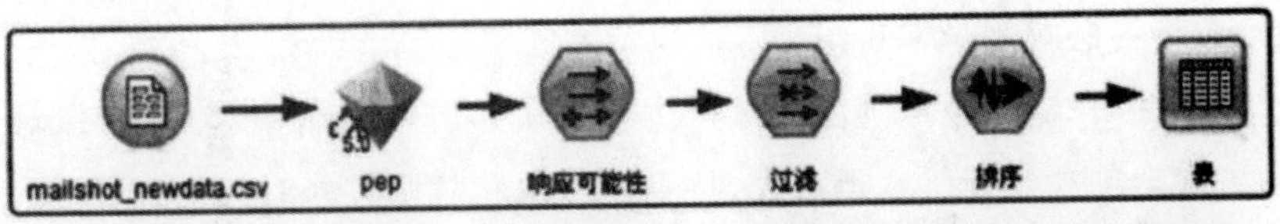

图 8 - 30　直邮目标客户确定模型应用

受篇幅限制,不可能对 IBM SPSS Modeler 的操作进行详细介绍。读者如果想进一步了解 IBM SPSS Modeler 的相关知识,可以通过 IBM SPSS Modeler 的帮助对 IBM SPSS Modeler 进行深入学习,这些帮助都提供了中文版,包括了多层次的内容。

8.4 结果可视化

8.4.1 关联规则可视化

关联规则挖掘在商务智能中扮演着重要的角色,其目的是从数据集中发现属性间隐含的、潜在的有趣关联或相关模式,从而发现对用户有价值的知识和信息,因此,如何有效地展示关联规则挖掘结果是至关重要的。目前关联规则的可视化方法,大致可分为以下几种:基于二维矩阵的可视化技术(见图 8-31)、基于有向图的可视化技术(见图 8-32)、基于平行坐标的可视化技术(见图 8-33)和基于表的可视化技术(见表 8-1)。另外还有一些关联规则可视化,如交互式马赛克图技术和动态分层多维可视化技术等。

1. 二维矩阵

该方法的基本思想是用一个二维矩阵的行和列分别表示规则的前项和后项,并在对应的矩阵单元画图,可以是柱状图或条形图等。不同的图形元素(如颜色或高度)可以用来描述关联规则的不同参数,如规则的支持度和置信度。图 8-31(a)中给出了关联规则 B⇒C 的可视化表示,图中不同的灰度代表规则 B⇒C 的支持度和置信度,不同灰度柱状图的高度分别表示支持度和置信度的取值。二维矩阵法的优点是易于可视化一对一关系的关联规则,但在可视化多对一以及多对多关系的规则时,二维矩阵法就显现出局限性。在图 8-31(b)中,很难判断它表示的是一条关联规则 A+B⇒C,还是两条关联规则 A⇒C 和 B⇒C。在图 8-31(c)中,将规则的前项(后项)作为一个单独的实体标志在二维矩阵中来解决多对一、多对多的歧义问题,但是这种方式会使二维矩阵变得很大,特别是当项和规则较多时,不利于视图的生成。

此外,二维矩阵法还存在另一个严重的问题,就是当存在大量关联规则需要可视化时,后面的图形会被前面的图形遮蔽,如图 8-31(d)所示。

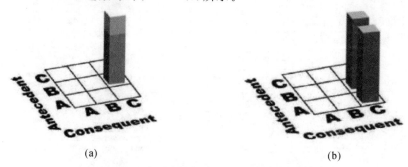

图 8-31 关联规则的基于二维矩阵的可视化
(a)关联规则(B⇒C)的二维矩阵;(b)有歧义的二维矩阵

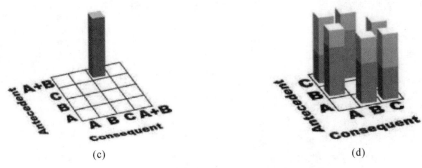

续图 8-31　关联规则的基于二维矩阵的可视化

(c)解决歧义的二维矩阵;(d)二维矩阵中的遮蔽问题

2. 有向图

有向图法是另一种流行的关联规则可视化技术。其基本思想是有向图中的节点代表项，连接两个节点的边代表项间的关联。图 8-32 共显示了 3 条规则，左图表示两条关联规则 A⇒C 和 B⇒C，右图表示一条关联规则 A+B⇒C。当只需显示少量项(节点)和少量关联规则(边)时，此方法非常有效。但当项数和关联规则数量增多时，有向图很快变得十分紊乱。此外，有向图法不能清楚地标注支持度和置信度等关联规则参数值。

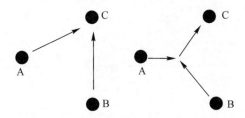

图 8-32　关联规则基于有向图的可视化

3. 平行坐标

平行坐标技术是最早提出的以二维形式表示 n 维空间的数据可视化技术之一。基于平行坐标的关联规则可视化的基本思想是将 n 维数据空间用 n 条等距离的垂直平行轴映射到二维平面上，每条轴线都对应于一个属性维，最右边一条是结论维。坐标轴的取值范围，从对应数据维属性的最小值到最大值均匀分布(名词性属性依次在数据维上标出)，这样数据库中的每一条关联规则都可以用一条折线表示在 n 条垂直平行轴上，如图 8-33 所示。

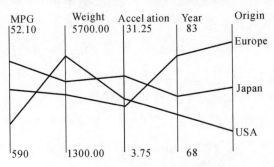

图 8-33　基于平行坐标的关联规则

平行坐标的优点是表达多维关联规则非常直观,易于理解。缺点是表达维数取决于屏幕的水平宽度,当维数增加,引起垂直轴靠近,辨认数据的结构和关系变得困难。坐标间的依赖关系很强,垂直平行轴的维数次序会影响数据之间关系的查找,而且多维结构也是复杂的。另外,关联规则参数值标注也不太方便。

4. 表

基于表的关联规则可视化技术,类似于关联规则的原始蕴含式描述形式,用表结构文字化描述关联规则,表中的每一行描述一条关联规则,每一列分别描述关联规则中的参数,包括规则的前项、后项、支持度和置信度(见表8-1)。此类方法的优点是能够利用表的基本操作,对感兴趣的列(如支持度)进行排序,存在的不足是对普通用户而言可理解性差,不具有数据挖掘背景的非专家用户难以理解挖掘出的关联规则,降低了用户体验,导致无法充分利用挖掘出的价值信息。

表 8-1 基于表的关联规则可视化

Antecedent Items				Consequence	Confidence	Support
Breathes	Toothed			Backbone	1.00	0.47
Backbone	Hair	Milk		Breaches	1.00	0.39
Eggs	Fins	Predator	Toothed	Tail	1.00	0.09
Predator	Tail	Toothed	Venomous	Eggs	0.67	0.02

8.4.2 聚类可视化

聚类结果的可视化是将一个簇的特点通过图像的方式直观地展示。不管是层次聚类还是划分聚类,都要寻找一个距离度量,然后根据计算后的距离,采用不同的策略进行数据集的汇聚。聚类结果的可视化可分为以下几种。

1. 基于相关系数的距离度量和可视化

相关系数图就是相关系数矩阵的可视化。相关系数矩阵(correlation matrix)也叫相关矩阵,是由矩阵各列间的相关系数构成的。在概率论和统计学中,相关显示两个随机变量之间线性关系的强度和方向。在统计学中,相关的意义是用来衡量两个变量相对于其相互独立的距离。在这个广义的定义下,有许多根据数据特点而定义的用来衡量数据相关的系数。对于不同数据特点,可以使用不同的系数。最常用的是皮尔逊相关系数,其定义是两个变量协方差除以两个变量的标准差(方差)。相关系数矩阵的可视化如图8-34所示,在此例中,相关矩阵中所有的数据都在-1~1之间,图中不同的颜色代表相关系数不同的取值,其中,红色表示正相关系数,蓝色表示负相关系数,面积表示相关系数的绝对值大小,这样也可以比较清晰、全面地表达数据。

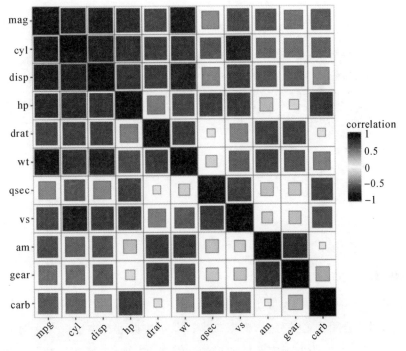

图 8-34 基于相关系数的距离度量和可视化

2. 分层聚类可视化

分层聚类一般采用树形图来进行可视化。首先计算输入特征文件中每对类之间的距离，然后迭代式地合并最近的一对类，完成后继续合并下一对最近的类，直到合并完所有的类。在每次合并后，每对类之间的距离会进行更新。合并类特征时采用的距离将用于构建树形图。图 8-35 为 4 种不同类型的树形图，分别为纵向树形图、横向树形图、环形树形图和进化树形图。

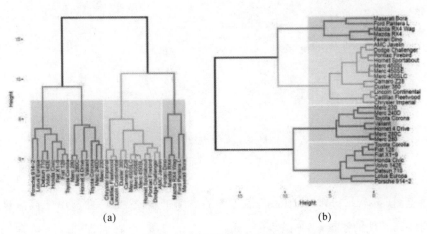

图 8-35 不同类型的树形图

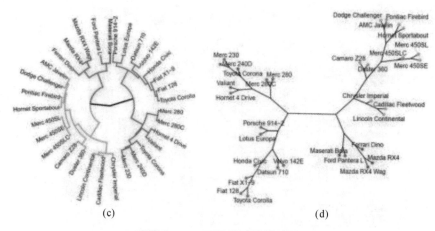

续图 8-35 不同类型的树形图

3. 聚类散点图

散点图不仅可以显示趋势,还能显示数据集群的形状,以及在数据云团中各数据点的关系。这类散点图很适合用于聚类分析,根据二维特征对数据进行类别区分。对于高密度的散点图,可以利用数据点的透明度观察数据的形状和密度,如图 8-36 所示。

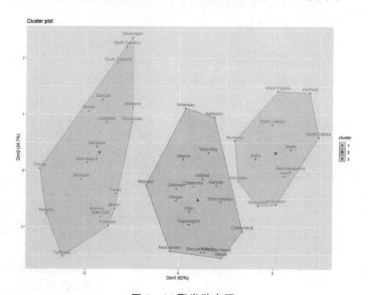

图 8-36 聚类散点图

4. 矩阵散点图

矩阵散点图(scatter plot matrix)是散点图的高维扩展,它是一种常用的高维度数据可视化技术。它将高维度的数据每两个变量组成一个散点图,再将它们按照一定的顺序组成矩阵散点图。通过这样的可视化方式,能够将高维度数据中所有的变量两两之间的关系展示出来。它从一定程度上克服了在平面上展示高维度数据的困难,在展示多维数据的两两关系时有着不可替代的作用。

以统计学中经典的鸢尾花(iris data set)案例为例,其数据集包含了50个样本,都属于鸢尾花属下的三个亚属,分别是山鸢尾、变色鸢尾和弗吉尼亚鸢尾(setosa、versicolor 和 virginica)。四个特征被用作样本的定量分析,它们分别是花萼和花瓣的长度和宽度(sepals width、sepals height、petals width 和 petals height)。图 8-37 用矩阵散点图展示了鸢尾花数据集。图 8-37 为单数据系列的矩阵散点图,由于子图表较多,这里将网格线删除以突出数据部分图表。下半部分展示带线性拟合的两个变量散点图,中间对角线部分展示一个变量的统计直方图,上半部分展示两个变量之间的相关系数。这样的矩阵散点图能全面地展示数据分析结果,包括两个变量之间的相关系数、带线性拟合的散点图和单个变量的统计直方图。其中,中间对角线部分也展示一个变量的核密度估计曲线图,如图 8-37(b)所示。矩阵散点图的主要优点是能够直观解释所有的任意二维数据之间的关系,而不受数据集大小和维数多少的影响;缺点是当维数增加时,矩阵会受到屏幕大小的限制,而且它只能够发现两个维数据之间的关系,很难发现多个数据维之间的关系。

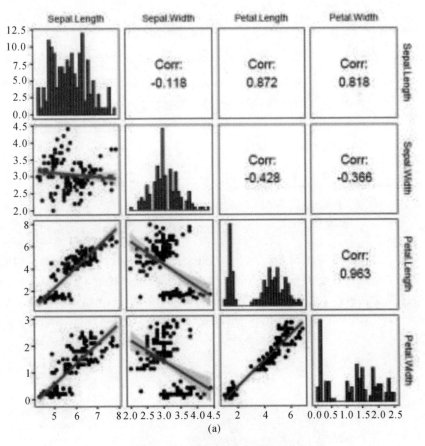

图 8-37 鸢尾花的矩阵散点图
(a)单数据系列

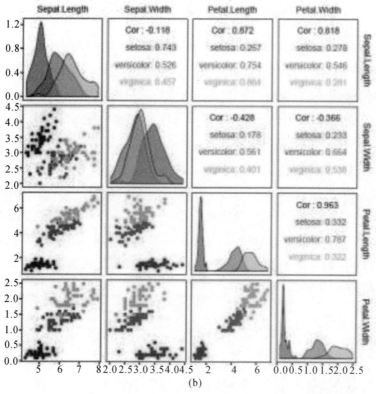

续图 8-37 鸢尾花的矩阵散点图
(b) 多数据系列

5. 轮廓图

轮廓图(silhouette)是一种用来刻画聚类效果的度量。其定义如下:对于一个样本点 i,其 silhouette 值为

$$s(i) = \frac{b(i) - a(i)}{\max\{a(i), b(i)\}}$$

其中:$a(i)$ 为点 i 与当前所属类的差异度(dissimilarity),通常用到达各点的平均欧氏距离度量;$b(i)$ 表示点 i 与其他各类差异度最小值。由定义可见,$s(i)$ 接近 1 表示点 i 更倾向于属于当前类,$s(i)$ 接近 0 表示点 i 倾向于在两个类之间,$s(i)$ 接近 -1 表示点 i 倾向于属于其他某一个类。图 8-38 给出了轮廓图的例子。

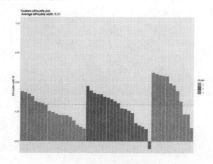

图 8-38 轮廓图

第8章 商务智能可视化

6. 热力图

热力图(heat map)是一种将规则化矩阵数据转换成颜色色调的常用的可视化方法,其中每个单元对应数据的某些属性,属性的值通过颜色映射转换为不同色调并填充规则单元。图8-39使用层次聚类分析方法结合热力图展示了数据的内在规律。表格坐标的排列和顺序都是可以通过参数控制的,合适的坐标排列和顺序可以很好地帮助读者发现数据的不同性质,例如,行和列的顺序可以帮助排列数据形成不同聚类结果。

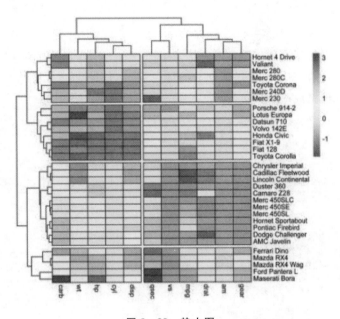

图8-39 热力图

8.5 仪表盘

记分卡(scoreboard)和仪表盘(dashboard)是常用的两种展示企业关键业务指标和度量的可视化工具。两者都将重要信息集中可视化显示在一个独立的界面上,通过简单的浏览就可以理解这些信息。一般来说,记分卡用于显示企业的关键性指标(Key Performance Indicators,KPI),仪表盘则是将一组相关的反映业务性能的记分卡、图表等要素集中在一起显示。

仪表盘和记分卡都可以通过评量设定目标完成的情况来帮助企业监控和管理绩效。然而它们的使用方式和达到目标的方式都是不同的。当企业选择一个记分卡或仪表盘时,他们应该考虑到使用的目的、监控信息的类型、长期的重心和策略,以及更多的短期目标。总的来说,某些可视化和关键指标的开发使得区分记分卡和仪表盘变得有点困难,尽管它们得到的是不同的结果,但看起来都差不多。

1. 仪表盘概览

仪表盘的使用非常广泛。企业可以用仪表盘管理销售、员工和客户服务中心等的绩效,通过设定指标然后用数据可视化管理这些指标。不过一般来讲,正式的仪表盘定义包括交互式可视化界面的识别和管理,以保证持续化的交互和数据分析。

企业可以使用仪表盘去获得关于公司、某个具体的部门或某个具体的职位正在运行的情况。例如,某个企业的客户服务中心,经理想监控解决呼叫问题的情况、呼叫被处理的情况、服务水平、趋势、呼叫模型、这些与公司举措的关系,以及类似的其他方面。对于销售来说,企业也许会用地图去识别区域销售情况或在某个地理区域内某个具体产品的人口分布情况。基本上,仪表盘的主要目标是识别业绩是否达到目标,如果有落后的地方,它可以解释原因。本质上,好的仪表盘可为企业提供企业运转情况的第一手资料,使得决策制定者可以深入分析原因和效果,然后主动出击。

图 8-40 是仪表盘的一般样式,展示了仪表盘可视化的多样性。仪表盘的多样性使得任何类型的业务都可以得到识别和管理关键方案,而不管它们是要每周还是每天进行内部数据更新。如图 8-40 所示,图表、仪表、地图和图像的展示,每一个都有自己的度量标准管理,多样化的可视化能实现更快速的决策制定。

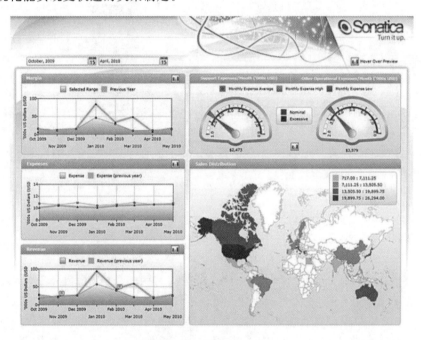

图 8-40 仪表盘可视化

2.记分卡概览

如果说仪表盘从不同的方式呈现了数据,记分卡则关注一个已经建立好的指标体系,并关注在与目标的比较上。在分析实际绩效与目标的差异时,记分卡系统可以提供一个根源性的原因分析和责任跟踪路径。

如图 8-41 所示,记分卡系统包括了一套被确认的、与企业策略相吻合的个人指标或KPI。这些策略记分卡经常被包括在 BI 厂商的一套完整的绩效管理解决方案中。由于目的类似,KPI 经常作为仪表盘产品的一个可选件。然而,仪表盘中的 KPI 通常为企业的策略记分卡提供了一个快照,后者站在一个更高的位置上,允许指派相关责任人并通过策略地图来跟踪深层次的原因。

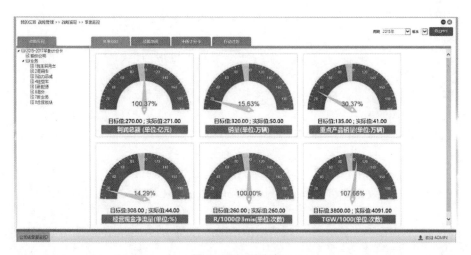

图 8-41　记分卡

当将任务和全局策略目标一致结合起来时，记分卡结合了指标管理的概念和可视化运用。一个很好的例子是使用平衡的记分卡去管理企业的财务指标、内部业务进程、一般目标和外部因素，如与客户相关的目标。通常情况下，通过监控基于财务信息、客户、一般商业流程和全局目标的关键指标，记分卡将整合一个企业的全局构想和商业策略。当这些因素和目标结合起来将给予希望的状态和目标未满足积极的行动时，通过设置状况识别来发出警报。

本质上，记分卡可以集成仪表盘的应用程序，通过提供一个支持一般管理功能的框架来集成这个能力去跟踪执行活动。大多数时候，在记分卡的不断更新和企业运转的时候，记分卡信息可以输入或改变，但同时要确保具体的数字和目标设定是互相一致的。总的来讲，企业可以使用记分卡去识别他们想得到什么，然后使用记分卡作为一个向导去达到那个目标。

3. 不同点

有些企业可能会选择两种都去实现或者创建一个采用了两种方法的解决方案。开发、管理和监控绩效指标以及对企业发生的情况及时采取行动的功能都属于仪表盘使用的范畴。另外，记分卡采用了一个更长期的方法。记分卡采用指标和如何识别与整体运作的关系，并随时管理进程。尽管仪表盘也一直在监控绩效指标，但在很多情况下，仪表盘更多地是识别企业正在发生的情况并确保对每日的运作保持跟踪。

4. 采用一个综合的方法

使用仪表盘监控即时或短期的进程，然后使用记分卡支持长期方案，使得短期目标与企业的整体策略保持一致，这是一个获得公司大部分管理指标的有效方法。当企业考虑供应商时，尽管每一个都有自己的特色并表明能为公司创造价值，但要注意的是，仪表盘和记分卡的结合让企业既能查看当前的又能查看长期的业务方案，以及与企业整体目标的契合。

按照在 BI 领域，特别是仪表盘领域的专家 Eckerson 的观点，仪表盘最典型的特征是它的 3 层信息结构：

(1) 监管：利用图表和摘要资料进行核心绩效监管。

(2) 分析：对数据进行多角度分析，找出问题的根源。

(3) 管理：对详细的作业数据进行分析，找出解决问题的行动。

仪表盘和记分卡可以根据需要设计成不同的样子，但不管外观怎么变，所有的记分卡和仪表盘均有以下功能：

(1) 使用可视化组件(如图表、柱状条、折线、仪表、计量器、停止信号灯)突出数据或需要处理的异常,使人一目了然。

(2) 对用户来说简明易懂,这就意味着即使不需要大量培训也能够容易使用。

(3) 将不同系统的数据整合为一个能够反映商业信息、独立的、概括性的图形界面。

(4) 能够实现对数据进行挖掘或钻取,发现潜在的数据资源或报表,从而为用户提供更多的、潜在的比较和评价内容的细节。

(5) 它们呈现了动态的、真实世界的、及时的数据更新,使终端用户时刻能够看到商业数据的最近变化情况。

(6) 它们几乎不需要用户编码就可以实施、部署和维护。

例如,图8-42用数据分析可视化工具FineBI做一张各区域销售额的分析:左上方是典型的条形图,长短表示数值;右上方是曲线+柱状图的额组合图,列出了区域销售额和响应指标,同时用曲线勾画了各区域的差异性;最下面用一张详细的表单展示具体数据,由简单到复杂。

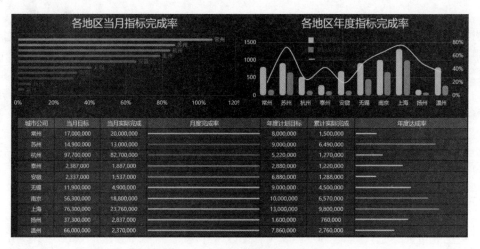

图8-42 各区域销售额的分析

8.6 思考与练习

1. 简述可视化技术与商务智能的关系。
2. 商务智能可视化有什么作用?
3. 比较各种数据可视化技术在多维数据可视化方面的特点。
4. 试分析数据挖掘技术、OLAP技术与可视化技术的关系。举例说明通过可视化技术可以有利于发现其他数据挖掘技术难以发现的知识。
5. 很多企业通过在线评论了解用户对产品或服务的已经和态度,试设计一个仪表盘界面,通过该界面让管理人员很容易掌握用户对产品或服务的评价情况。

第9章 个性化推荐系统

随着电子商务的发展,商家提供的商品种类和数量急剧增长,具有明确需求的用户可通过搜索查找想购买的商品。然而,用户需求通常具有不确定性和模糊性。据亚马逊统计,在其网站购物的客户中,有明确购买意向的仅占16%。如果商家能够从海量的商品中把满足用户模糊需求的商品主动推荐给用户,则有望将潜在需求转化为实际需求,不仅能提高电子商务网站的销售量,还有助于提高用户对网站的忠诚度。在此背景下,能够根据用户特征有针对性推荐商品的个性化推荐系统(recommender system)应运而生,并被广泛应用。同时催生了很多新的推荐技术,涌现出一些著名的推荐系统,如 Amazon 的个性化产品推荐、Netflix 的视频推荐、Pandora 的音乐推荐、Facebook 的好友推荐和 Google Reader 的个性化阅读等。目前,包括 Amazon、eBay、YouTube 和 Google 在内的诸多网站都部署了不同形式的推荐系统,产生了巨大的商业利润。推荐系统被广泛应用到诸多领域,如电子商务、音频视频网站、音乐电台、社交网络、个性化阅读、个性化广告、基于位置的服务和移动推荐等,不仅给运营商带来了利益,也给用户带来了诸多便利。

信息技术的快速发展导致人类步入大数据时代,全球数据量级从 TB 发展至 PB 乃至 ZB,可称为海量、巨量甚至超量的数据。这种信息的急剧增长,一方面使人们获取的信息资源越来越丰富,给人们带来极大的便利;另一方面,面对海量的信息资源,人们不得不花费更多的时间和精力去搜寻对其有帮助的信息。因此,"信息超载(information overload)"现象越来越严重,推荐系统也是解决信息超载问题的有效方案,它可以根据用户特征推荐满足用户需求的对象,实现个性化服务。

推荐系统的优点在于能够主动收集用户的特征资料,通过对用户个性、习惯、偏好的分析,为用户定制并提供其感兴趣的信息;同时能及时跟踪用户的需求变化,根据变化自动调整信息服务的方式和内容。与搜索引擎提供的"一对多"式的信息服务不同,推荐系统输出的结果更符合用户的个性化需求,可实现"一对一"式的信息服务,同时用户的参与程度也更低,大大降低了用户搜寻信息的成本。

9.1 推荐系统的概念和模型

推荐系统的定义有不少,但被广泛接受的概念和定义是 Resnick 和 Varian 在 1997 年给出的:"它是利用电子商务网站向客户提供商品信息和建议,帮助用户决定应该购买什么产品,模拟销售人员帮助客户完成购买过程"。

Adomavicius等人给出了推荐系统的形式化定义:设C是所有用户的集合,S表示所有可能被推荐的项目集合。设效用函数u用来度量对象s对用户c的有用性,即$u:C×S→R$,R是一定范围内的全序的非负实数,那么,对每一个用户$c∈C$,找到使用户的效用函数u最大的项目$s'∈S$,即

$$\forall c \in C, S'_c = \underset{s \in S}{\arg\max} u(c,s) \qquad (9-1)$$

一个完整的推荐系统由用户模型、推荐对象模型与推荐算法三部分组成,如图9-1所示。用户模型用于获取、表示、存储用户的浏览行为与购买历史数据,这些数据可以通过显式与隐式两种方式获取。显式获取是通过用户行为(如对产品的评分、喜欢/不喜欢某个产品等)表达对产品的偏好程度,直接得到数据;隐式获取是通过系统对用户行为(如网页浏览,购买日志等)的自动追踪来获取用户对产品的兴趣偏好,间接得到数据。推荐对象模型用于表示、存储所推荐的商品的特征属性。商品不同,其特征属性也不相同,在推荐文档类产品(如新闻、报纸等)时,可借助分类方法与基于内容的方法提取产品的特征属性;在推荐多媒体类产品(如视频、音乐等)时,可结合相关领域的技术与知识来抽取产品的特征属性。推荐算法作为推荐系统的关键环节,主要通过挖掘用户历史数据中蕴含的规律来获取用户的兴趣偏好与消费习惯。因此,个性化推荐系统应侧重考虑如何设计推荐算法来提高推荐的精准度。尽管多种推荐算法已经被提出,但仍然不能满足用户的个性化需求,许多数据挖掘与智能信息处理领域的学者仍在不断探索。

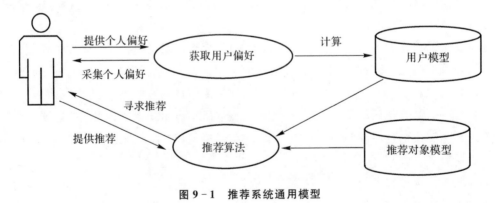

图9-1 推荐系统通用模型

1. 用户建模模块

一个好的推荐系统要给用户提供个性化的、高效的、准确的推荐,那么必须能够获取反映用户多方面的、动态变化的兴趣偏好。推荐系统一般为用户建立了一个用户模型,该模型能获取、表示、存储和修改用户的兴趣偏好,进行推理,并对用户进行分类和识别,以帮助系统更好地理解用户的特征和类别,理解用户的需求和任务,从而更好地实现用户所需要的功能。推荐系统主要使用用户描述文件对用户进行描述,建立用户模型之前,需要考虑下面几个问题:①模型的输入数据有哪些,如何获取?②如何考虑用户的兴趣及需求的变化?③建模的对象是

谁？如何建模？④模型的输出是什么？用户建模的大致过程如图9-2所示。

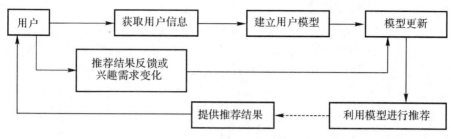

图9-2 用户建模过程

获取用户信息就是解决推荐系统的数据输入问题，主要包括以下几种类型。

(1)用户属性：用户最基本的信息，包括其社会属性和自然属性，如用户的姓名、年龄、职业、收入、学历等。

(2)用户手工输入的信息：用户主动提供给系统的信息，包括用户输入的关键词，用户输入的感兴趣的主题、频道。用户反馈的信息，包括用户对推荐对象的喜好程度、用户标注的浏览页面的感兴趣或不感兴趣的程度等。

(3)用户的浏览行为和浏览内容：用户浏览的行为和内容体现了用户的兴趣和需求，它们包括浏览次数、频率、停留时间，以及浏览页面时的操作(收藏、保存、复制等)。以及服务器端保存的日志也能较好地记录用户的浏览行为和内容。

(4)推荐对象的属性特征：不同的推荐对象，用户建模的输入数据也不同。网页等推荐对象通常考虑对象的内容和用户之间的相似性，而产品等推荐对象通常考虑用户对产品的评价。为提高推荐质量，推荐对象的相关的属性也要考虑进去，比如除网页内容以外，还要考虑网页的发布人、时间等。产品类的对象还要考虑产品的品牌、价格、出售时间等。

2.推荐对象的建模

推荐系统可应用于不同的领域，其推荐的对象也就各不相同，如何对推荐对象进行描述对推荐系统也有很重要的影响。和用户描述文件一样，要对推荐对象进行描述之前也要考虑以下几个问题：①提取推荐对象的什么特征，如何提取，提取的特征用于什么目的。②对象的特征描述和用户文件描述之间的关联。③提取到的每个对象特征对推荐结果会有什么影响。④对象的特征描述文件能否自动更新。

根据推荐对象的描述文件中的对象特征和用户的描述文件中的兴趣偏好进行推荐计算，可获得推荐对象的推荐度，因此推荐对象的描述文件与用户的描述文件密切相关，通常的做法是用同样的方法来表达用户的兴趣偏好和推荐对象。

推荐系统的产品推荐对象包括众多的领域，如书籍、电影、餐馆等。不同的对象，特征也不相同，目前并没有一个统一的标准来进行统一描述，一般采用基于内容的方法和基于分类的方法。

基于内容的方法从对象本身抽取信息来表示对象，使用最广泛的方法是加权关键词矢量，该方法通过对一组文档的统计分析得出文档的特征向量。比较简单的做法就是计算每个特征的熵，选取具有最大熵值的若干个特征；也可以计算每个特征的信息增量(information gain)，即计算每个特征在文档中出现前后的信息熵之差；还可以计算每个特征的互信息(mutual information),即计算每个特征和文档的相关性;还可使用卡方统计方法。在完成文档特征的选取后,还得计算每个特征的权值,权值大的对推荐结果的影响就大。目前使用最广泛的是词频-逆向文件频率(Term Frequency-Inverse Document Frequency,TF-IDF)方法。

基于分类的方法是把推荐对象放入不同类别中,这样可以把同类文档推荐给对该类文档感兴趣的用户。文本分类的方法有多种,如朴素贝叶斯(Naive-Bayes)、k 最近邻方法(KNN)和支持向量机(SVM)等。对象的类别可以预先定义,也可以利用聚类技术自动产生。许多研究表明,聚类的精度非常依赖于文档的数量,而且由自动聚类产生的某些类别可能对用户来说是毫无意义的,因此可以先使用手工选定的类别来分类文档,在没有对应的候选类别或需要进一步划分某类别时,才使用聚类产生的类别。

3. 推荐算法模块

在个性化推荐系统中,推荐算法是整个推荐系统中最核心、最关键的部分,在很大程度上决定了推荐系统性能的优劣。目前,主要的推荐算法包括基于内容推荐、协同过滤推荐、基于关联规则推荐和组合推荐算法等,其具体内容将在后续小节中进行介绍。

9.2 基于内容的推荐

基于内容的推荐(content-based recommendation)方法源于信息获取领域,是信息检索领域的重要研究内容。该方法是根据用户已经选择的对象,从推荐对象中选择其他特征相似的对象作为推荐结果。其推荐策略是:首先提取推荐对象的内容特征,与用户模型中的用户兴趣偏好进行匹配,匹配度较高的推荐对象就可作为推荐结果推荐给用户。推荐系统中的每个产品都有属于自身的属性列串(一般使用一个矢量来表示),产品的集合就可以把它视为属性列串的集合(即属性列表),一个用户的兴趣和偏好可以根据这些属性列串来进行描述。在进行产品预测时,可以依据各个产品的属性值,在与用户历史选择情况比较对照之后,判断出是否可以将此产品推荐给该用户,例如某一位用户以往到网上书店都是去购买历史文物的相关图书,推荐系统就可以直接把有关历史文物相关主题的书籍推荐给该用户。推荐系统一般使用一个得分函数来表示推荐对象的内容特征和用户模型中兴趣特征二者之间的相似性,如下式所示:

$$u(c,s) = \text{score}(userprofile, content) \quad (9-2)$$

其中:u 为效用函数,用来度量对象 s 对用户 c 的有用性。score 的计算方法有很多种,最简单的是向量夹角余弦的相似性计算方法。

由于基于内容的推荐算法的根本在于信息提取和信息过滤,属于文本处理的研究范畴,理论上的研究也比较成熟,所以现有很多基于内容的推荐系统都是通过分析产品的文本信息进行推荐的,最常用的方法就是信息过滤中的 TF-IDF 方法。TF-IDF 是一种统计方法,用以评估一个字词对于一个文件集或一个语料库中的其中一份文件的重要程度。字词的重要性随着它在文件中出现的次数成正比增加,但同时也会随着它在语料库中出现的频率成反比下降。

TF-IDF 的主要思想是:一方面,关键字 t 在文档 D 中出现的次数越多,表示 t 对文档 D 越重要,越能用该关键字表示文档 D 的语义;另一方面,关键字 t 在不同文档中出现的次数越多,表示 t 对区别文档的贡献越少。设文档集包含的文档数为 N,文档集中包含关键字 t_i 的

文档数为 n_i，f_{ij} 表示关键字 t_i 在文档 d_j 中出现的次数，t_i 在文档 d_j 中的词频 TF_{ij} 定义为

$$TF_{ij} = \frac{f_{ij}}{\sum_k f_{kj}} \quad (9-3)$$

$$TF_{ij} = \frac{f_{ij}}{\max_z f_{zj}} \quad (9-4)$$

其中：z 表示在文档 d_j 中出现的关键字，分母的最大值可以通过计算 d_j 中所有关键词的频率得到。

式(9-3)和式(9-4)是对词频 TF 的归一化，仅仅是分母有所区别，式(9-3)使用的是文章的总词数作为分母，式(9-4)则是使用了该文章中出现次数最多的词的出现次数作为分母进行归一化。

在许多文件中同时出现的关键词对于区分文件的关联性是没有贡献的。因此，t_i 在文档集中出现的逆频 IDF_i 定义为

$$IDF_i = \log \frac{N}{n_i + 1} \quad (9-5)$$

采用 k 维向量 $d_j = (w_{1j}, w_{2j}, \cdots, w_{kj})$ 和 $d_c = (w_{1c}, w_{2c}, \cdots, w_{kc})$ 分别表示项目文档和用户 c 的配置文档，向量中的各个分量可计算如下：

$$w_{ij} = TF_{ij} \times IDF_i \quad (9-6)$$

TF-IDF 值越大，则这个词成为一个关键词的概率就越大。可采用多种方法计算项目文档和用户配置文档的相似度，如夹角余弦相似性等，计算所得的值按其大小排序，将最靠前的若干个对象作为推荐结果呈现给用户。

例 9-1 假定一篇文档长度为 1 000 个词，"中国""篮球""体育"各出现 20 次，则这 3 个词的"词频"(TF)都为 0.02。然后，百度搜索发现，包含"的"字的网页共有 250 亿张，假定这就是中文网页总数。包含"中国"的网页共有 62.3 亿张，包含"篮球"的网页为 0.484 亿张，包含"体育"的网页为 0.973 亿张，则它们的逆文档频率(IDF)和 TF-IDF 见表 9-1。

表 9-1 TF-IDF 举例

	包含该词的文档数/亿张	IDF	TF-IDF
中国	62.3	0.603	0.012 1
体育	0.973	2.410	0.048 2
篮球	0.484	2.713	0.054 3

由表 9-1 可见，"篮球"的 TF-IDF 值最高，"体育"其次，"中国"最低(如果还计算"的"字的 TF-IDF，那将是一个极其接近 0 的值)。因此，如果只选择一个词，"篮球"就是这篇文章的关键词。

除了自动提取关键词，TF-IDF 算法还可以用于许多别的地方。比如，信息检索时，对于每个文档，都可以分别计算一组搜索词("中国""篮球""体育")的 TF-IDF，将它们相加，就可以得到整个文档的 TF-IDF。这个值最高的文档就是与搜索词最相关的文档。

TF-IDF 算法的优点是简单快速，结果比较符合实际情况。缺点是单纯以"词频"衡量一个词的重要性，不够全面，有时重要的词可能出现次数并不多。而且，这种算法无法体现词的

位置信息,出现位置靠前的词与出现位置靠后的词,都被视为重要性相同,这是不正确的。一种解决方法是对全文的第一段和每一段的第一句话给予较大的权重。

另外,TF-IDF算法会倾向于选出某一特定文档内的高频词语,同时该词语在整个文档集合中分布是比较集中的。因此,TF-IDF算法倾向于过滤掉常见的词语,保留"独有"词语。但是这也造成了TF-IDF算法的缺陷。因为IDF的主要思想是:如果包含词条t的文档越少,也就是n越小,IDF越大,则说明词条t具有很好的类别区分能力。如果某一文档C中包含词条t的文档数为m,而其他类包含t的文档总数为k,显然所有包含t的文档数$n=m+k$,当m大的时候,n也大,按照IDF公式得到的IDF的值会小,就说明该词条t类别区分能力不强。但实际上,如果一个词条在一个类的文档中频繁出现,则说明该词条能够很好地代表这个类的文本特征,这样的词条应该给它们赋予较高的权重,并选来作为该类文本的特征词,以区别于其他类的文档。

比如对于以下几个短文本:
(1)鲜花多少钱?
(2)面包多少钱?
(3)啤酒多少钱?
(4)香蕉多少钱?

如果按照TF-IDF算法,鲜花、面包这些主体词会成为关键词,但是从这些语句的总体来看,它们又都属于询问价格的类型,因此"多少钱"应该成为关键词。这就是IDF的不足之处。改进的方法可以通过改变文档结构,比如将上述短文本归并为一个文档,这样就可以在增加TF值的同时,也增加IDF值。但是这样就会增加模型的计算成本,需要大量的人为经验加入其中。

基于内容的推荐策略中的关键就是用户模型描述和推荐对象内容的特征描述。其中对推荐对象的内容进行特征提取方面,目前对文本内容进行特征提取的方法比较成熟,如浏览页面的推荐、新闻推荐等。但对多媒体数据进行特征提取还有待技术的提高,因此,多媒体信息还没有大量使用基于内容的推荐。

基于内容的推荐的优点如下:
(1)简单、有效,推荐结果直观,容易理解,不需要领域知识。
(2)不需要用户的历史数据,如对推荐对象的评价等。
(3)没有关于新推荐对象出现的冷启动问题。
(4)没有稀疏问题。
(5)比较成熟的分类学习方法能够为该方法提供支持。

基于内容的推荐缺点如下:
(1)该方法的广泛应用受到了推荐对象特征提取能力的限制。多媒体资源没有有效的特征提取方法,如图像、视频、音乐等。即使是文本资源,其特征提取方法也只能反映资源的部分内容,例如,难以提取网页内容的质量,这些特征可能影响到用户的满意度。
(2)很难出现新的推荐结果。推荐对象的内容特征和用户的兴趣偏好匹配才能获得推荐,用户将仅限于获得跟以前类似的推荐结果,很难发现用户新的感兴趣的信息。
(3)存在新用户出现时的冷启动问题。当新用户出现时,系统较难获得该用户的兴趣偏好,就不能和推荐对象的内容特征进行匹配,该用户将较难获得满意的推荐结果。

(4) 推荐对象内容分类方法需要的数据量较大。目前,尽管分类方法很多,但构造分类器时需要的数据量巨大,给分类带来一定困难。

9.3 协同过滤推荐算法

协同过滤推荐算法是指利用大量用户与产品关联的历史数据,计算用户/产品之间的相似度,查找与目标用户相似性较高的近邻集,并通过近邻集用户对其他产品的评分来预测目标用户对该产品的潜在评分,产生推荐的产品集合。协同过滤推荐(collaborative filtering recommendation)算法的基本假设是:通过找到与某用户偏好相似的其他用户,将他们感兴趣的内容推荐给该用户。协同过滤推荐的基本假设是如果自己身边的朋友选购某种商品,那么自己就会有很大概率地选择该商品。或者用户喜欢某类商品,当看到和这类商品相似商品并且其他用户对此类商品评价很高时,则购买的概率就会很大。

协同过滤推荐算法可分为基于用户的过滤算法、基于产品的过滤算法与基于模型的过滤算法。基于用户的过滤算法是指根据目标用户的偏好,找到与目标用户兴趣相似的用户群体,并将该群体感兴趣的内容过滤给目标用户。基于产品的过滤算法是指根据现有的用户行为数据,计算目标产品与用户喜欢的或已购买的产品的相似度,将相似度较高的产品推荐给该用户。基于模型的过滤算法是指根据一些机器学习的方法(如线性回归模型、朴素贝叶斯分类模型、极大熵模型等)离线建立模型,然后根据用户-产品评分矩阵,得到用户对产品的预测评分。

9.3.1 基于用户的协同过滤推荐方法(User-Based,UB-CF)

基于用户的协同过滤又称为基于内存的推荐(Memory-Base CF,MB-CF),它的基本思想是如果一些用户对某些推荐对象的评分比较相似,则说明这些用户的兴趣偏好相似,那么他们对其他推荐对象的评分也应该是相似的。因此协同过滤推荐首先找到和目标用户兴趣偏好相似的最近邻居,然后根据他的最近邻居对推荐对象的评分来预测目标用户对未评分的推荐对象的评分,选择预测评分最高的若干个推荐对象作为推荐结果反馈给用户。基于内存的协同过滤是一种全局过滤算法,在查找相似用户时,系统将数据集中所有的用户逐一与目标用户进行匹配,形成目标用户的最近邻集合,而后通过最近邻居集内用户对某一条项目的评价分数,从而预测目标用户对该项目的评分来决定是否对其推荐。该推荐过程如图9-3所示。

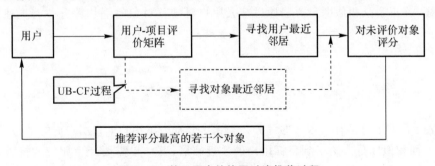

图 9-3 基于用户的协同过滤推荐过程

基于用户的协同推荐算法可以概括为两步:①采用某种相似度计算方法计算用户/项目之间的相似度,构造相似度矩阵;②采用相应的算法估计评分,并据此为用户进行推荐。该类方法可为目标用户估计对某一特定项目的评分,也可产生一个推荐列表。

表 9 - 2 评分矩阵 R

	i_1	i_2	...	i_j	...	i_n
u_a	r_{a1}	r_{a2}	...	r_{aj}	...	r_{an}
⋮	⋮	⋮		⋮		⋮
u_i	r_{i1}	r_{i2}	...	r_{ij}	...	r_{in}
⋮	⋮	⋮		⋮		⋮
u_m	r_{m1}	r_{m2}	...	r_{mj}	...	r_{mn}

表 9 - 2 给出了评分矩阵 R,其行向量表示用户,列向量表示商品。协同过滤的目标是预测那些取值为空的元素的值。当用户 i 和用户 j 间相似时,假设 I_i 表示用户 i 打过分的产品集合,I_j 表示用户 j 打过分的产品集合,I_{ij} 表示用户 i 和用户 j 共同打过分的产品集合,即 $I_{ij}=I_i \cap I_j$,则每个用户用这些打分构成的矢量表示,用户间的相似度 $\text{sim}(i,j)$ 可以用矢量夹角余弦衡量,即

$$\text{sim}(i,j) = \cos(i,j) = \frac{i}{\|i\|} \frac{j}{\|j\|} = \frac{\sum_j r_{aj} \times r_{ij}}{\sqrt{\sum_j r_{aj}^2} \sqrt{\sum_j r_{ij}^2}} \tag{9-7}$$

还有其他度量用户间相似性的方法,如相关相似性(correlation)、修正余弦函数弦相似性(adjusted cosine)等。

相关相似性(correlation):设用户 i 和用户 j 共同评分的对象集合用 I_{ij} 表示,则用户 i 和用户 j 之间的相似性通过 Pearson 相关系数度量,即

$$\text{sim}(i,j) = \frac{\sum_{c \in I_{ij}} (r_{ic} - \bar{r}_i)(r_{jc} - \bar{r}_j)}{\sqrt{\sum_{c \in I_{ij}} (r_{ic} - \bar{r}_i)^2 \sum_{c \in I_{ij}} (r_{jc} - \bar{r}_j)^2}} \tag{9-8}$$

其中:r_{ic} 表示用户 i 对推荐对象 c 的评分;$\bar{r}_i$ 和 $\bar{r}_j$ 分别表示用户 i 和用户 j 的平均评分。

修正余弦函数弦相似性(adjusted cosine):在余弦相似度量方法中没有考虑不同用户的评分尺度问题,修正余弦相似度量方法通过减去用户对推荐对象的平均评分改善上述缺陷。用户 i 和用户 j 之间的相似性 $\text{sim}(i,j)$ 如下式所示:

$$\text{sim}(i,j) = \frac{\sum_{c \in I_{ij}} (r_{ic} - \bar{r}_i)(r_{jc} - \bar{r}_j)}{\sqrt{\sum_{c \in I_i} (r_{ic} - \bar{r}_i)^2} \sqrt{\sum_{c \in I_j} (r_{ic} - \bar{r}_j)^2}} \tag{9-9}$$

其中:r_{ic} 表示用户 i 对推荐对象 c 的评分;$\bar{r}_i$ 和 $\bar{r}_j$ 分别表示用户 i 和用户 j 的平均评分。

通过上面相似度量方法得到目标用户的最近邻居,下一步需要产生相应的推荐。设用户 u 的最近邻居集合 NN_u 表示,则用户 u 对推荐对象 i 的预测评分 P_{ui} 可以通过用户 u 对最近邻居集合 NN_u 中项的评分得到,计算方法为

$$P_{ui} = \overline{r}_u + \frac{\sum_{n \in NN_u} \text{sim}(u,n)(r_{ni} - \overline{r}_n)}{\sum_{n \in NN_u} \text{sim}(u,n)} \quad (9-10)$$

其中:$\text{sim}(u,n)$表示u和用户n之间的相似性;r_{ni}表示用户n对推荐对象i的评分;$\overline{r}_u$和$\overline{r}_n$分别表示用户u和用户n对推荐对象的平均评分。

通过上述方法预测用户对所有未评分的推荐对象的评分,然后选择预测评分最高的前若干推荐对象作为推荐结果反馈给当前用户。

例 9-2 对表 9-3 中用户 1 和用户 2 之间的 cosine 相似度计算:

$$\text{sim}(1,2) = \frac{r_{11}r_{21} + r_{13}r_{23} + r_{15}r_{25}}{\sqrt{r_{11}^2 + r_{13}^2 + r_{15}^2}\sqrt{r_{21}^2 + r_{23}^2 + r_{25}^2}} = \frac{1 \times 2 + 2 \times 3 + 3 \times 5}{\sqrt{1^2 + 2^2 + 3^2}\sqrt{2^2 + 3^2 + 5^2}} = \frac{23}{\sqrt{14 \times 38}} = 0.997$$

同理,可计算用户 2 和其他用户之间的相似度,如和用户 4 之间的相似度,$\text{sim}(2,4) = 0.86$。用户 a 对项目 j 的预测偏好定义为

$$r_{aj} = \overline{r}_a + \frac{\sum_i \text{sim}(a,i)(r_{ij} - \overline{r}_i)}{\sum_i \text{sim}(a,i)} \quad (9-11)$$

其中:用户 i 的偏好均值 $\overline{r}_i = \frac{1}{|I_i|}\sum_{k \in I_i} r_{ik}$,$I_i$ 表示用户 i 的投票范围。表 9-3 中,r_{22} 的计算为

$$r_{22} = \overline{r}_2 + \frac{\text{sim}(2,1)(r_{12} - \overline{r}_1) + \text{sim}(2,4)(r_{42} - \overline{r}_4)}{\text{sim}(2,1) + \text{sim}(2,4)} =$$

$$3 + \frac{0.997 \times (2-2) + 0.86 \times (3-2.4)}{0.997 + 0.86} = 3.27$$

表 9-3 用户-产品打分矩阵

	i_1	i_2	i_3	i_4	i_5	i_6
u_1	1	2	2		3	
u_2	2		3	2	5	
u_3	3	4		5	1	2
u_4	2	3	4		2	1

基于用户的推荐方法面对用户数量不断变化的系统,需要经常重新计算用户间的相似度矩阵,因而时间复杂性高,可扩展性较差。

9.3.2 基于项目的协同过滤推荐(Item-Based,IB-CF)

如果基于用户的协同推荐的依据是基于朋友的推荐的话,基于项目的协同推荐就是基于用户对推荐对象品牌的信任而进行的推荐。基于项目的协同推荐是基于这样一个假设:如果大部分用户对一些推荐对象的评分比较相似,则当前用户对这些项的评分也比较相似。就好

像很多用户对某个品牌比较信任,则其他用户就比较容易选择该品牌的产品。

基于项目的协同推荐的基本思路就是首先找到目标对象的最近邻居,由于当前用户对最近邻居的评分与对目标推荐对象的评分比较类似,所以可以根据当前用户对最近邻居的评分预测当前用户对目标推荐对象的评分,然后选择预测评分最高的若干个目标对象作为推荐结果呈现给当前用户。

基于项目的协同推荐和基于用户的协同推荐类似,包含两个步骤:首先是查询目标推荐对象的最近邻居,然后产生推荐。其核心是推荐对象的最近邻居查询。推荐对象最近邻居的查询就是计算推荐对象之间的相似性。主要有也是三种方法,分别是余弦相似性、相关相似性(correlation)和修正余弦函数弦相似性(adjusted cosine),仅仅在计算时选取的向量如表9-3中的列构成的向量。找到目标推荐对象的最近邻居后,就可以利用最近邻居产生推荐。设目标对象T的最近邻居集合用NB_T表示,用户u对目标T的预测评分P_{uT}可以通过目标对象的最近邻居的评分得到,计算方法为

$$P_{uT} = \overline{r}_T + \frac{\sum_{n \in NB_T} sim(T, n)(r_{un} - \overline{r}_n)}{\sum_{n \in NB_T} sim(T, n)} \qquad (9-12)$$

其中:$sim(T, n)$表示目标对象T与最近邻居n之间的相似性;r_{un}表示用户u对对象n的评分;$\overline{r}_T$和$\overline{r}_n$分别表示对象T和对象n的平均评分。通过式(9-12)可以预测用户对未评分对象的评分,从而选择预测评分最高的若干个对象作为推荐结果反馈给当前用户。

9.3.3 基于模型的协同推荐(Model Based-CF)

推荐可以看作是分类或预测问题。基于模型的推荐方法采用统计学、机器学习、数据挖掘等方法,根据用户历史数据为用户建立模型,并据此产生合理的推荐。这类方法在一定程度上解决了用户-项目评分矩阵的稀疏性问题。下面给出了一个简单的评分模型:

$$R(u, i) = \sum_{r=1}^{5} p(u, r) \times r \qquad (9-13)$$

其中:$r = (1, 2, \cdots, 5)$;$R(u, i)$表示用户u对项目i的评分估计(评分等级为1~5之间的整数);$p(u, r)$表示用户u打r分的概率。基于模型的算法可以借助分类、线性回归和聚类等机器学习方法进行实现。

1. 基于朴素贝叶斯分类的推荐算法

朴素贝叶斯分类方法假设样本的各个属性相互独立。尽管实际数据大都不能满足该假设,但朴素贝叶斯假设大大简化了问题求解的复杂性,因而在实际问题中经常被采用。假设评分等级分为5等,则估计用户U_i对项目I_j的评分问题可建模为一个分类问题,确定评分所属的5个类别之一。假设用变量y表示类别,$m = 1, 2, 3, 4, 5$表示类标识,则有

$$P(y = m | x_1, x_2, \cdots, x_{n-1}) \propto P(x_1, x_2, \cdots, x_{n-1} | y = m) P(y = m)$$

进而根据朴素贝叶斯假设有

$$\propto P(x_1 | y = m) P(x_2 | y = m) \cdots P(x_{n-1} | y = m) P(y = m)$$

其中:$x_1, x_2, \cdots, x_{n-1}$为其他$n-1$个用户对$I_j$的评分;$P(y = m | x_1, x_2, \cdots, x_{n-1})$表示在

$x_1, x_2, \cdots, x_{n-1}$下,用户对项目$I_j$评分为$m$的概率。根据用户-项目表计算各个概率$P(x_i | y=m)$和先验概率$P(y=m)$,进而计算不同$m$值对应的后验概率$P(y=m | x_1, x_2, \cdots, x_{n-1})$。选择对应最大后验概率的$m$值作为最终的评分。通常情况下,用户对项目的评分是独立的,因此该算法表现出较好的计算精度。但如果用户评分之间存在相互依赖关系时,该算法的准确性将打折扣。

2. 基于线性回归的推荐方法

基于用户的历史评分,可采用线性回归方法为用户建立近似的线性预测模型。令$u=(x_1, x_2, \cdots, x_n)$表示用户$u$对$n$个项目的评分,拟估计用户对第$n+1$个项目的评分$x_{n+1}$。令$p=(a_1, a_2, \cdots, a_n)$表示评分系数,则线性预测模型可表示为

$$r^{n+1} = p \times u^T + b \tag{9-14}$$

其中:常数b表示估计偏差,进而基于用户-项目矩阵,估计出模型中的参数。由于线性回归模型的参数估计也是基于用户-项目矩阵,受该矩阵的稀疏、噪声等因素影响,该方法的准确率有可能会降低。为此,可采用诸如稀疏因子分解和奇异值分解等方法进行数据预处理数据,以降维的方式压缩矩阵,从而在一定程度上解决数据稀疏性问题。

基于模型的协同过滤算法能在一定程度上解决基于记忆的推荐算法面临的主要困难,在推荐性能上更优,但通常算法复杂,计算开销大。

协同过滤的优点如下:

(1) 复杂的非结构化的对象可以应用协同过滤,比如电影、音乐、图像等推荐对象。

(2) 善于发现用户新的兴趣点。协同过滤可以发现内容上完全不相似的资源,用户对推荐信息的内容事先是预料不到的。

(3) 不需要专业知识即可进行推荐。

(4) 随着用户的增多,其推荐性能会不断提升。

(5) 以用户为中心自动进行推荐。

协同过滤的缺点如下:

(1) 存在冷启动问题。新进入的用户由于得不到他们的兴趣偏好而无法获得推荐,新的推荐项目由于没有用户评价它就得不到推荐,这就是冷启动问题。冷启动问题是推荐系统研究的难点和重点。

(2) 存在稀疏性问题。由于用户数目的大量增长,而且用户之间选择存在差异性,使得用户的评分差别非常大。同时推荐对象的数量也大量增长,使得大量的推荐对象没有经过用户的评价。这些会导致部分用户无法获得推荐,部分推荐对象得不到推荐,这就是稀疏性问题。

(3) 系统开始时推荐质量较差,推荐质量取决于历史数据集。

9.3.4 混合推荐

各种推荐方法都有各自的优缺点,在实际应用中可以针对具体问题采用推荐策略的组合进行推荐,即所谓的组合推荐。组合推荐的目的是通过组合不同的推荐策略,达到扬长避短的目的,从而产生更符合用户需求的推荐。理论上讲可以有很多种的推荐组合方法,但目前研究和应用最多的组合推荐是基于内容的推荐和系统过滤推荐的组合。将它们进行组合的方法根据应用场景不同而不同,主要组合思路有以下两种。

(1) 推荐结果混合：这是一种最简单的混合方法，分别是用两种或多种推荐方法产生推荐结果，然后采用某种算法把推荐结果进行混合而得到最终推荐。如何从众多推荐结果中选择用户需要的推荐结果成为该算法的一个重要研究点。比如采用投票机制来组合推荐结果，采用一定的标准对两者产生的推荐结果判断，从而选择其中之一，利用预测打分的线性组合进行推荐，等等。

(2) 推荐算法的组合：以某种推荐策略为框架，组合另外的推荐策略，例如协同推荐的框架内组合基于内容的推荐（或相反）、基于协同推荐的框架内组合基于网络结构的推荐，社会网络分析法的推荐框架内组合基于内容的推荐、基于网络结构的推荐和基于社会网络分析法的推荐的组合等。

9.4 推荐系统性能评价

随着推荐系统应用的深入和发展，出现了众多的推荐算法，如何有效客观地评价这些推荐算法的优劣是个颇具挑战的问题。推荐系统的评价可分为在线评价和离线评价两种方式。在线评价其实就是设计在线用户实验，根据用户在线实时反馈或事后问卷调查等结果来衡量推荐系统的表现。离线评价则是根据待评价的推荐系统在实验数据集上的表现，然后再根据一些相应的评价指标来衡量推荐系统的质量，相对于在线评价，离线评价方法更方便和经济。目前大多数推荐系统的离线评价指标有预测准确度、覆盖率、召回率、ROC(Receiver Operating Characteristic)曲线和 AUC 值等。

1. 预测评分的准确度

预测评分的准确度衡量是推荐算法在多大程度上能够准确预测用户对推荐商品的喜欢程度。预测评分的准确度指标目前有很多，这类指标的思路大都很简单，就是计算预测评分和真实评分之间的差异。最典型的指标是平均绝对误差(Mean Absolute Error，MAE)、平均平方误差(Mean Squared Error，MSE)、均方根误差(Root Mean Squared Error，RMSE)以及标准平均误差(Normalized Mean Absolute Error，NMAE)。假设用 r_{ua} 表示用户 u 对商品 a 的真实评分，$r_{ua}{}'$ 表示用户 u 对商品 a 的预测评分，E^P 表示测试集，那么几个误差指标的相关定义如下：

$$\text{MAE} = \frac{1}{|E^P|} \sum_{(u,a) \in E^P} |r_{ua} - r_{ua}{}'| \qquad (9-15)$$

$$\text{MSE} = \frac{1}{|E^P|} \sum_{(u,a) \in E^P} (r_{ua} - r_{ua}{}')^2 \qquad (9-16)$$

$$\text{RMSE} = \sqrt{\frac{1}{|E^P|} \sum_{(u,a) \in E^P} (r_{ua} - r_{ua}{}')^2} \qquad (9-17)$$

$$\text{NMAE} = \frac{\text{MAE}}{r_{\max} - r_{\min}} \qquad (9-18)$$

$r_{\max}$ 和 $r_{\min}$ 分别为用户评分区间的最大值和最小值。NMAE 在评分区间上做了归一化，从而可以在不同的数据集上对同一个推荐算法表现进行比较。

2. 分类准确度

分类准确度指标衡量的是推荐系统能够正确预测用户喜欢或者不喜欢某个商品的能力。目前最常用的分类准确度指标有准确率（precision）、召回率（recall）、F_1 指标和 AUC 的值。

定义 $M=|U|$ 为系统中的用户数量，$N=|O|$ 为系统中商品数量。数据集一般使用随机划分或 n-折交叉验证，随机划分就是在数据集合 E 中随机选取一定比例作为测试集 E^P，剩下的部分就是训练集 E^T，其中 $E=E^P+E^T$，$E^P \cap E^T = \varnothing$。定义 E_u^P 为测试集中与用户 u 相关的商品集合，E_u^T 为训练集中与用户 u 相关的商品集合。

分类准确度的计算需要使用混淆矩阵，对于待预测的商品，可能有四种情况：系统推荐给用户且用户喜欢（N_{tp}）、系统推荐给用户但用户不喜欢（N_{fn}）、用户喜欢但系统没有推荐（N_{fp}）、用户不喜欢且系统没有推荐（N_{tn}）。表 9-4 总结了这 4 种可能的情况，B_u 表示用户 u 喜欢的商品数，定义 $L = N_{tp} + N_{fp}$，$B_u = N_{tp} + N_{fn}$。

表 9-4 待预测的商品可能的四种情况

用户喜好	系统推荐	系统不推荐
喜欢	True Positive N_{tp}	False Negative N_{fn}
不喜欢	False Positive N_{fp}	True Negative N_{tn}

对于某一用户 u，其推荐准确率为系统推荐的 L 个商品中用户喜欢的商品所占的比例，即

$$\text{pre}(u) = \frac{N_{tp}}{L} = \frac{N_{tp}}{N_{tp} + N_{fp}} \tag{9-19}$$

如果系统共有 M 个用户，系统整体的推荐分类准确率可通过求平均计算，即

$$P(L) = \frac{1}{M} \sum_u \text{pre}(u) \tag{9-20}$$

召回率表示一个用户喜欢的商品被推荐的概率，定义为推荐列表中用户喜欢的商品与系统中用户喜欢的所有商品的比率。对于用户 u，其召回率为

$$\text{recall}(u) = \frac{N_{tp}}{B_u} = \frac{N_{tp}}{N_{tp} + N_{fn}} \tag{9-21}$$

系统整体的召回率可通过求平均计算，即

$$R(L) = \frac{1}{M} \sum_u \text{recall}(u) \tag{9-22}$$

同时考虑准确率和召回率来全面地评价算法的优劣则需使用 F_1 值，即计算准确率和召回率的算术平均，定义为

$$F_1 = \frac{2P(L)R(L)}{P(L) + R(L)} \tag{9-23}$$

AUC 指标表示 ROC 曲线下的面积，它可衡量一个推荐系统能够在多大程度上将用户喜欢的商品与不喜欢的商品区分出来。由于 ROC 曲线绘制步骤比较烦琐，可以用以下方法来近似计算系统的 AUC：每次随机从相关商品集，即用户喜欢的商品集中选取一个商品（$a \in E^P$）与随机选择的不相关商品（$b \in O-E$）进行比较，如果商品 a 的预测评分值大于商品 b 的评分，那么就加一分，如果两个评分值相等就加 0.5 分。这样独立地比较 n 次，如果有 n' 次商

品 a 的预测评分值大于商品 b 的评分,有 n'' 次两评分值相等,那么 AUC 就可以近似为

$$\text{AUC} = \frac{n' + 0.5 n''}{n} \tag{9-24}$$

对于式(9-25),如果所有预测评分都是随机产生的,那么 AUC=0.5。因此 AUC 大于 0.5 的程度衡量了算法在多大程度上比随机推荐方法的精确程度。AUC 指标仅用一个数值就表征了推荐算法的整体表现,而且它涵盖了所有不同推荐列表长度的表现。但是 AUC 指标没有考虑具体排序位置的影响,导致在 ROC 曲线面积相同的情况下很难比较算法好坏,因此它的适用范围也受到了一些限制。

3. 覆盖率

覆盖率指标是指算法向用户推荐的商品能覆盖全部商品的比例,如果一个推荐系统的覆盖率比较低,那么这个系统很可能会由于其推荐范围的局限性而降低用户的满意度,因为低的覆盖率意味着用户可选择的商品很少。覆盖率尤其适用于那些需要为用户找出所有感兴趣的商品的系统。覆盖率可以分为预测覆盖率(prediction coverage)、推荐覆盖率(recommendation coverage)和种类覆盖(catalog coverage)三种。

预测覆盖率表示系统可以预测评分的商品占所有商品的比例,定义为

$$\text{COV}_p = \frac{N_d}{N} \tag{9-25}$$

式中:N_d 表示系统可以预测评分的商品数目;N 为所有商品数目。

推荐覆盖率表示系统能够为用户推荐的商品占所有商品的比例,这个指标与推荐列表的长度 L 相关。其定义为

$$\text{COV}_r(L) = \frac{N_d(L)}{N} \tag{9-26}$$

式中:$N_d(L)$ 表示所有用户推荐列表中出现过的不相同的商品的个数。推荐覆盖率越高,系统给用户推荐的商品种类就越多,推荐多样新颖的可能性就越大。如果一个推荐算法总是推荐给用户流行的商品,那么它的覆盖率往往很低,通常也是多样性和新颖性都很低的推荐。

种类覆盖率(COV_c)表示推荐系统为用户推荐的商品种类占全部种类的比例。相比预测覆盖率和推荐覆盖率,种类覆盖率应用得还很少。在计算种类覆盖率的时候,需要事先对商品进行分类。仅用覆盖率来衡量推荐系统的表现是没有意义的,它需要和预测准确度一起考虑。如系统中某个类别的商品所有的用户都不喜欢,那么一个好的推荐算法可能再也不会向用户推荐这类商品,这时候它的覆盖率可能很低,但是准确度还是很高的。一个好的推荐系统应在保证推荐准确度的同时尽量提高覆盖率。

9.5 思考与练习

1. 四个用户对五部电影的评价见表 9-5。

表 9-5

	Movie A	Movie B	Movie C	Movie D	Movie E
User 1	5	1		2	2

续表

	Movie A	Movie B	Movie C	Movie D	Movie E
User 2	1	5	2	5	5
User 3	2	?	3	5	4
User 4	4	3	5	3	

用户 3 需要决定是否租用他/她没看过的电影 B，一种方式是采用基于用户的推荐：

(1) 请采用 Pearson 系数来计算其他用户与用户 3 的相似度；

(2) 假定相似度大于 0.5 的用户作为用户 3 的近邻，请计算用户 3 对电影 B 的预测值。

另一种方式是采用基于物品的推荐：

(3) 请采用改进的余弦相似性来确定电影 B 与其他电影的相似度；

(4) 假定相似度大于 0.5 的电影作为电影 B 的近邻，请计算用户 3 对电影 B 的预测值。

参考文献

[1] LIAUTAUD B, HAMMOND M. 商务智能:信息-知识-利润[M]. 北京:电子工业出版社,2002.
[2] 王珊. 数据仓库技术与联机分析处理[M]. 北京:科学出版社,1998.
[3] 彭木根. 数据仓库技术与实现[M]. 北京:电子工业出版社,2002.
[4] 王珊,萨师煊. 数据库系统概论[M]. 5版. 北京:高等教育出版社,2014.
[5] 周屹,李艳娟. 数据库原理及开发应用[M]. 2版. 北京:清华大学出版社,2013.
[6] 童应学,吴燕. 计算机应用基础教程[M]. 武汉:华中师范大学出版社,2010.
[7] 韩家炜. 数据挖掘概念与技术[M]. 2版. 范明,孟小峰,译. 北京:机械工业出版社,2007.
[8] 海登博格. 电子商务技术与数据仓库应用教程[M]. 北京:北京希望电子出版社,2000.
[9] 朱晓武. 商务智能的理论和应用研究综述[J]. 计算机系统应用,2007(1):114-117.
[10] 夏火松. 商务智能[M]. 北京:科学出版社,2010.
[11] 夏国恩,金炜东,张葛祥. 商务智能在中国的现状和发展研究[J]. 科技进步与对策,2006,23(1):173-176.
[12] 陈志泊. 数据仓库与数据挖掘[M]. 北京:清华大学出版社,2009.
[13] 韩家炜,孟小峰,王静,等. Web挖掘研究[J]. 计算机研究与发展,2001,38(4):404-414.
[14] 黄梯云,梁昌勇,杨善林. 集成定性推理的IDSS结构模型研究[J]. 管理科学学报,2000,3(4):26-29.
[15] 段宏,张桂清,谭运猛. 一种基于Web挖掘的信息自动分类系统[J]. 华中科技大学学报(自然科学版),2003,31(7):19-21.
[16] 陈文伟. 决策支持系统教程[M]. 北京:清华大学出版社,2010.
[17] 刘心报,杨善林. 决策分析与决策支持系统[M]. 北京:清华大学出版社,2009.
[18] 陈文伟,廖建文. 决策支持系统及其开发[M]. 北京:清华大学出版社,2008.
[19] 高洪深. 决策支持系统(DSS)理论方法案例[M]. 北京:清华大学出版社,2005.
[20] 梁静国. 决策支持系统与决策知识发现[M]. 哈尔滨:哈尔滨工程大学出版社,2007.
[21] 陈国青. 商务智能原理与方法[M]. 北京:电子工业出版社,2009.
[22] 蒋盛益. 商务数据挖掘与应用案例分析[M]. 北京:电子工业出版社,2014.
[23] 奥尔森,石勇. 商业数据挖掘导论[M]. 北京:机械工业出版社,2007.
[24] 许鑫,万家华. 商业数据挖掘[M]. 上海:华东师范大学出版社,2015.
[25] 刘红岩. 商务智能方法与应用[M]. 北京:清华大学出版社,2013.
[26] BIERE M. 商务智能:实现企业全球竞争优势的数据分析方法[M]. 北京:机械工业出版社,2011.
[27] 张良均,王路,谭立云,等. Python数据分析与挖掘实战[M]. 北京:机械工业出版社,2016.
[28] 张宪超. 数据聚类[M]. 北京:科学出版社,2017.

[29] 周志华. 机器学习[M]. 北京：清华大学出版社，2016.

[30] 王小妮. 数据挖掘技术[M]. 北京：北京航空航天大学出版社，2014.

[31] 蒋盛益，李霞，郑琪. 数据挖掘原理与实践[M]. 北京：电子工业出版社，2011.

[32] 张学工. 模式识别[M]. 3版. 北京：清华大学出版社，2010.

[33] HAN J W, KAMBER M. 数据挖掘概念与技术[M]. 2版：北京：机械工业出版社，2008.

[34] 哈林顿. 机器学习实战：Machine learning in action[M]. 李锐，译. 北京：人民邮电出版社，2013.

[35] DUNHAM M H. 数据挖掘教程[M]. 郭崇慧，田凤占，等译. 北京：清华大学出版社，2005.

[36] 林杰斌，刘明德，陈湘. 数据挖掘与OLAP理论与实务[M]. 北京：清华大学出版社，2002.

[37] INMON W H. 数据仓库[M]. 北京：机械工业出版社，2000.

[38] HAN J W, KAMBER M. 数据挖掘：概念与技术[M]. 北京：机械工业出版社，2001.

[39] 张云涛，龚玲. 数据挖掘原理与技术[M]. 北京：电子工业出版社，2004.

[40] 李雄飞，李军. 知识发现和数据挖掘[M]. 北京：高等教育出版社，2003.

[41] 朱明. 数据挖掘[M]. 合肥：中国科学技术大学出版社，2002.

[42] 毛国君. 数据挖掘原理与算法[M]. 北京：清华大学出版社，2005.

[43] 刘建平. 主成分分析（PCA）原理总结[EB/OL]. (2016-12-31)[2022-09-15]. https://www.cnblogs.com/pinard/p/6239403.html.

[44] 陈兵. 数据仓库与元数据管理标准化[EB/OL]. (2009-07-08)[2022-09-13]. http://www.uml.org.cn/sjjm/200907085.asp.

[45] 陈文伟，黄金才. 数据仓库与数据挖掘[M]. 北京：人民邮电出版社，2004.

[46] 刘建平. FP Tree算法原理总结[EB/OL]. (2017-01-19)[2022-09-14]. https://www.cnblogs.com/pinard/p/6307064.html.

[47] AGARWAL R, SRIKANT R. Mining sequential patterns：generalization and performance improvements[C]// Proc. of EDBT'96，2005.

[48] TAN P N, STEINBACH M, KUMAR V. 数据挖掘导论[M]. 范明，范宏建，等译. 北京：人民邮电出版社，2011.

[49] TAN P N, STEINBACH M, KARPATNE A, et al. 数据挖掘导论（英文版）[M]. 2版. 北京：机械工业出版社，2019.

[50] 李航. 统计学习方法[M]. 北京：清华大学出版社，2012.

[51] 史春奇，卜晶祎，施智平. 机器学习算法背后的理论与优化[M]. 北京：清华大学出版社，2019.

[52] HARRINGTON P. 机器学习实战[M]. 李锐，等译. 北京：人民邮电出版社，2013.

[53] MONTGOMERY D C, PECK E A, VINING G G. 线性回归分析导论[M]. 北京：机械工业出版社，2016.

[54] 何晓群，刘文卿. 应用回归分析[M]. 北京：中国人民大学出版社，2019.

[55] LEE Y C, HONG T P, LIN W Y. Mining association rules with multiple minimum

supports using maximum constraints[J]. International Journal of Approximate Reasoning, 2005, 40(1/2): 44-54.

[56] HAN J, FU Y. Discovery of multiple level association rules from databases[J]. Inter. J of Computational Intelligence, 1995, 11(2): 323-338.

[57] KAMBER M, HAN J, CHIANG J. Metarule-guided mining of multi-dimensional association rules using data cubes[C]//KDD. 1997, 97: 207.

[58] COHEN J, COHEN P, WEST S G, et al. Applied multiple regression/correlation analysis for the behavioral sciences. Hillsdale[M]. NJ: Lawrence Erlbaum Associates, 2003.

[59] DRAPER N R, SMITH H. Applied regression analysis[M]. Hoboken: Wiley Series in Probability and Statistics, 1998.

[60] 孙荣恒.应用数理统计[M].3版.北京:科学出版社,2014.

[61] 王惠文,孟洁.多元线性回归的预测建模方法[J].北京航空航天大学学报,2007,33(4):5.

[62] 方开泰,张金廷.非线性回归模型参数估计的一个新算法[J].应用数学学报,1993,10(1):10-11.

[63] 王济川,郭志刚.Logistic 回归模型:方法与应用[M].北京:高等教育出版社,2001.

[64] 刘钦圣.最小二乘问题计算方法[M].北京:北京工业大学出版社,1989.

[65] 陈希孺,陈桂景,吴启光.线性模型参数的估计理论[M].北京:科学出版社,2010.

[66] 赵卫东.商务智能[M].4版.北京:清华大学出版社,2016.

[67] 陈文伟,黄金才.数据仓库与数据挖掘[M].北京:人民邮电出版社,2004.

[68] CHRISTOPHER D. Manning, prabhakar raghavan and hinrich schütze, introduction to information retrieval[M]. Cambridge:Cambridge University Press. 2008.

[69] 张杰.R 语言数据可视化之美:专业图表绘制指南[M].北京:电子工业出版社,2019.

[70] 张杰.Python 数据可视化之美:专业图表绘制指南[M].北京:电子工业出版社,2020.

[71] 张文彤,钟云飞.IBM SPSS 数据分析与挖掘实战案例精粹[M].北京:清华大学出版社,2013.

[72] 许海玲.互联网推荐系统比较研究[J].软件学报,2009,20(2):350-362.

[73] 曾春,邢春晓,周立柱.个性化信息服务技术综述[J].软件学报,2002,13(10):1952-1961.

[74] 王国霞,刘贺平.个性化推荐系统综述[J].计算机工程与应用,2012,48(7):66-75.

[75] 刘建国,周涛,汪秉宏.个性化推荐系统的研究与发展[J].自然科学进展,2009,19(2):1-15.

[76] 徐海玲,吴潇,李晓东,等.互联网推荐系统比较研究[J].软件学报,2009,20(2):350-362.

[77] 吕琳媛.复杂网络链路预测[J].电子科技大学学报,2010,39(5):11.

[78] ADRIAANS P, ZANTINGE D. Data mining[M]. Harlow: Addison-Wesley, 1996.

[79] CHAUDHURI S, DAYAL U. An overview of data warehousing and OLAP technology[J]. ACM SIGMOD Record, 1997,26:65-74.

参 考 文 献

[80] INMON W H. Buikding the data warehouse[M]. Hoboken: John Wiley, 1996.

[81] KEIM D A. Visual techniques for exploring databases[C] //In Tutoral Notes, 3rd Int Conf on Knowledge Discovery and Data Mining (KDD97), Newport Beach, CA, Aug. 1997.

[82] KIMBALL R. The data warehouse toolkit [M]. New York: John Wiley & Sons, 1996.

[83] KODRATO Y, MICHALSK R S. Machine leaming[J]. An Articial Intelgence Approach, 1990, 3:10 - 12.

[84] LANGLEY P. Elements of machine learning[M]. San Francisco: Morgan Kaufmann, 1996.

[85] MICHALSKI R S, BRATKO I, KUBAT M. Machine learning and data mining: methods and applications[M]. Hoboken:John Wiley & Sons, 1998.

[86] MITCHELL T M. Machine learning[M]. New York: McGraw Hill, 1997.

[87] QUINLAN J R. C4.5: programs for machine learning[M]. San Francisco: Morgan Kaufimann, 1993.

[88] SILBERSCHATZ A, STONEBRAKER M, ULLMAN J D. Database research: achievements and opportunities into the 2lst century[J]. ACM SIGMOD Record, 1996, 25:52 - 63.

[89] STONEBRAKER M. Readings in database systems[M]. 2ed. San Francisco: Morgan Kaufmann, 1993.

[90] WEISS S M, INDURKHYA N. Predictive data mining[M]. San Francisco: Morgan Kaufimann, 1998.

[91] ZIARKO W. Rough sets, fuzzy sets and knowledge discovery[M]. Berlin: Springer-Verlag, 1994.

[92] ADOMAVICIUS G, TUZHILIN A. Toward the next generation of recommender systems: a survey of the state-of-the-art and possible extensions[J]. IEEE Trans on Knowledge and Data Engingeering, 2005, 17(6):734 - 749.

[93] HERLOCKE R J L, KONSTAN J A, TERVEEN L G, et al. Evaluating collaborative filtering recommender systems [J]. ACM Transactions on Informations Systems, 2004, 22:5 - 53.

[94] SARWAR B M, KARYPIS G, KONSTAN J A, et al. Recommender systems for large-scale e-commerce: scalable neighborhood formation using clustering [C]// Process of the 5th International Conference on Computer and Information Technology, 2002.

[95] HERLOCKER J L, KONSTAN J A, RIEDL J. Explaining collaborative filtering recommendations[C] // Process of the ACM Conference on Computer Supported Cooperative Work, 2000.

[96] SCHAFER J B, KONSTAN J A, RIEDl J. E-commerce recommendation applications [J]. Data Mining and Knowledge Discovery, 2001, 5(1/2):115 - 153.

[97] RESNICK P, VARIAN H R. Recommender systems[J]. Communications of the ACM,1997,40(3):56-58.

[98] KARYPIS G. Evaluation of item-based top-N recommendation algorithms[C]// Proc of the 10th International Conference on Information and Knowledge Management. Atlanta,USA,2001:247-254.

[99] SU X Y, KHOSHGOAAR T M. Asurvey of collaborative filtering techniques[J]. Artificial Intelligence,2009(4):10-12.

[100] MELVILLE P, MOONEY R J, NAGARAJAN R. Content-boosted collaborative filtering for improved recommendations[C]// Proceedings of the 18th National Conference on Artificial Intelligence (AAAI'02):187-192, Edmonton, Canada, 2006.

[101] 项亮,陈义,王益. 推荐系统实践[M]. 北京:人民邮电出版社,2012.